質疑克里希那穆提

Questioning Krishnamurti

J. Krishnamurti等 著　繆妙坊 譯　胡因夢 審訂

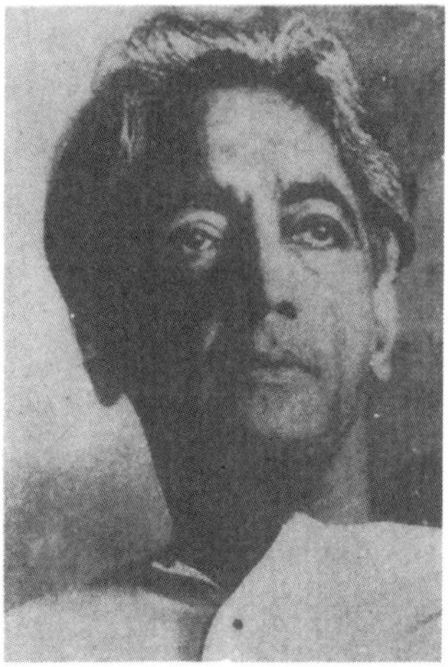

克里希那穆提
J. Krishnamurti
（1895-1986）

二十世紀最卓越的靈性老師。從一九二五年悟道以後，就展開了他長達半世紀的宣講工作。

他主張眞理純屬個人的了悟，一定要用自己的光來照亮自己。他一生的教誨皆在幫助人類從恐懼和無明中徹底解脫，體悟慈悲與至樂的境界。因此佛教徒肯定他是「中觀」的導師，印度教徒認爲他是徹底的「覺者」，神智學者則認爲他是道道地地的「禪」師。

他的四十本著作，全是從空性流露的演講集和講話集結而成，目前已譯成了四十七國語文，在歐美、印度及澳洲也都有推動克氏志業的基金會和學校。

本社已出版的克氏作品有：《人生中不可不想的事》《從已知中解脫》《般若之旅》《超越時空》《人類的當務之急》《心靈自由之路》《心靈日記》、人生探索系列：《論自由》《論關係》《論上帝》《生與死》《謀生之道》《自然與生態》、心靈之旅系列：《論眞理》《論衝突》《論恐懼》《愛與寂寞》《心靈與思想》《學習與知識》等，及普普．賈亞卡著作的《克里希那穆提傳》。

目錄

質疑克里希那穆提

質疑克里希那穆提

前言

大衛・斯吉特（David Skitt）

基督・克里希那穆提（Jiddu Krishnamurti，一八九五至一九八六年）的一生及其教誨，都曾引起極大的爭議。有人尊他爲「世界導師」、二十世紀的彌賽亞（Messiah，救世主），也有人認爲，如果說他與衆不同，不過是因爲他是個特別容易犯錯的人類。

許多認識他的人，都感受到他散發出一股神聖而無條件的愛，那股愛沛然不可禦，令人肅然起敬。不過，也有些人只是約略領會到這點。另外，更有些人覺得備受誤解或藐視，而以飽含痛苦的矛盾情感回應。即使親近他多年的人，仍舊參不透他性格中的某些層面。

但是，不論克里希那穆提籠罩著什麼樣的神祕感，半個多世紀以來，有關他的書籍、錄影帶和錄音帶卻讓世人看到，克里希那穆提如何熱烈地主張，我們所面臨的一切問題，需要人類意識的徹底轉變才得以解決。

難道克氏的要求不可能成眞嗎？難道他獨自經歷這樣的轉變嗎？如果他獨自經歷這樣的轉變，那麼這和我們又有什麼關係呢？

本書蒐羅了克氏生平最後二十年的十四篇對話，對話中就討論了上述這些問題。參與討論者包括科學家、佛學家、哲學家、藝術家和天主教耶穌會教士。他們之中沒有一個人稱得上是克氏的「信徒」，而是前來討教、請益和挑戰的人。這是克里希那穆提有生之年，一直督促他的聽衆和讀者去做的事，雖然並不見得每次都奏效。

書中提出了一個令人悸動的問題：沒有衝突，人類能夠生存嗎？透過書中對話，克氏主張，只有當人們認清，外在衝突（與另外一個人的衝突或戰爭中的集體衝突）是由個體的內在衝突引發而來時，人類才可能在沒有衝突的情況下生存。

不論是我們自己或其他人，之所以產生這類衝突，就錯在大力強調「應有面目」，而不管「本來面目」。或者，換一個說法即是，總覺得理想與目標比觀察事實和了解事實更吸引人。通常，如果所發生的事實令人不悅，我們往往抗拒、逃避或壓抑它。但就如克氏所言，這種「逃避事實」的方式是危險的。他表示，由於這種反應，我們便由所經歷的事件中，分裂出一個虛假但強烈的自我感，由「所觀之物」分裂出「觀者」。

這個分離的自我是一個虛構的思想，以不可避免的有限經驗爲基礎，是一個心智的傀儡。對克氏而言，不論在兩個人或兩個國家之間，這個分離的自我都是暴戾之心。他強調，這不只是某些心理不平衡的人所特有的問題，全人類都深陷在這個問題中。

「觀者就是所觀之物」，這是一個重要而難以理解的觀念，其中有許多含意，在此僅簡略勾勒出其一。在克氏與理論物理學家兼哲學家且爲英國皇家學會(Royal Society)會員的大衛•博姆(David

Bohm）的對談中，更可見其深意。

到底，一個人可以成就些什麼呢？克里希那穆提並沒有擬定一份行動計畫書給大家。他要問這個問題的聽衆，在一生中以非判斷的方式「保持本來面目」，去試驗、去看看所經歷的事物是否能揭露並澄清其意義。他主張，在這麼做的同時，我們不僅發掘出自我意識，也發掘出全體人類的意識。因此，這並不是「神經過敏、不平衡、自私」的內省。我們反而正在進行「無觀者的觀察」，這其中沒有思想的動靜、沒有歸類、沒有辯護、沒有譴責、沒有改變的欲望，只有一種親愛和關懷感。而這並不是某種神祕或超世俗的觀念。

在與阿希特・彰德瑪爾（Asit Chandmal）及博姆的對話近尾聲時，克里希那穆提談到了弟弟尼亞（Nitya）去世時他的反應：「絕對沒有離開這上頭……離開那種悲傷、那種震驚、那種感覺……克並未隨慰藉而行……事實就是這樣。」然後，心智的另一個次元可能開始起作用。我們可能很難以這種方式「保留」經驗，而在克氏與美國哲學教授瑞尼・韋伯（Renée Weber）的對談中就討論到這點。

這次的對談很清楚地讓我們曉得，克里希那穆提的「教誨」如何深入人類共有經驗的核心。他告訴我們如何面對這類經驗，他不要我們接受這類經驗，而是要我們去試驗。在他與伯納・雷文（Bernard Levin）的對話中，他猛烈抨擊教條和信仰，認爲它們是通往了解的障礙。只有經過嚴格的試驗和實驗——認清他人說的是眞是僞——我們才能夠自行發現眞理。他認爲，其他評估實相的方式，例如依賴權威或聖經經文，不過是把我們轉變成「二等人」。

針對本書最後一個問題，克氏很清楚地表示，他拒絕成爲衆人的「典範」。他在一九八三年的一次談話中說道：「演說者是爲自己演說，不是爲別人演說。他可能正在欺騙自己，他可能正試圖假裝成某樣東西。他可能有許多想法，而你並不知道。所以，要抱持相當的懷疑態度：懷疑、發問……」他不僅拒絕擔任這類角色，同時極力主張，不論在他身上或別人身上尋求任何形式的「典範」，都是心理上的殘缺。

藉著仰賴另一種權威，創造出一種孩子般的依賴、服從，以及一種暫時但終究虛僞的安全感，這種做法「使腦子萎縮」。它使宗教分裂，也往往使政治分裂，因爲這類「衆人典範」的擴散，無可避免地在「他們」和「我們」之間製造出「忠誠」的藩籬。而這種麻木不仁的屈從，就好比內在衝突，徒然浪費能量。原本，實相不斷變化，而能量就是用來以不同的方式探索和回應實相——也就是生命的本質。

書中的對談和討論大部分熱情而幽默，就連和劇作家兼廣播業者隆納德・艾爾（Ronald Eyre）探討死亡也不例外。本書編輯曾試圖重現當時的情境，可惜沒有成功。

克里希那穆提所說的，是一種有別於西方思想的東方宗教哲學嗎？讀者可在克氏與佛教學者瓦爾波拉・拉胡拉（Walpola Rahula），和天主教耶穌教會神父尤金・沙勒（Eugene Schallert）的對話中找到答案。這些內容可能會令將克氏歸類爲「東方玄想家」的人士十分訝異。事實上，克氏關懷西方思想，也對西方思想提出許多精闢的見解。艾麗絲・莫多克（Iris Murdoch）就指出，深受西方哲學薰陶的她，可以舉出柏拉圖來闡釋克里希那穆提的某些論據。另外，湯瑪斯・霍比斯（Thomas Hobbes）的名言：「曾經內省的人，應該知道其他人的思想和熱情。」也令人想起克里希那穆提的主張：「我就是世界。」諸如此類的例子不勝枚舉。

曾有西方哲學家以類似克里希那穆提的方式探討自我的問題——不過，嚴格說來，卻不像他這般廣泛而深刻地描繪出日常經驗的含意。當維根史坦（Wittgenstein）說「個人的感受和自我是同樣的，它們患難與共」時，有些讀者可能會覺得這話和「觀者就是所觀之物」並無差異。「難以捉摸的『我』」更重申了如休姆（Hume）和萊爾（Ryle）等許多哲學家的主張。然而，儘管這些主張相同，但在哲學和心理學上，談到「個人認同」和「意識」這兩大課題，至今仍無人和克氏持相同的見解。而神經科學家們更在腦中尋找「控制中心」，但截至目前爲止，尚未成功。

讀者可以自行探索，克里希那穆提是不是藉能否運用思想，來剖析針對自我所衍生出來的各式衝突觀點。但不論何時，他都積極地要求我們，要隨時「警醒」，放下未經試驗就由宗教「權威」、哲學家、心理學家、上師和包括他自己在內的任何人所肯定的一切。這個世界急需新文化，在這個新文化中，我們不再做「二等人」，不再爲自己下決定，而是自行「發現」問題。克氏在與友人普普・賈亞卡（Pupul Jayakar，甘地夫人的文化顧問）的對談中，就探討了這麼一個文化的內涵。

對第一次閱讀克氏言論的讀者而言，這十四篇對話所涵蓋的範圍和詞彙可能令人望文生畏。究竟這是哲學？心理學？還是宗教？抑或三者皆是？克里希那穆提本人並不喜歡爲自己的談話內容命名。他的話題有如天馬行空，總是信手拈來，便自然而然地囊括了人生的各個層面。對克氏而言，探索我們是否錯將生物學的進化模式運用到心理學的領域，和宗教的人生觀有密不可分的關係；而電腦是否正確地模擬人腦，也和宗教的人生觀有密不可分的關係。對克氏來說，這些並非偶發，它們不單是智力有興趣研究的題目，而更是決定我們生活品質的重要議題。

克氏早年就決意不用專門的詞彙，這表示他採用簡單的詞句來形容往往複雜難懂的心智狀態。這樣的做法當然有許多優點，但偶爾，讀者也會要求解釋。有時，聽衆會要求克氏爲某些字詞重下定義：例如，「熱情」（passion），克氏認爲是「持續的能量，其中沒有思想的動靜」；而「知識」（knowledge）一詞則視上下文而定，不過通常指心理層面，囊括了我們的喜和惡、信仰、偏見、對自己本身和他人所下的結論；「衝突」（conflict）幾乎全指內在的衝突。

同時，他的用詞如行雲流水，不斷變換。他仔細爲自己談到的名詞下定義，更告誡聽衆留意文詞的定義，因爲這些定義很容易支配或阻礙了我們的思考方式。他不斷警告道：「字詞並不代表東西，描述的文句並非被描述之物。」用得恰當貼切的文句，不過是提示、線索，引人走向不死的眞理。

和約拿•沙克（Jonas Salk）對談的開場白中，可以很淸楚地了解到，克里希那穆提總是強調，爲了「行得遠」，一個人必須「始於近處」，也就是由自己開始。他看到我們每一個人的境遇和所謂的「俗世觀」有密不可分的關係。如今的我們，已經逐漸覺知到，我們的世界和貿易及貨幣問題有相互依存的關係，因此成立了如世界貿易組織（World Trade Organization）和國際貨幣基金（International Monetary Fund）等團體。我們已經認知到，有必要成立以環境和人口爲主題的世界會議。我們也了解到，要正確預測某個國家的氣象，必須有一套掃描全球氣象的衛星系統。

克里希那穆提把更根本、更重要的東西展現在我們眼前，讓你看到人心的共同點，了解世界人類共通的心智運作方式。他認爲，不論在任何領域裡，只有心智上眞正了解這一點，才會自然流露出正確的行爲。以他的觀點，緊緊抓住宗教信仰和國籍身分，其實是神經過敏的表現。這類行爲製造出心理上的隔離，嚴重威脅到人類的生存。

克里希那穆提似乎一直是退在一旁觀察整個人類的境遇，包括人類個人和共同的問題。然後發現：任何立意甚佳的組織，沒有人類的推動，能夠成功嗎？我們是不是一直都本末倒置呢？我們還有能力做別的事嗎？如果我們認眞考慮這些問題，會發生什麼事情呢？

已發行的克里希那穆提演講集和對話錄約有四十本，幾乎全都已譯成世界各主要語言。有關克氏的教誨光碟片，從一九三三至一九八六年（克氏自己認爲早年的這類記錄是「斷簡殘篇」），內容約可輯成兩百本書。其他資料、筆記、錄音帶、信件，大約又可輯成另外一百多本書。這樣大的產量到底有什麼影響？有沒有人因此而徹底改變？

一九八〇年代在紐約，克里希那穆提曾針對第一個問題答道：「影響少之又少。」至於第二個問題，在他去世前不久說過，沒有人曾經接觸到他所說的意識，後來，他又補充道：「如果人們奉行這些教誨，也許會領略一二。」

對我們之中的有些人來說，這可能是重點，也許令你鬆一口氣，然後把這本書束之高閣。畢竟，這些教誨太難了。不過，克里希那穆提所提出的問題，卻不那麼容易揮之即去。例如，「所謂的智慧就是了解愛是什麼」，或「別爲未知預做準備」等評語，仍舊縈繞在腦海中。悄悄環顧周遭，看看是否出現了令人振奮的徵兆（其實，我們並不曉得這徵兆生得何形何貌），看看是否有人已經實行了克氏的教誨，徹徹底底地改變了？

一個人只有盡其所能測試過和應用過克里希那穆提的教誨，才有資格判斷克氏所要求的是否不可能做到。這是克氏留給我們的難題。

你可以把克里希那穆提所說的話，解釋成一種無止境地探究人類的狀態。但是所有解釋的價值，包括上述這句話，不一會兒便煙消雲散。就如克里希那穆提所說：「讓我們非常清楚地知道解釋止息於何處，眞正的覺知或體驗始於何處。目前爲止，你可以跟著解釋前行，但剩下的旅程，你必須自己探索。」

本書就提供了這樣的一趟旅程。

你最關心的事爲何？

◆約拿·沙克(Jonas Salk)　醫學博士，發明小兒痲痺疫苗，爲加州聖地牙哥沙克生物研究學會(Salk Institute for Biological Studies)的主持人。

克：我們要討論什麼呢？

沙克：我希望你能告訴我你最感興趣、最關心的事。

克：這很難以言語來表達，不是嗎？不過是看看世界演變成什麼樣。我想，每一個認眞過日子的人一定關心未來，關心即將發生在人類身上的事。尤其是有孩子的人，孩子的未來如何？是否他們多少將重複人類一百萬年來所遵循的古老模式？還是他們的心靈，他們的整個意識，將有一次徹底的改變？眞正的問題不在於原子戰爭或傳統戰爭，而是人類是否必須對抗人類。

沙克：沒錯，我相信你對這件事一定有你的看法。

克：我不知道我有沒有自己的看法。我這一生觀察過許多事物，和許多人談過話，而我發現，世上少有人眞正關心、眞正致力於發掘是否有另外一種不同的生活方式、不同的全球關係、不同的全球溝通方式。不只是靠語言結結巴巴地說著話，不只是靠宗教和政治分裂等無聊事，而是眞正找出我們是不是能夠在地球上和平共處，不再永無止境地自相殘殺。我想這是我們目前所面對的眞正問題。不過我們認爲這個危機與我們無關，但事實上，它就在我們的內心裡，在我們的意識裡。

沙克：那麼你是說，我們現在要面對的就是我們自己。

克：沒錯，面對我們自己以及我們和這個世界的關係，包括外在和內在兩方面。

沙克：這麼說來，我們目前面對的根本問題是「關係」：與我們自身的關係及與他人的關係，甚至可以推及與世界和宇宙的關係。我們眞正面對的是生命的意義這個永恆的課題。

克：沒錯，正是如此。我們不是在理智上賦予自己的生命某種意義，訂定目標，朝目標努力，讓一切變得做作、不自然，就是讓自己了解本身的全部結構。如今我們在科技上突飛猛進，人們的所作所爲就像你所知道的，精采無比。但是另一方面，在心理的領域中，我們幾乎不曾進展過；過去許多年來，我們就在原地踏步。

沙克：甚至可以說我們發展了所謂的假智能，卻沒認知到必須學習如何使用自己天生的智慧。

克：先生，你是說我們擁有天生的智慧呢？還是我們已經毀了它？

沙克：它是與生俱來的，伴隨個體存在，而我們自己毀了它。我認爲天生的智慧是與生俱來的。

克：我實在懷疑天生的智慧是否是與生俱來的。

沙克：我們生下來就具備了這項本能，這是一種潛在的能力，同樣地，我們生下來就具有語言的能力。不過這能力必須加以練習，使其反應迅速，並將之帶入生命體驗的過程裡。正因爲如此，我們實在有必要了解，自己認爲什麼樣的條件和環境能夠喚起這種潛在的能力。

克：只要我們受限於……

沙克：我們一直是受局限的，這是我們的本質。

克：可是，有沒有可能讓我們自己不受局限，或者這種不受局限的情況有沒有必要持續下去？

沙克：你的意思是，有沒有可能讓已受局限的個體變得不受限？

克：這個受社會、語言、氣候、文學、報紙等因素限制的個體，有可能踏出這個受限的情況嗎？

沙克：非常困難，因爲已經定型了。這就是爲什麼我們必須注意年輕人，注意每個被帶入社會、在社會環境中塑型的新生代。我們有機會以一種比較健康的方式，來影響心智尚未定型的新生代。

克：有人曾與千萬名年輕人接觸過，發現從五歲到十二歲，這些年輕人似乎都很聰明、好奇、清醒、精力充沛、活潑而美麗。一旦過了這年紀，父母、社會、報紙、朋友、家庭就必須對整件事負責，因爲這一切似乎淹沒了年輕人，使年輕人變得醜陋、邪惡。你也知道整個人類已經變成這個樣了。因此，有可能將這些年輕人教育成其他模樣嗎？

沙克：我也這麼想。不久前，我曾在自己的文章中說過，我們需要一種免疫教育。我現在所打的比喻，就是運用免疫來對抗一種令人癱瘓的疾病。以本例來說，我想到的不只是身體的癱瘓，而是心智的癱瘓。

克：能更深入談這點嗎？不談表面，只論根本，是什麼使心智癱瘓？且容我發問：是知識嗎？

沙克：是錯誤的知識。

克：我強調的是「知識」這兩個字，不論它是對是錯，我指的是心理上的知識。除開學術上的知識、科學上的知識、電腦科技等等，除開這些，人類在心靈上曾得到知識的援助嗎？

沙克：你指的是得自經驗的知識嗎？

克：沒錯，這類知識的確是經驗的累積。

沙克：我把知識分爲兩種：一種是有系統的知識，來自科學；另一種知識源自人類的經驗。

克：人類的經驗——就談人類的經驗好了。人類已經爭戰了約一萬年。在古時候，用箭或棍棒殺人，一次殺兩個人或三個人，最多不過一百人。現在所殺的人卻是以百萬計。

沙克：效率提高了許多。

克：沒錯，你在空中而你並不知道所殺的人是誰。可能是你的家人、你的朋友。所以，數千年的戰爭經驗可曾教會人類別再殺戮？

沙克：嗯，這點倒是讓我領悟到某些東西。我看不出戰爭有何意義，而且愈來愈多人意識到這類行爲有多荒誕。

克：經過了一萬年的爭戰！你懂我的意思嗎？

沙克：我懂。

克：我們必須質疑，人類是否學到了一丁點兒的教訓，或只是盲目地徘徊。經過了大約一萬年的爭戰，人類還沒學到一件非常簡單的事：別殺人了，看在老天爺的份上！你是在自殺，在自毀前程。而人類還沒有學到這點。

沙克：已經有些人學到了這點，但不是全人類。

克：當然有些例外。我們先不談例外，幸好，總是有這樣的人存在。

沙克：幸好，這是個非常重要的問題。

克：可是大部分投票贊成戰爭，投票選總統、總理和其他公職的人，都沒學到任何教訓，他們會毀了人類。

沙克：最終的毀滅還沒發生。你說得很對，但是我們必須覺察到新危險，此時此刻，我們必須有某種覺醒。

克：先生，我想再深入探討這點。因爲我懷疑除了更殘忍、更自私、更自我中心、更關心自己和自己的小團體、自己的小家庭外，經驗還教會了人類什麼？已經被渲染成國家自覺的種族自覺正在摧毀我們。所以，如果一萬年時間並沒有教會人類停止殺戮，一定有某個地方不對勁。

沙克：我有個建議，是探討這個問題的一種方式。我想從進化的觀點來探討，並推測人類是經過一段時間進化而來的，在這當中，你先前提到的例外有一天也可能變成常規。現在，這個不對勁可能如何發生？它必須發生，否則在人類殺戮後就沒什麼可談了。

克：當然。

沙克：我們目前正面臨一項危機。這項危機即將來臨，愈來愈近。

克：沒錯，先生，這正是我們剛才所談的。

沙克：所以我們必須以自覺的方式進入這個競技場。當我們完全自覺，明白其中的風險和危險，明白必須盡點兒力，明白無論多困難，都必須發明某種方法喚起全世界的意識。

克：這些我都了解，先生。我和許多政治家談過，而他們的論據是：你和像你這樣的人必須進入這個競技場。等一下，我們一直在探討危機，卻沒有討論是什麼導致危機。當危機產生時，我們的反應是：處理危機，不煩惱過往種種，不煩惱其他事，只處理眼前的危機。

沙克：這樣做是不對的。

克：政治家都是這麼做的。

沙克：我了解。這也是爲什麼政治家需要像你這種人所蘊藏的智慧，因爲你看得到未來，看得見「災難的前兆」，而且會預先採取行動。

克：所以我要說的是，難道我們不該探究這一切的根源嗎？而不只是說：喔！這裡有危機，快處理吧！

沙克：沒錯，我同意你的說法。

克：這正是那些政治家說的話。我的意思是，這一切的根源顯然是希望活得平安、受保護、內心無恐懼。我把自己分裂了，成爲家庭的一份子，成爲一小群人中的一份子等等。

沙克：我們會發現全人類都是一家人。

克：唉！

沙克：我們最大的保障來自於關懷家庭中的其他成員。讓其他人受苦，對我們而言並沒有什麼大好處。這不僅威脅到我們，也威脅到其他人。但是目前的情況正是如此。

克：不過我現在指的是，我們還沒從受苦中學到教訓，我們還沒從戰爭的痛苦中學到教訓。到底是什麼促使我們學習、改變？其原因何在？艱深之處何在？爲什麼已經在地球上生存了這麼久的人類，卻要摧毀這個可憐的地球？爲什麼人類要摧毀對方？這一切的原因何在？不是推測其原因，而是實際、深刻地探究人類爲何走到如此田地的原因？除非我們發現在剩下的日子裡，這些課題將伴隨人類而行，否則我們很難探究背後眞正的原因。

沙克：你說得非常正確。那麼你要問的就是原因嘍！

克：或是把人類帶到眼前危機的因果關係。

沙克：就我所知，如果有某件東西是因戰爭而獲得，那麼戰爭就是人類在受威脅的環境下，爲滿足生存需求而做的事。只要一逢戰爭便一無所獲，而且將失去一切，那麼人類對戰爭的想法就會改變。

克：可是我們已經迷失了，先生。你了解嗎？每一場戰爭都是迷失的戰爭。爲什麼我們沒有學到這點？歷史學家、所有偉大的學者，都曾經描寫過這點，然而人類依舊畫分成一個個部落，小器猥瑣，以自我為中心。要怎麼樣才能讓人類改變呢？要立即改變，而不是在未來慢慢改變，因為時間或許是人類的敵人。進化可能是敵人。

沙克：是敵人嗎？進化可能是唯一的解決方式。

克：如果人類在經歷這許多痛苦之後卻沒有學到教訓，只是讓這些苦永久存在……

沙克：人類尚未完全進化完成。目前為止，整個情況也還沒順利到有助於解決促成戰爭的問題。

克：先生，如果我們有孩子，他們的未來何在？是戰爭嗎？如果我是個為人父母者，我要如何看待這一切？要如何保持清醒？如何洞悉這整個現況，如何明白孩子與整個狀況的關係？如果我們的孩子不改變，這件事將永無止境。

沙克：因此改變是迫切的。我們要如何改變呢？

克：這就是我要問的。改變是迫切的，但是如果改變是視進化而定，也就是視時間和其他事情而定，那我們將毀了自己。

沙克：但是我認為我們必須刻意、審慎地加速整個進化的過程。截至目前為止，我們一直在無意識中進化，也因此造成剛才你所形容的狀況。世上必須產生一種與衆不同的新改變，一種發生在我們意識裡的改變，在這之中，我們正運用自己的聰明才智。

克：我同意，先生。所以我要問的是這一切的原因。如果我能找到原因，那麼有因必有果。如果我能找到一個或數個把人類帶到目前這個狀態的原因，那麼我就能夠由因繼續推論下去。

沙克：我還有另一個探究原因的方法。爲了論證方便，讓我們假設，除非由於某些外在干擾的介入導致方向的改變，否則造成目前狀況的原因將會一直持續下去。我提議是否有可能探究人類的積極面，是否有可能加強這一部分。

克：你指的是時間。

沙克：人類領域裡的一切都存在於時間裡。我建議，我們不妨加速或縮短時間，不要只把這一切留給時間和機會，不妨開始干涉自己的進化，讓自己成爲人類進化的共同創造者。

克：我了解這點。我現在問的或許是一個可能沒有答案的問題，我的確認爲這問題可能沒有答案，因爲時間可能停止嗎？這種思考方式表示，在你痛宰我之前，給我多幾天時間。在這幾天內，我必須改變。

沙克：我認爲時間在這樣的定義下會停止，就是：結束過去，開始未來。

克：這代表什麼？結束過去，這是最複雜的事了，記憶、知識、欲望、希望，所有這一切都必須結束。

沙克：我舉個例子，讓你看看何謂舊事結束，新事開始。當人類發現地球是圓的、不是扁的時，人類的覺性便有所改變。當地球繞著太陽轉成了再明顯不過的事實時，也發生過同樣的事情。

克：先生，我的問題是：時間是敵人？還是助力？就科技的角度而言，人腦有無限的容量，但是內心裡，我們似乎無法適應這種特別的容量。

沙克：我們把焦點放在這上面吧！這是問題的重點。我同意。

克：沒錯，這就是我要說的。如果我們能把巨大的能量集中在這上面，我們就可以立即改變。

沙克：是可以立即改變。

克：究竟什麼力量能讓人類把這種容量、這種能量、這種驅動力集中在這一點，也就是人類的意識內容上？悲傷無法刺激人類；良好的溝通幫不了人類；事實上，沒有東西起得了作用，上帝、教堂、宗教、不錯的政治家、近代的宗師，沒有一樣起得了作用。

沙克：沒錯。

克：這麼說來，我是不是可以把這一切全放在一旁，不依賴任何人，不依賴科學家、醫生、心理學家，不依賴任何人？

沙克：你的意思是，達成你心願的方法還沒發明。

克：我不認爲這是方法的問題，方法就是結果。

沙克：這點我同意。

克：所以，別找尋方法。你可認清這些人（譯註：指上述科學家、醫生、心理學家等）對你一點兒幫助也沒有；相反地，他們領你走上了錯誤的途徑。所以，別依賴他們。

沙克：他們不是達成心願的途徑。因爲他們無助於達成我們所談的結果。

克：外在的權威並不是方法，所以請檢視內在。先生，那需要極大的——我實在不喜歡用這個詞——「勇氣」；但是這表示要獨自站起來，不倚靠或依附任何東西。而誰會去做這件事？只有一、兩個人嗎？

沙克：這是項挑戰。

克：所以我說，看在上帝的份上，想通這一點，不講方法，不談結果。

沙克：我同意你解決事情的方式，這或許是人類到目前爲止所面臨最困難的問題，也因此才把這個問題留到最後。我們把容易的事都做完了，例如操控假智能，卻不發展自己的智能。這是可以理解的，因爲就某方面來說，我們就是因果的產物。

克：因變成了果，而果變成了因，不斷循環，我們一直困在這層枷鎖裡。

沙克：沒錯，因爲我們現在身處在人類可能滅絕的狀態。對我而言，如果我可以用「發明」這兩個字來形容的話，似乎我們現在等待的唯一發明就是：發現「自制」的運作方式，以便控制導致戰爭的所有原因、條件和環境。

克：我懷疑這個論點，這可能和主題無關，不過你知道，這世界正耽溺於享樂。在美國比在其他地方更能感受到這一點，這兒有股極大的驅力，隨時玩樂、運動、享受。在這裡的學校，孩子們只想娛樂，不想學習。你到東方去，在那裡，人們想學習。

沙克：學習也可以是件愉快的事。

克：沒錯，當然可以，但是人類不由自主地找尋玩樂，耽溺於玩樂。顯然這一直是個歷史的過程：不論在教堂、在彌撒進行時、在所有以宗教名義舉辦的活動裡、或在足球場上，所有自古代以來就存在的事物都包含著娛樂。陶醉在娛樂專家所呈現的表演中，恐怕是我們最難克服的事情之一。每本雜誌都是一種娛樂形式，其中不乏幾篇好文章。因此，人類不只擁有逃避恐懼的驅力，更擁有追求玩樂的驅力。這兩股驅力密不可分，就像錢幣的兩面。但是我們忘了恐懼的那一面，只一味追求快樂。這或許是這場危機來臨的一大原因。

沙克：這將不是物種第一次滅絕。我認爲我們必須看看，有沒有哪個文化或社會比其他文化或社會更可能持久，更具備某些特徵和屬性，可以克服你剛才所提的那些問題和弱點。在我看來，你似乎在預言一段相當艱苦和危險的時期。你正指出存在於民族、文化和個體間的差異，某些例外的民族、文化、個體將捱過浩劫，死裡逃生。

克：那表示一、兩個人，或少數人在混亂中死裡逃生。不，我不同意這樣的說法。

沙克：我並不是說情況就是這樣。我只是描繪一幅景象，列舉一個數字、一種品質和數量，讓人們了解他們對未來的責任。

克：先生，責任不只包括你的小家庭，身而爲人的你，對全人類都有責任。

沙克：我把我在印度演講過的一個題目告訴你好了！叫作「我們是好祖先嗎？」身爲祖先，我們對未來有責任。我完全同意你的觀點，而我們愈快察覺到這點，愈快開始刻意警惕自己這是個迫在眉梢的威脅，那情況就愈好。

克：我想再次指出還是有些例外，但是絕大部分不是以這種方式觀察事物的人，卻選出統治者、總統、首相或壓制一切的極權主義者。因此，只要大部分人選了這些人，或少數人把權力集中在自己身上，並號令其他人，我們便任由這些人擺布，我們便掌握在他們的手裡，即使是最特別的人也不例外。截至目前爲止，這些領導人還沒有這麼做，但是他們可能會說：「你不能在這裡說話或寫字了，別到這裡來！」同時，便生起那股找尋保障的迫切需要，急著到某個地方找尋某種和平。

沙克：你是說目前世界的統治者、領導人，都多少缺了點兒智慧嗎？

克：嗯！顯然是這樣，先生。

沙克：你是說，有些人具有領導群倫、指引衆人的智慧？

克：我不是指衆人想不想接受經由選舉產生的領袖或不是經由選舉產生的暴君所領導。我眞正要求的是，一個人不再是一個「個體」。對我來說，個體並不存在，我們就是人類……

沙克：沒錯，我們是人種的成員，我們是人類的細胞。

克：我們是人類。我們的意識不是我的意識，是人類的心智，人類的心，人類的愛，全部都是人類的。尤其要強調，人類現在所做的事——個人充分發揮自己的資質，隨心所欲等等——都是在摧毀人類的關係。

沙克：沒錯，那是最根本的。

克：這裡面沒有愛，沒有慈悲，只是一大群人朝一個沒有希望的方向前進，並選出這些特別的人來領導他們。而這些特別的人卻帶領他們通往毀滅。我的重點是，這種情況一再發生，每個世紀都重演。除非你下定決心放棄，置之不理。我認識的幾個人曾經對我說：「別當傻瓜了，你改變不了人類的，離開吧！退休吧！到喜馬拉雅山上乞討、過活、等死吧！」我並不願意這麼做。

沙克：我也不願意。

克：我當然不願意。他們把這一切看作沒希望。對我而言，我並不把這一切看成有希望或沒希望。我說過，這是目前的狀況，必須改變。

沙克：事實正是如此。

克：而且必須馬上改。

沙克：正是如此。好了，在這點上我們已經達成共識。從這裡出發，我們現在該談些什麼？

克：如果我不從近處開始，就無法走遠。所謂的「近處」就是指這個。

沙克：好吧！我們就從這裡開始，就這裡。我們現在該怎麼辦？

克：如果我不從這裡開始，而從遠處開始，我就什麼事也做不成。所以我從這裡開始。現在我要問：那個爲這一切掙扎的「我」是誰？那個自我是誰？是什麼使我的行爲舉止如此，我爲什麼會有這樣的反應？你懂我的意思嗎，先生？

沙克：我懂。

克：就這樣，我開始看到自己，不是透過推想，而是從一面鏡子裡。鏡中反映出我與妻子、朋友的關係，反映出我的行為方式，我的思考模式。從那層關係裡，我開始看到自己的模樣。

沙克：沒錯，只有透過別人的反映，你才能看到自己。

克：透過關係。在這其中，可能有愛、有憤怒、有嫉妒。我發現了隱藏在我身上的怪物，包括自以為我身上有某種極崇高的物質。我開始發現這一切，這些人類賴以生存的幻相和謊言。在這層關係中，我領悟到，如果我想改變，就必須打破這面鏡子，也就是打破我的整個意識內容。或許離開了這範圍，打破了這些內容，就有愛，有慈悲，有智慧。除非這智慧來自慈悲，否則就不算眞正的智慧。

沙克：嗯，我們已經針對最後可能的決議達成共識，已經同意從這裡開始，從現在開始……

克：沒錯，先生，現在就改變，別等進化扼殺了你。

沙克：進化可以從現在開始。

克：如果你喜歡這麼說也無妨。也就是說，進化就是由此開始行動，沿此一路分析而下，達到某樣思想無法計畫的東西。

沙克：當我說「進化可以從現在開始」這句話時，我講的是一樁突變事件。

克：突變，我同意。突變並不是進化。

沙克：不過我要再增加一個我認為很重要的因素。我相信某些個體看世界的態度和你我一樣，除我們倆以外，還有其他人看到你所說的問題和解決方法。現在我們把這類個體當作例外，當作與衆不同的一群。如果你喜歡，我們甚至可以把這類個體視爲異常，當作突變。

克：生物學上的怪物！（大笑）

沙克：如果你喜歡這麼稱呼也無妨。這些人多少有點兒古怪，與衆不同。有辦法把他們聚在一起嗎？有辦法從衆人中將他們挑選出來嗎？他們會不會彼此互選，然後結伴同行？

克：沒錯，他們會結伴同行，不需經過彼此互選這道手續。

沙克：我之所以用「結伴同行」這個詞，是因爲有種認同感，有某種東西把這種人拉在一起，某種自我選擇的心理過程。現在你能夠想像其中的差異了嗎？

克：也許稍微想像得出。

沙克：你能夠想像它和其他東西有什麼差異嗎？

克：不是想像，先生。我們可以這樣說嗎？死一直是人生中最奇特的因素之一。我們一直避不見它，因爲我們害怕死亡的眞面目。我們執著於我們所知道的一切，臨終時，我們不想割捨掉這一切。我們沒辦法帶走這一切，但我們卻有太多的「可是」。現在，就讓和我有關的一切都死去吧！死去吧！不要說：「如果我死了，會發生什麼事，有沒有其他好處？」因爲除非死和生相互配合……

沙克：沒錯，死是生的一部分。

克：死是生的一部分。但是很少人會朝這個方向想。

沙克：我同意。我們現在談的同樣還是特殊的個體。

克：我不是悲觀主義者，也不是樂觀主義者，我只是觀察事實的眞相。這些特殊的個體曾經影響過人類嗎？

沙克：影響得不夠，還不夠。我主張，如果我們有意且愼重地做某些足以影響人類的事，我們就能夠讓結果盡早發生。

克：但是有意和愼重可能會變成以自我爲中心的延伸。

沙克：我們不可以把這點包括在內。這必須被剔除掉。這件事必須以物種爲中心，如果你喜歡，也可以說以人類爲中心，但是不可以像你所指的，以自我中心。這就是那椿突變事件。

克：是的，先生，終結自我中心。你知道和尙、尼姑或印度的遁世者，曾設法透過冥想，藉由結合大自然法則、與世隔絕等方式來達到這種境界。有一回，我在喀什米爾，正好跟在十幾個和尙的後面走。那是個美麗的地方，一邊有河，另一邊有花、有鳥，天空出奇的藍。一切都正漾著笑，整個世界都在微笑。而這些和尙們什麼也不看。他們一直低著頭，一再重複幾句我聽不懂的梵語，就這樣。他們戴上眼罩，然後說：「這樣就安全了！」這就是人類一直做的事，無論在宗教上或在政治上。一個人可以自欺到如此地步。欺騙實在是人類身上的一大基因。

沙克：不只欺騙，還有否認、否定。

克：先生，我們從不像佛教和印度教的教義所言，抱持懷疑的眼光看世界。懷疑是一種特殊因子。但是我們不用它，我們不懷疑我們周遭的一切。

沙克：這是非常不健康的。健康的懷疑是必須的，我們必須發問，而不只是一味接受別人給我們的答案。

克：懷疑主義，當然。所以，沒有其他人能夠回答我的問題，我必須自己解決我的問題。所以不要製造問題，我不會去碰那些問題。被訓練來解決問題的心智，總是不斷找尋問題，但是如果腦子不是被訓練或教育成要解決問題的，就不會有問題。它可以面對問題，但是基本上，它是沒有問題的。

沙克：其實如果你喜歡，倒可以創造一些製造問題的腦子，和一些解決問題的腦子。你現在所提出的問題是：我們能夠解決目前我們所面對最根本的問題嗎？也就是：人類能夠繼續生存下去嗎？還是我們會毀了我們自己？

克：沒錯，這是爲什麼我剛才提到死亡的原因，在心理上，我已經收集了死亡的相關事物。

沙克：我們必須接受過去已經死亡，不再有價值，並允許新未來所必須有的新事物誕生。我相當贊同過去必須結束的說法。戰爭必須結束。

克：腦子當然必須記錄，但是腦子不斷在記錄。記錄下一切，然後將所記錄的一切播放出來。

沙克：腦子不斷記錄，不斷認可。腦子不斷認可，它重新檢視它已經知道的事物。現在我們必須站在這個點上，及時認可過去已經發生過的事，然後察覺到該有個新方式。

克：這表示，不要記錄。爲什麼我該記錄？爲什麼該把語言等等記錄下來？我們先別談這些，但是爲什麼我該在心理上記錄下任何東西？假設你傷了我，你對我說了些無禮的話，我爲什麼要記錄下來？

沙克：我想把它歸類成我所謂的「遺忘區」。

克：不對，我爲什麼要把這些東西記錄下來？有人恭維我，我爲什麼要把這件事記錄下來？一再以同樣的舊模式反應，多無聊啊！

沙克：它是自行記錄的，但是必須把它降級。

克：不，先生，該觀察是否有可能完全不記錄這一切。我的意思是不記在心理上，不是指開車等事，而是指心理上不要記錄任何東西。

沙克：你能做到嗎？

克：嗯，可以。

沙克：你一定能夠辨別什麼東西要記錄，什麼東西不記錄。

克：記憶是可選擇的。

沙克：沒錯，這就是爲什麼我採用這種幽默的歸類方式：你選擇把某種東西擺在記憶裡，某些東西擺在「遺忘區」裡。我們記錄的一切是經過我們選擇的。

克：我必須記錄如何開車或如何說一種語言。如果我必須學習一種技能，我就必須把它記錄下來。在這個有形世界中，我必須記錄下來。但是我要問，爲什麼要記錄任何心理上的活動？爲什麼要記錄這些強調自我、強調「我」、強調這一切自我中心的活動？

沙克：嗯，我們好好討論一下這點，因爲這似乎非常接近你所說的了，而且也很接近我剛才用「自制」這個詞所暗示的一切。我想我們討論的是同一種現象，這種需求也許能將我們從那些使我們仇恨的生命經驗中解放出來。仇恨經驗使我們很難和那些過去曾傷害過我們的人聚在一起。在國家之間、宗教團體之間和其他事物之間，我們都看到這種現象，這些人無法原諒和從前的歷史事件並不相干的這一代。

克：沒錯，先生。

沙克：所以我們現在開始接近我先前提出的問題：我們必須做的是什麼？我們現在可以怎麼做？不想得到什麼樣的結果，就針對其原因加以改進嗎？你認爲這一切屬於心理層面，存在人類的心智裡。

克：我要說的第一件事情是，不要認同任何事物，一個團體、一個國家、上帝、意識形態。不要認同，因爲你所認同者必受保護，你的國家、你的上帝、你的結論、你的經驗、你的偏見。這種認同是一種自我中心的活動形式。

沙克：我們這樣假設吧！爲了讓辯論能夠進行，有必要讓自己和其他人事扯上關係。這是宗教的基礎，「宗教」這個詞的意思就是繫在一起，而人類是需要關係的。雖然人們可能平安進入有傷害的關係中，但事實上卻是自我毀滅。現在的問題是，有可能讓我們自己墜入某種關係，而這種關係如果發展起來，會允許我們放棄現在對我們有害的關係嗎？例如，最根本的關係就是與我們自己的關係，不是指自我中心感，而是將我們自己視爲人類的一份子，人類彼此間存在著某種關係。

克：就是我身爲人而和其他人的關係。等一下！關係有兩種：我和你之間的關係，和其他人的關係。但是我是人類，我和我大海那端的兄弟是分不開的。

沙克：你們是分不開的。

克：我是人類。因此，如果我擁有這種愛的特質，我就建立起了一種關係，關係就存在。

沙克：我認爲這種關係是存在的。我認爲你擁有這種關係，而你在大海那端的兄弟也擁有這種關係，世界上所有國家裡都存在著這種關係。但是我們也被教導成要仇恨，我們所受的教育教我們相互仇恨，教我們和別人畫清界線。

克：先生，這不只是教出來的，難道不是因爲人類的占有欲讓人覺得有保障、有快感？我擁有我的財產、我擁有我的妻子、我擁有我的孩子、我擁有我的上帝。我要說的是，我們內心這種孤立意識是如此強烈，我們無法訓練自己掙脫它。我要說：看清事實，你就是平凡人，看在上帝的份上，認清這點吧！

沙克：唔！你是說，我們既是獨立的個體，又和其他人類有關係。

克：不，我說你不是獨立的個體。你的思緒不是你的，你的意識不是你的。因爲每一個人類都受苦，每一個人類都歷經苦難、動亂、焦慮、痛苦，每一個人類，不論東、西、南、北，都歷經這一切。所以我們是人類，我並不是個「和其他人類有關係的獨立人」，我是平凡人。如果我認清了這個事實，我就不會殺人。

沙克：這和目前存在的事實完全相反。

克：目前存在的事實是什麼？我是個獨立個體，我必須實現我自己的欲望、我自己的願望、我自己的本能、我自己的任何東西，而這麼一來就製造了混亂。

沙克：現在我們想把一種狀態轉變成另一種狀態。

克：你改變不了。

沙克：好！那你能做什麼呢？

克：改變，突變。你無法把一種形式改變成另外一種形式。看清楚事實，你不過是平凡人中的一員。先生，當你認清這一點，感覺到它存在你的五臟六腑內、你的血液裡，然後你的整個活動、整個態度、整個生活方式都會改變。然後你就擁有一種兩個形象不會彼此打鬥的關係。一種栩栩如生、活躍、充滿某種東西、充滿美的關係。現在我們再回頭討論所謂的例外。

沙克：例外的確存在。我們現在專心討論這點吧！

克：先生，假設你是例外中的一員，只是假設，那你和我這個平凡人的關係如何呢？你和我之間有任何關係嗎？

沙克：我們同樣是人。

克：沒錯，但是你已經跨出了這個範圍，你是個例外。我們現在討論的就是這樣。你是個例外，而我不是，對嗎？你和我之間的關係如何呢？你和我有任何關係嗎？或者你在局外，正試圖幫助我。

沙克：不，我和你有關係，有責任，因爲你的幸福會影響我的幸福。我們的幸福只有一個，而且是同一個。

克：但你是例外，你在心理上並不累積事物。你不屬於平凡人，而我總是不斷收集一切事物。自由的人和關在牢籠中的人之間有很大的區別。我關在我自己建造的牢籠中，在政治家建造的牢籠中，在書本和其他事物所建造的牢籠中。我在牢裡，而你不是，你是自由的。我希望像你一樣。

沙克：我願意幫助你解放。

克：所以你的關係是什麼？一位幫助者？還是你擁有眞正的慈悲，不是因爲我，而是因爲慈悲的火焰、香氣、深度、美麗、活力和智慧，因爲愛。就是這樣。這樣所得到的效果，比你下決心幫助我所得的效果要好上許多。

沙克：在此我們意見完全一致。這就是我看待例外的方式。我看到例外的個體擁有慈悲的特質。

克：而思想沒辦法集結出慈悲。

沙克：慈悲是存在的。

克：可是如果我心中有恨，如果我想殺人，如果我正在爲自己哭泣，試問慈悲如何存在？必須先從這一切中解脫，慈悲才可能存在。

沙克：我現在把注意力都集中在例外上。例外的人心中有恨嗎？

克：先生，就像太陽一樣，陽光不是你的，也不是我的。我們共同擁有它。但是一說到「我的」陽光，太陽就變得很孩子氣。所以你能做的只是像太陽一樣，給予我慈悲、愛、智慧，沒有別的了。不要說做這個、別做那個，這麼一來，我就落入所有教會、宗教所設的陷阱中。先生，自由的意思是：走出牢籠，走出人類爲自己建造的牢籠。而你這個自由的人，就只是存在著吧！只是存在著。你沒辦法做什麼。

沙克：我聽你說了些很積極、很重要、很有意義的話。我聽你說有人，一群個體，他們擁有能夠幫助其他人類的特質。

克：你瞧！這就是世人的想法——我不想介入，那和我八竿子打不著——反正總有人會協助而非指引，他會告訴你該怎麼做，然後這一切就變得愚蠢極了！這事就像太陽發光，如果你想坐在太陽下，就坐吧！如果你不想，就坐在陰涼處吧！

沙克：這就是人們所謂「克氏的教誨」。

（一九八三年三月七日於美國加州歐亥）

你是否在闡述佛陀的教義？

◆**瓦爾波拉・拉胡拉**(Walpola Rahula)　國際佛教權威，「大英百科全書・佛陀篇」作者。

◆**大衛・博姆**(David Bohm)　英國皇家學會(Royal Society)終生會員，倫敦大學(University of London)伯貝克學院(Birkbeck College)理論物理學教授。

◆**帕秋**(TK Parchure)　醫學博士，克里希那穆提的內科醫生。

◆**納拉揚**(G Narayan)　前克里希那穆提基金會(Krishnamurti Foundation)印度瑞奚谷學校(Rishi Valley School)董事。

◆**依兒姆嘉德・施洛格爾**(Irmgaard Schloegel)　佛教學者。

拉胡拉：如果可以用「聽從」這個詞，那麼我從年輕時代就一直聽從你的教誨。我興致勃勃地閱讀了你大部分的著作，而且早就期盼能夠像這樣和你共同討論。

一個人只要對佛陀的教誨有相當的領悟，就會覺得你的教誨非常熟悉，並不陌生。佛陀兩千五百年前所講述的教誨，你今天以一種新語法、新風格、新外貌教授。當我閱讀你的著作的時候，常常在空白處寫字，把你所說的話和佛陀所說的話做比較，有時我甚至引述一整篇、一整節、一整句——不只佛陀最初的教誨，還包括後來佛教哲學家們的觀念——而這些教誨你也以幾乎同樣的方式詮釋過。我很驚訝你把這些教誨闡述得這麼好、這麼完美。

所以一開始，我想簡要提出佛陀和你共通的幾點教誨。例如，佛陀並不接受有個造物者統治這世界的觀念，也不認爲應該以賞罰來約束人們的行爲。我相信你也不接受這些觀念。佛陀不接受古老的吠陀梵語，不接受婆羅門教靈魂或「我」永生不滅、永恆不變的觀念，佛陀否定這一切。我想你也不接受這些觀念。

佛陀以人生是困境、苦難、衝突、悲傷爲前提展開教誨。而你的著作總是強調這些。佛陀還說，之所以導致這樣的衝突、苦難，原因在於錯誤的自我觀念所創造出的自私。而我認爲你也是這麼說的。

佛陀說，當一個人超脫了欲望、牽絆，超脫了自我，也就超脫了苦難和衝突。我記得你在某處也曾說過，自由就是超脫所有的牽絆。這正是佛陀的教誨，超脫所有的牽絆。牽絆並無好與壞的差別，一般現實生活裡當然有好牽絆與壞牽絆之分，但是最終並沒有什麼差別。

然後是認清眞理，領悟眞理，也就是明心見性；一旦你這麼做，你就看到實相，就看到眞理，就超脫了衝突。我認爲你經常提到這點，譬如在《眞理與實相》(Truth and Actuality) 一書中。這觀念在佛教思想中廣爲人知，叫作「俗諦」和「眞諦」：俗諦是相對或傳統的眞理，眞諦是絕對或最終的眞理。沒認清傳統或相對的眞理，就看不清最終或絕對的眞理。這是佛陀的態度。我認爲你說的是同一回事。

以比較通俗但是也非常重要的角度來看，你總說不可以依賴任何權威、任何人的教誨，必須自己領悟，自己了解眞相。這在佛教裡是衆所皆知的教誨。佛陀說，不要因爲宗教或經文所言就接受，不要因爲老師或上師所言就接受，只有你自己認清是對的才接受；如果你認爲是錯的或不好的，就拒絕它。

你和斯瓦密・文卡特薩南達（Swami Venkatesananda）有過一場非常有趣的對談。對談中，他問上師有何重要，而你的回答總是：上師能做什麼呢？決定權在你，上師救不了你。這正是佛教徒的態度——不應該接受權威。在拜讀過你的著作《智慧的覺醒》（The Awakening of Intelligence）關於這方面的討論後，我寫道，佛陀也曾說過這類事情，並在《法句經》中歸納出兩行話：「你必須努力，佛陀只負責教誨。」這段話收錄在《法句經》裡，你年輕時候讀過的。

另外有一件事很重要，你強調覺察，留心。這在佛陀的教誨中也是相當重要的一點，要留心。在閱讀《大般涅槃經》時，一篇關於佛陀生平最後一個月的談話，令我相當驚訝。不論佛陀駐足何處，和信徒談了些什麼，他總說：「要覺察，要培養覺察力，要留心。」這被稱爲留心的態度。這點在你的教誨中也非常重要，我相當欣賞，而且切實遵循。

然後另外一件有趣的事是，你不斷強調「無常」。這是佛陀的根本教誨之一。每件事物都不是永久的，天下沒有永恆的事物。在《從已知中解脫》(Freedom from the Known) 一書中，你曾說過，認識「空無」即爲永恆是相當重要的，因爲唯有如此，心智才自由。這和佛陀的「四聖諦」(Four Noble Truths) 完全相符。

還有另一點可看出你和佛陀的教誨一致。我認爲在《從已知中解脫》一書裡，你談到抑制和外來的責罰並不是方法，紀律極差的生活也不具任何價值。當我讀到這段時，我在空白處寫道：「一位婆羅門問佛陀：你如何達到精神的最高境界？仰賴什麼訓誡？什麼修鍊？什麼知識？佛陀說：不仰賴知識，不仰賴修鍊，不仰賴訓誡，但也不是完全不仰賴它們。」這點很重要——不依靠這些東西，但是這些東西也不是完全不存在。這正是你所說的：「你極力譴責成爲修鍊的奴隸，但是少了修鍊，生活就沒有價值。」這正是禪宗所言——沒有禪宗，禪即是佛。在禪裡，遵從修鍊被視爲執著，而這是相當受責難的，但世界上卻又沒有一個佛教派系如此強調修鍊。

我們有許多其他事要討論，不過一開始，我想說這些事基本上都是一致的，而你和佛陀之間並沒有衝突。當然，你說過，你並不是一位佛教徒。

克：沒錯，先生。

拉胡拉：我個人並不知道我現在的職責爲何，那不重要。但是你和佛陀的教誨之間幾乎沒有差異，只是你以吸引現今人類和未來人類的方式講述同樣的事。現在，我想知道你對這一切的看法。

克：先生，且容我以相當尊重的心情發問，你爲什麼要比較呢？

拉胡拉：因為我是一個學佛的人，一直研究佛教經文，當我讀你的著作的時候，總認為你書中所言和佛陀所說是同一回事。

克：沒錯，先生。但是我可否請問，有必要比較嗎？

拉胡拉：沒有必要。

克：如果你不是個學佛人，不懂所有經典和佛陀所說的話，如果你對佛教沒有非常深入的了解，沒有那一切背景，你怎麼會有心閱讀這些書呢？

拉胡拉：我沒辦法回答這個問題，因為我一直都擁有這些背景。人是受限的，所處情況是受限的。我們都是受限的。因此我無法回答這個問題，因為我不知道那樣的立場會產生什麼情況。

克：所以如果我可以指出，我希望你別介意……

拉胡拉：不，一點也不介意。

克：……知識會不會局限了人類——經文的知識、聖人曾說過的知識等等，包括所有所謂的聖書，這些對人類有幫助嗎？

拉胡拉：經文和我們所有的知識都局限了人類，這是毫無疑問的。但是我要說知識並不是絕對不需要。佛陀曾經清清楚楚地指出，如果你想過河，但是沒有橋，就建一艘船，在船的協助下過河。但是如果到了對岸，你認為，嗯，這艘船曾經對我非常有用，非常有幫助，我不能把它留在這裡，我要把它扛在肩上，這就是錯誤的行為。你可能會說：這艘船對我當然非常有幫助，但是我已經過了河，它對我不再有用了，所以我會把它留在這裡給別人用。這就是知識和學習的態度。佛陀說，不只這些，甚至教誨，甚至道德，所謂的倫理道德，也就像這艘船一樣，有一種相對和受限的價值。

克：我想質疑這點。我並不懷疑你說的一切，先生。但是我想質疑知識是否有解放心智的特質。

拉胡拉：我認為知識不能夠解放心智。

克：知識無法辦到，但是你從知識所獲得的特質、力量、能力感、價值感，知道的那種感覺，知識的分量，這一切難道沒有增強你，增強你的自我？

拉胡拉：當然有。

克：知識眞的局限了人類嗎？讓我們這樣說好了，我們所有人都認為「知識」的意思是資訊的累積，經驗的累積，各種事實、理論和原則的累積，是過去和現在，這一切束縛我們的都稱為知識。這麼一來，過去有幫助嗎？因為知識就是過去。

拉胡拉：所有的過去，所有的知識，在你看到眞理的那一刻就消失了。

克：但是負荷著知識的心智看得到眞理嗎？

拉胡拉：當然，如果心智負荷、充塞且塡滿了知識……

克：沒錯，通常是這樣。大部分心智都塡滿了知識，因為知識而行動不便。我用「行動不便」這個詞來形容負荷過重。這樣的心智能夠覺知到什麼是眞理嗎？還是心智必須超脫知識？

拉胡拉：心智必須超脫所有知識才能看到眞理。

克：既然如此，那一個人爲何要累積知識，然後又放棄它，然後再尋找眞理？你懂得我現在說的話嗎？

拉胡拉：嗯，我認爲在日常生活裡，大部分事物一開始都是有用的。例如，剛進學校時，沒有畫了線的紙，我們就不會寫字，但是今天，我不用畫了線的紙也能寫字。

克：等一下，先生。我同意，學生時代，我們需要畫線才會寫字，其他事情也一樣，但是這難道不是代表一開始關係重大嗎？在我們成長的過程中，開始可能局限了未來。你明白我現在說的話嗎？不知道我是否說清楚了？自由存在於最後？還是開始？

拉胡拉：自由無始無終。

克：你是說自由受限於知識？

拉胡拉：自由並不受限於知識，或許錯誤應用所獲得的知識可能阻礙自由。

克：不，知識的累積沒有錯或對。我可能做了某些壞事，然後懊悔不已，或再繼續做同樣的壞事，這些壞事又成爲我的一部分知識。但是我要問，知識會引導我們通向自由嗎？如你所說，一開始修鍊是必要的。等你年紀漸長、成熟、有能力了，難道這些修鍊不會局限你的心智嗎？這麼一來，心智是不是習慣了修鍊，永遠不可能放棄它？

拉胡拉：沒錯，我了解。你同意在一開始、在某種層次上，修鍊是必要的。

克：我對這點質疑，先生。當我說質疑的時候，並不表示我懷疑它或說它是不必要的，我是爲了研究而質疑。

拉胡拉：我要說在某種層次上，修鍊是必要的，但是如果你永遠沒辦法放棄修鍊……我是以佛教的觀點來看。在佛教裡，關於「道」有兩個階段：對於在道上但尚未得道的人而言，修鍊、訓誡和所有談這類好與壞、對與錯的教義，必定常相左右；而一位已經了解眞理的阿羅漢就沒有修鍊的束縛，因爲他已經超越了修鍊。

克：我了解這點。

拉胡拉：但這是人生的一個事實。

克：我對這點質疑，先生。

拉胡拉：我對這點堅信不疑。

克：那麼我們就不再探究了。

拉胡拉：不，不是這樣的。

克：我的意思是，我們正在討論知識：有用或必要的知識，就像一艘船渡河。我想探究這個事實，這則明喻，看看它是不是眞理，它是否有眞理的特質。我們先朝這方向討論吧！

拉胡拉：你是指這則明喻或教誨？

克：所有這類事情。這表示，先生……接受進化。

拉胡拉：是的，接受進化。

克：進化，漸漸地，逐步地，前進，最後抵達。一開始，我維持修鍊、克制、努力，等我擁有更多能力、更多能量、更多力量，我就放棄修鍊，向前進。

拉胡拉：沒有計畫是這樣的。

克：不，我並不是說有計畫。我是在詢問或探究，是否有這樣的一種動作，這樣的進步。

拉胡拉：你認爲呢？

克：我認爲嗎？沒有。

施洛格爾：我非常同意你的想法，我不相信有這樣的進步。

拉胡拉：好吧！就算沒有像這樣的進步。

克：我們必須非常謹愼地進入這個主題，因爲整個宗教傳統，包括佛教、印度教、基督教，所有宗教和非宗教的態度都受限於時間，受限於進化——我會更好，我會變好，我終會因爲善行美德而繁榮發達。對嗎？我要說，在這裡頭有一個不眞實的根源。很抱歉我這麼說。

施洛格爾：我有很好的理由來完全同意這樣的說法。就我們所知，自人類存在以來，我們一直知道我們「應該」爲善。如果可能因爲某種像這樣的東西就有所進步，那我們就不會是今天的人類了。我們就都已經非常進步了。

克：我們到底有沒有進步？

施洛格爾：沒錯。我們並沒有進步，如果有，也少得可憐。

克：我們在科技、科學、衛生保健等這類事情上可能有進步，但是在心理上、內心裡，我們並沒有進步，我們還是一萬年前或更久以前的我們。

施洛格爾：所以事實上，我們知道我們應該爲善，而且已經進化出這麼多如何爲善的制度，但是卻沒有幫助我們變好。我認爲我們所有人身上都有某種特定的障礙，而要進步必須突破這層障礙，因爲大部分的我們都希望自己變好，但是大部分的我們都沒做到。對我來說，這似乎是最切身的問題。

克：我們已經接受了進化。在生物學上，我們的確進化了。我們已經把生物學上的事實移轉到心理層面，自以爲我們在心理上會有所進化。

拉胡拉：不，我認爲我們的態度並不是這樣。

克：可是你所說的「逐漸」，其實就是這個意思。

拉胡拉：不，我沒有說「逐漸」，我沒這麼說。領悟眞理、得到眞理、或看淸眞理，是沒有計畫、沒有方案的。

克：是超越時間的嗎？

拉胡拉：超越時間，正是如此。

克：超越時間和我的心智已經進化了幾世紀、幾千年有極大的差異。因爲我的心智受時間限制，是進化，獲得更多、更多的知識，而超越時間會揭露出非凡的眞理。

拉胡拉：會揭露眞理的並不是知識。

克：所以我爲什麼要累積知識？

拉胡拉：你怎麼能避得開呢？

克：在心理上避開，科技上不避開。

拉胡拉：即使是心理層面，你怎麼避得開呢？

克：這是兩回事。

拉胡拉：沒錯，但是受局限的你怎麼做到呢？

克：等一下，先生。讓我們再談深入一點兒。在生物學上，生理上，從童年到一定的年紀，青春期、成年等等，我們進化了，這是個事實。一棵小橡樹長成一棵巨大的橡樹，這是個事實。現在，我們在心理上必須成長是一個事實呢？還是只是一則假設？意思是，在心理上，我們終究會達到眞理，或者說，如果我在心理上準備好這麼一塊園地，眞理就會產生。

拉胡拉：不，這是個錯誤的結論，錯誤的觀點。領悟眞理是改革，不是進化。

克：所以，在心理上，心智能夠超脫進步的觀念嗎？

拉胡拉：可以。

克：不，不是「可以」，是必須。

拉胡拉：這就是我所說的——是改革，不是進化，是一種漸進的過程。

克：所以在心理上可能有場革命了？

拉胡拉：沒錯，當然有。

克：這又是什麼意思？不包含時間。

拉胡拉：這裡頭沒有時間。

克：可是所有宗教、所有經文，不論是回教或任何宗教，都主張你必須歷經某些制度。

拉胡拉：但是佛教沒這麼主張。

克：等一下。我並沒有說佛教，我對佛教一無所知，只有在孩提時代讀過佛教經文，可是早已經忘了。如果你說，你必須先維持修鍊，然後最後走出修鍊……

拉胡拉：不，我沒這麼說。我並不是以這樣的方式覺知，佛陀也不這麼做。

克：那麼，可能我誤會了。

拉胡拉：我必須問你的問題是：領悟眞理是怎麼發生的？

克：喔，這又是另外一回事。

拉胡拉：我要說的是，我們是受限的。沒有人能夠告訴我們這點，不論他們多麼努力地嘗試過。所謂的革命是認淸你是受局限的。一旦你明白了這點——這沒有時間的限制——就是場完整的革命，而這就是眞理。

克：假設人是在進化的模式下受局限的，總認爲我曾經是、我現在是、我未來是。這是進化。

對不？

拉胡拉：沒錯。

克：昨天的我行爲可鄙，但是今天的我明白了昨天的醜陋，並讓自己不再如此可鄙，而明天的我就會超脫這一切。這是我們的態度，我們人類的心理結構。這是個常見的事實。

拉胡拉：我們認清了這點嗎？可能只是理智上、口頭上的了解。

克：不，我並不是談是理智或口頭的問題，我的意思是，那個結構是個事實。我會「試圖」變好。

拉胡拉：「試圖」變好並沒有問題。

克：不，先生，不是根據佛陀的意思，也不是依據經文的說法，而是普通人類日常生活中所說的：「我應該更好，可是我沒有，不過，給我兩、三個星期或兩、三年的時間，我最後會變得非常好。」

拉胡拉：當然，這是幾乎每個人都有的態度。

克：是幾乎每個人都有的態度。現在，請等一下。這就是我們受局限的情況——基督徒、佛教徒，整個世界都被這樣的觀念所局限，這觀念可能已經從生物學上的進步移轉到心理學的領域。

拉胡拉：沒錯，這是闡述這個觀念的好方法。

克：現在，一個男人或女人，一個人類，要怎樣在不受時間限制的情況下打破這個模式？你了解我的問題嗎？

拉胡拉：了解。只要用看的就行了。

克：不，如果我陷在進步這個該死的醜陋東西裡，我就看不到。你說用看的就行了，而我看不到。

拉胡拉：那你就看不到了。

克：但是我想探究它，先生。也就是說，爲什麼我們在心理上如此看重「進步」？

施洛格爾：我不是學者，而是個實踐家。對我個人來說，身爲一個西方人，從前又是個科學家，我在佛教的教義中找到了最令我滿意的答案。那就是：我蒙蔽了自己，我是我自己的障礙。只要我不放掉身上的所有局限，我就看不到，進展不了。

克：這對我並沒有幫助。你是說你已經學到了這點。

施洛格爾：我是學到了，可是我是以像學彈琴一樣的方式學到的，不是以研究某一題目的方式學到的。

克：又來了，彈琴，意思是練習。所以我們討論到最後到底在討論什麼？

納拉揚：我們似乎遇到難題了。知識有某種魅力、某種力量，一個人累積知識，不論是佛教或科學的知識，在傳統的現實領域裡，儘管這不是自由，卻給你一種獨特的自由感。一個人經過多年的研究，發現很難置身於知識之外，因爲二十年來，你達到這個境界並肯定它的價值，可是它不具有你所謂的眞理的特質。這個伴隨所有練習而來的難題似乎是，只要你練習，你就達到某個境界；而這成就是傳統現實型的成就，它有某種力量、某種魅力、某種能力，或許有某種清明。

拉胡拉：因爲這樣，你執著於它。

納拉揚：沒錯，擺脫這種執著要比一個初學者難許多。還沒得到這些知識的初學者看某些東西的方式，可能比一個飽學之士更爲直接。

拉胡拉：這點視個人而定，你不能一概而論。

克：我認爲，一個案例就可以歸納成一條通則。但是且讓我們回到原來的話題。我們都陷在這個進步的觀念裡，對嗎？

拉胡拉：我們剛才已經對這點達成共識了，那就是：人類接受進步是逐漸進化的事實。你說過，在生物學上，人類把這個觀點當作眞理，而且這點在生物學的領域裡可以得到驗證，所以他們把同樣的理論應用在心理學上。我們同意這就是人類的看法。

克：這樣的看法是眞理嗎？在生物學上，我已經接受了人類有所進步的說法，而且已經逐漸將這種說法移轉到心理層面。那麼，這樣的看法是眞理嗎？

拉胡拉：我現在明白你所質疑的問題了。我不認爲它是眞理。

克：因此，我放棄整個修鍊的觀念。

拉胡拉：放棄它並不成問題，只要你在意識上放棄它就行了……

克：不，先生，請等一下。我看到了人類的所作所爲，也就是從生物學層面移轉到心理學層面，在這樣的過程中，人類發明了這樣的觀念，認爲你終會見到上帝或受到啓發，到達婆羅門或任何階層，涅槃、天堂或地獄。如果你是眞正而不是理論上看到了眞理，那這就是終點了。

拉胡拉：絕對正確，這就是我向來闡述的。

克：那爲什麼我應該在心理上獲得經文或這或那知識？

拉胡拉：沒有任何理由。

克：那我爲什麼研究佛陀？

拉胡拉：我說過，我們都被局限了。

博姆：我可不可以問個問題：你們接受自己是被局限的嗎？

克：博姆博士問：我們都接受自己是被局限的嗎？

拉胡拉：我不知道你們接不接受這個觀念，但是我接受。在時間的輪迴裡就是被局限。

博姆：嗯，我要說的是：我認爲至少在我們的部分討論裡，克里希那吉（「吉」在北印度是對一個人的尊稱）曾說過，他一開始就不被局限，因此有某種異於常人的洞悉力。這樣說公平嗎？

克：拜託！不要提到我，我可能是生物學上的怪胎，請別把我牽扯進去。先生，我們要討論的是：我們能承認在心理上沒有任何進展這個眞理嗎？是這個眞理，而不是這個觀念。你們了解嗎？

拉胡拉：我了解。

克：是這個眞理，不是「我接受這個觀念」，觀念並不是眞理。所以，身爲人類的我們，是否看到了我們所作所爲中的眞理或虛僞？

拉胡拉：你是指一般人類？

克：全世界。

拉胡拉：不，一般人看不到。

克：因此當你告訴人們，多獲取知識、讀這、讀那、研究經文、研究佛陀所言、基督所說、人是否存在等等，人們全身上下累積了這種將協助他們躍入天堂的本能。

博姆：我們說我們都是被局限的，然而說這話時，我們怎麼知道我們都是被局限的呢？這是我眞正想說的。

克：沒錯，先生，他的重點是，所有人類都是被局限的嗎？

博姆：我想強調的是，如果我們說我們都是被局限的，可能會產生兩種反應。一種可能是累積與受限情況相關的知識，認爲我們觀察到共同的人類經驗，我們可以檢視人們，並認淸人們通常是被局限的。另外一種反應可能是，我們是否以一種比較直接的方式觀察我們都是被局限的？這正是我努力達到的目標。

克：但是這對這件事有幫助嗎？我的意思是，可能有所反應，也可能沒反應。

博姆：我想強調的是，如果我們說我們都是被局限的，那我認爲除了某些有修鍊或漸進的方法，實在沒別的事可做。也就是說，一開始你就處在受局限的狀態。

克：未必，我不這麼認爲。

博姆：嗯！且讓我們繼續探討這個主題！他的問題中的意思是：如果我們全部都是一開始就被局限……

克：……我們的確是被局限了。

博姆：……那我們下一步能做什麼？

拉胡拉：沒有「下一步」了。

博姆：不論我們做什麼事，要怎樣才能夠從這種被局限的狀態中解脫？

拉胡拉：要從被局限的狀態中解脫就要觀察。

博姆：喔！還是同樣的問題，我們如何觀察？

拉胡拉：當然，許多人嘗試過許多方法。

克：不，沒有許多方法。你一說到「方法」，就已經是一個被局限在「方法」上的人了。

拉胡拉：我就是這意思。而你也同樣受你的談話所限制，你的話也處於被局限的狀態。企圖使心智不被局限其實也正局限了心智。

克：不，我質疑這樣的說法，不論克氏現在談的是不是局限了心智——因爲心智就是腦子，就是思想、感情，是整個人類心理存在的狀態。我對這點存疑。容我提個議，我們已經離了題。

拉胡拉：問題是如何觀察，對嗎？

克：不，先生，不對。不是「如何」，這不是如何的問題。首先，讓我們觀察這個簡單的事實：身爲人類的我，是否明白我就代表全人類，我是個人，因此我代表全人類，對嗎？

施洛格爾：以個體的角度看是如此。

克：不，身爲人類，我代表你，代表整個世界，因爲我受苦，我歷經極大的痛苦等等，每一個人類也都一樣。所以身爲人類的我，是不是以同樣的心態觀察人類從生物學層面邁進到心理學層面的虛僞？人類在生物學上的確有進步，從小到大，從車輪到噴射機。身爲人類，我是不是看到了人類在進步過程中所製造的災害？我是不是看到了這個過程，就像我看到這張桌子一樣？或者我說：「好的，我接受這套理論，這個觀念。」然後我們迷失了。而這套理論、這個觀念，因此就變成了知識。

施洛格爾：如果我看到這現象就像我看到這張桌子一樣，那它就不再是理論了。

克：那它就變成了事實。可是一旦你離開了事實，它就變成了觀念、知識和這類追求。你就離事實更遠了。我不知道我是不是把話說淸楚了。

拉胡拉：沒錯，我想就是這樣。

克：那怎麼辦？人類離開了事實？

拉胡拉：人類正陷在這樣的窠臼裡。

克：沒錯，這是個事實，不是嗎？從小樹到大樹，從嬰兒到少年時代、到青少年時期，在生物學上的確有進步。現在我們已經把這樣的心態、這樣的事實，移轉到心理學的領域裡，而且認定我們在心理學上有所進步，這實在是個錯誤的舉動。我不曉得是不是把話說清楚了？

博姆：你是說這是局限的一部分嗎？

克：不，現在先把局限放在一旁。我不想進入那個主題。可是我們爲什麼把生物學上的成長事實應用在心理學的領域，爲什麼？這是我們面臨的一個事實，可是我們爲什麼這麼做？

施洛格爾：我想「變成」某種東西。

克：也就是說，你想要滿足、安全、確定、成就感。

施洛格爾：這些目標都還沒達到。

克：所以爲什麼人類不實際看看自己的所作所爲，不要只憑空推測？

施洛格爾：一個普通人嗎？

克：你，我，某甲，某乙。

施洛格爾：我不喜歡看，我害怕眞相。

克：所以你活在假相裡。

施洛格爾：那當然。

克：爲什麼？

施洛格爾：我想成爲某種我既害怕又不願看到的東西。這就是分歧點。

克：不，女士，只要你看到自己的所作所爲，就不怕了。

施洛格爾：但事實是，我通常看不到。

克：你爲什麼看不到？

施洛格爾：我因爲害怕而懷疑。我不知道爲什麼。

克：當你談到害怕的時候，你正進入一個極爲不同的領域。我只想問，人類爲什麼這麼做，這樣的遊戲玩了幾千年？爲什麼生活在這樣錯誤的結構裡，然後人們隨後又說，要無私、要這樣、要那樣？爲什麼？

施洛格爾：我們每個人都有非常不理性的一面。

克：我質疑這一切。因爲我們不是與事實生活在一起，而是與觀念和知識生活在一起。

拉胡拉：的確如此。

克：事實是，在生物學上有所進化，在心理上卻沒有。所以我們把知識、觀念、理論、哲學和其他這類東西都看得很重要。

拉胡拉：在心理上，你一點兒也沒看到可能有某種發展、某種進化？

克：沒有。

拉胡拉：可是舉個又說謊、又偷竊、做盡惡事的累犯來說吧！你可以向他解釋某些非常基本的道理，然後以傳統標準來看，他改變了，變成一個比較好的人，不再偷竊、不再說謊、不再想殺人。

克：例如恐怖分子。

拉胡拉：像那樣的人可能改變。

克：先生，你是說，一個壞到像世界各地的恐怖分子的「惡」人，他們的未來是什麼？你是問這個嗎？

拉胡拉：你難道不認爲你可以向一名行爲壞到如此地步的罪犯，解釋他的行爲錯在何處嗎？因爲他了解你所說的，不論是因爲他自己經過思考，或因爲你個人的影響力或其他因素，他改造了自己，他改變了。

克：先生，我不確定你是否能以這樣正統的方式和一名罪犯談話。

拉胡拉：這點我就不知道了。

克：你可知道，你可以使罪犯平靜，給他報酬等等。可是一個內心眞正邪惡的罪犯，會認眞聽任何心智健全的話嗎？所謂的恐怖分子，他會認眞聽你說話嗎？會聽你那番心智健全的話嗎？當然不會。

拉胡拉：你不能這樣說，我不知道。我並不完全肯定這個觀點，不過我沒有更多的證據來支持我的說法。

克：我也沒有證據，但是你可以看到目前的情況。

拉胡拉：目前的情況是，有恐怖分子，而我們並不知道他們之中是不是有人已經把自己變成了好人。我們並沒有證據。

克：這就是我要討論的重點——惡人進化成善人。

拉胡拉：就一般和傳統的觀點來看，這情況當然會發生，你無法否認這點。

克：沒錯，我們知道，我們有許多例子。

拉胡拉：難道我們沒有完全接受這點嗎？

克：沒錯，請等一下，先生。一個說謊、殘忍、壞事做盡的惡人，或許有一天他了解自己的惡行，然後說：「我會改變，而且會變好。」但是這並不是善。善並不是出自於惡。

拉胡拉：當然不是。

克：因此所謂的「惡人」，永遠不可能變成「善人」。邪惡的對立並不是良善。

拉胡拉：以這個觀點來看是這樣。

克：任何觀點都一樣。

拉胡拉：我不同意。

納拉揚：我們或許可以這麼說。以「傳統」的觀點而言，惡人變成善人。我認為我們可以稱之為「心理上的進步」。這是我們所做的某件事，是人類的心智所為。

克：當然，你穿著黃色衣，我穿著棕色服，我們有黑夜和白天、男人和女人等等相對立的人事物。可是恐懼有所謂的對立嗎？善有所謂的對立嗎？愛是恨的對立嗎？所謂的對立，意思是二元性。

拉胡拉：我要說我們正以二元的術語談話。

克：所有語言都是二元的。

拉胡拉：缺了二元的通路，你講不出話，我也講不出話。

克：沒錯，就比較而言是這樣。但是我並不是說這個。

拉胡拉：目前你談的是絕對、最終……當我們談到善與惡時，我們是以二元的方式交談。

克：這就是我不想談這個問題的原因。良善從來不是邪惡的對立。所以當我們說：「我要動、要改變，從原本備受局限的壞情況，改變成超脫這種備受局限的情況，這是好嗎？」因此，超脫與我備受局限的情況是相對立的。因此，那不全然是自由。那種自由是出自於備受局限的情況，因為我陷在這間牢房裡，而我想要自由。自由並不是對這間牢房的反動。

拉胡拉：我不太明白。

克：先生，我們能否思考一下：愛是恨的對立嗎？

拉胡拉：只能說：有愛的地方就沒有恨。

克：不，我問的不是這個。我的問題是：恨是愛的對立嗎？如果是，那麼在這樣的情愛裡就有恨，因為愛是由恨而生的，是由相對立的那一面產生的。所有相對立的人事物，都是由與自己對立的那一面產生的。不是嗎？

拉胡拉：我不知道。這是你的說法。

克：先生，但是這是個事實。我害怕，所以我培養勇氣，你可知道，目的在於摒棄恐懼。我喝杯酒，或做其他事等等，目的在於解除我心中的恐懼。到最後，我說自己非常勇敢。所有戰爭英雄和非英雄都因此而榮獲獎章。因爲他們害怕，他們說：「我們必須上前殺敵。」或做做其他事，然後他們變得非常勇敢，成爲英雄。

拉胡拉：那並不是勇氣。

克：我的意思是，任何由其對立面產生的人事物，都包括其相對立的那一面。

拉胡拉：怎麼說？

克：先生，如果有人恨你，然後那人說：「我必須愛。」那種愛是由恨而生。因爲他知道什麼是恨，然後他說：「我不可以這樣，我必須那樣。」所以那樣就是這樣的對立。因此那個對立包含這個。

拉胡拉：我不知道這情況是否就是兩者相對立。

克：這就是我們生活的方式，先生。這就是我們所做的事。我很性感，我不可以性感。我發誓抱獨身主義——不是我——是人們發誓抱獨身主義，這就是對立。因此人們總是陷在這條相對立的通道裡。我質疑這整條通道，我認爲它不存在；我們發明了這條通道，但事實上，它並不存在。我的意思是，請把這當成一種解釋就好，不要接受任何東西，先生。

施洛格爾：我個人把這條相對立的通道當作一種作業假設，一種人性化的因素，而我們都身陷其中。

克：喔，不是，這不是一種人性化的因素。這就像在說：「我原本是一個部落，現在我已經變成了一個國家，然後到最後，我會變成國際化。」然而，實行的卻仍是部落制度。

博姆：我認爲兩位都是說，在某些方面，我們的確進步了，在這些領域裡，我們不像從前那樣野蠻。

施洛格爾：這就是我所謂因爲人性化因素而造成的結果。

克：我質疑這是不是人性化。

博姆：你是說這並不是眞正的進步嗎？你可以看到，一般而言，過去的人是比現在的人野蠻許多，所以，難道你是說這其實沒有多大意義？

克：我們還是很野蠻。

博姆：沒錯，我們是很野蠻，可是有人說，我們並不像從前那樣野蠻。

克：問題不出在「像」。

博姆：看看我們是不是能把這點整理出來！現在，你是說這點並不重要，並沒有什麼意義？

克：是的，我說我比從前的自己好——這句話並沒有意義。

博姆：我想我們必須釐淸這點。

拉胡拉：就相對、二元的角度來說，我並不接受這觀點，我看不到這觀點。但是就絕對、最終的角度來談，實在沒有像這樣的事。

克：不，不是以最終的角度，我根本不接受「最終」這個詞。我是在日常生活中看到相對立的現象，而不是從最終的角度。我貪婪，這是個事實。我試圖變得不貪婪，這是「非事實」，但是如果我仍舊與「我貪婪」的事實爲伍，那我現在就可以實際做些貪婪事了。因此，就沒有相對立的事物。先生，就拿暴力和非暴力來說。非暴力是暴力的對立，是理想。所以非暴力是「非事實」。暴力是唯一的事實。所以我可以對治事實，無法對治非事實。

拉胡拉：所以你的重點是什麼？

克：我的重點是，即使在日常生活中也沒有二元性。那是所有哲學家、知識分子、烏托邦人士、理想主義者的發明，他們說有相對立的人事物，努力達成吧！事實是，我暴力，如此而已，讓我來對治這件事吧！而要對治這件事，請不要發明非暴力。

施洛格爾：現在的問題是：我要如何對治這件事，因爲我已經接受了我暴力的事實……

克：不是已經接受了，這是個事實。

施洛格爾：……已經看到了事實。

克：那麼我們可以繼續進行了，我會證明給你看。我必須認清我現在正在做的事。我在逃避事實，逃向非事實。目前這個世界的情況就是這樣。所以不要跑，反而與事實爲伍。你做得到嗎？

施洛格爾：嗯，問題是：做得到嗎？其實，做是做得到，可是往往不喜歡做。

克：你當然做得到。當你看到危險事物的時候，你說：「危險！所以我不要靠近它。」然而逃離這個事實是危險的。所以最後，你沒逃避。這並不表示只要你學著不逃跑、練習不逃開，你就不逃避。我認爲那些上師、哲學家們發明了逃避這回事。很抱歉這麼說。

拉胡拉：他們並沒有發明逃避，那是完全不同的，這樣說不正確。

克：不對，先生。

拉胡拉：你沒辦法逃避的。

克：不，我是說，別逃避，然後你就會明白。不要逃，然後你就會看清。但是我們說：「我看不到，因爲我身陷其中。」

拉胡拉：我看得可清楚，你所說的我知道得一清二楚。

克：所以這裡就沒有二元性的問題。

拉胡拉：哪裡？

克：在日常生活裡，不是從最終的角度。

拉胡拉：什麼是二元性？

克：二元性就是對立。暴力和非暴力。你也知道，整個印度一直在實行非暴力，這是沒有意義的。世界上只有暴力，讓我來對付暴力吧！讓人類對付暴力，而不是對付非暴力。

拉胡拉：如果你認清了事實，我同意你的說法，我們必須處理這個事實。

克：因此沒有進步。

拉胡拉：那不過是個誰都可以用的詞罷了！

克：不，不是誰都可以用。一旦我有個理想，我就需要時間達到那個理想，對嗎？因此我會進化到那個境界。所以沒有理想，只有事實。

拉胡拉：有什麼差別，我們之間爭的到底是什麼？我們同意只有事實。

克：先生，意思是，觀察事實並不需要時間。

拉胡拉：完全不需要。

克：因此，如果時間不是必要的，我現在就可以看到事實了。

拉胡拉：沒錯，同意。

克：你現在可以看到事實了。你爲什麼不看？

拉胡拉：你爲什麼不看？這又是另外一個問題。

克：不，不是另外一個問題。

博姆：如果你眞的認爲時間不是必要的，也許就可以立刻明瞭整件事的來龍去脈。

拉胡拉：沒錯，這並不表示所有人類都能夠做到，是有人做得到。

克：不，如果我看得到，你就能看到。

拉胡拉：我不這麼認爲，我不同意你的說法。

克：這並不是同意或不同意的問題。當我們擁有與現實有所距離的理想時，要達到理想，時間是必要的，進步是必要的。我必須擁有知識，才能進步。所有這一切都來了，對嗎？所以，你可以放棄理想嗎？

拉胡拉：這有可能。

克：唉！不對，你一用「可能」這個詞，就含括了時間。

拉胡拉：我的意思是，看到事實是可能的。

克：現在就做吧！先生，請原諒我，我並不是在發號施令，只是當你說有可能時，你已經迴避了這個問題。

拉胡拉：我是想這麼說，我必須說，不是每個人都做得到。

克：你怎麼知道？

拉胡拉：這是個事實。

克：不，我不接受這樣的說法。

施洛格爾：或許我可以舉一個具體的例子。我站在一座游泳池上方的高跳板上，我並不會游泳，而有人告訴我：「只要跳下去，完全放鬆，水就會支持著你。」這是完全的眞理，我會游泳了。除非我害怕跳水，否則沒有任何事物可以阻止我。我想這問題應該就是這樣。我們當然做得到，並沒有什麼困難，只是心懷這種基本的恐懼，而這理所當然地令我們退縮。

克：請原諒我，我並不是談這個，我們說的並不是這個。而是如果一個人了解自己貪婪，我們爲什麼發明不貪婪？

施洛格爾：我不知道，因爲對我而言，如果我貪婪，那我就是貪婪，這是再明白不過的。

克：那爲什麼我們設定所謂的對立，爲什麼？所有宗教都說我們不可以貪婪，所有堪稱稱職的哲學家，都說不要貪婪，或其他類似的話。不然就是說，如果你貪婪，就到不了天堂。所以他們一直是透過傳統、透過聖人，培養起對立的全部觀念。所以我不接受這樣的觀念。我認爲這是逃避現實。

施洛格爾：沒錯。充其量也不過是個半調子。

克：這是逃避現實，對嗎？而且不會解決眼前的問題。所以要解決問題，要去除問題，我不能腳踏兩條船。我必須好好站在這裡。

施洛格爾：如果我好好站在這裡呢？

克：等一下，這是個直接的比喻。所以我並沒有所謂的對立來暗示時間、進步、練習、嘗試、變成等一切。

施洛格爾：所以我看到自己貪婪或暴力。

克：現在我們必須進入一個完全不一樣的主題。人類「現在」可以超脫貪婪嗎？問題在於「現在」，不是「最後」。你瞧！我對來生或後天不貪婪並不感興趣，誰在乎呢！我想現在就超脫悲傷、痛苦。所以，其實我根本沒有理想，對嗎？先生。然後我只知道這個事實：我貪婪。什麼是貪婪呢？這個詞是被定了罪的。「貪婪」這個詞在我心中存在了好幾個世紀，一想到這個詞，就立即宣判事實有罪。只要一說「我貪婪」，我就已經替貪婪定了罪。那麼，我能不能在不受這個詞的暗示、內容、傳統的影響下觀察事實呢？好好觀察事實吧！如果你身陷在詞意裡，就無法了解貪婪的深度和感覺，也就無法超脫貪婪。由於我整個生命都和貪婪息息相關，所以：「好吧！我不會陷入貪婪的窠臼，我不用貪婪這個詞。」好嗎？現在，貪婪的感覺是不是少了貪婪這個詞的束縛？它和「貪婪」這個詞是不是沒有關聯了？

施洛格爾：是的，是沒有關聯了，請繼續。

克：所以，一旦我心中充滿一個個詞，並深陷在詞意裡，那還能夠在不受這個詞的干擾下觀察貪婪嗎？

拉胡拉：這是眞正看到事實。

克：這時候我才看到事實。

拉胡拉：沒錯，在不受這個詞的干擾下。

克：難就難在這裡。我想超脫貪婪，因爲在我的血液、傳統、教養、教育裡，都說要超脫貪婪這樁醜事。所以我一直努力超脫它，對嗎？感謝上帝，我所受的教育不曾把我教成那個樣。所以我說，好吧！我只認得事實，我貪婪的事實。我想了解這個詞的本質和結構，了解貪婪的感覺。貪婪是什麼，貪婪的感覺的本質是什麼？是一段回憶嗎？如果是一段回憶，那我正在觀察它，以過去的回憶觀察現在的貪婪。那些過去的回憶說它有罪。我能夠在不受過去回憶的干擾下觀察它嗎？

我會更深入探討這點，因爲過去的回憶認定貪婪有罪，因此強化了貪婪。如果貪婪是某種新東西，我不會認定它有罪。但是由於它是因爲回憶、記憶、經驗而變舊的新東西，因此我認定它有罪。所以我能夠在不受這個詞、不受相關詞意的影響下觀察它嗎？這不需要修鍊或練習，不需要有人指導。只要明白，我能夠在不受這個詞的影響下觀察它嗎？我能夠在不受這個詞的影響下觀察那棵樹、女人、男人、天空、天堂，而且有所發現嗎？可是如果有人走上前來說：「我會告訴你怎麼做。」那麼我就是迷失了。而「怎麼做」正是聖書談論的要點。所有上師、主教、教宗等神職人員在談的事。很抱歉說這樣的話。

（一九七八年六月二十二日於英國布洛伍德公園）

如何看到至眞？

◆尤金・沙勒神父（Father Eugene Schallert）　終生奉獻耶穌會，同時也是舊金山大學（University of San Francisco）的社會學教授。

沙勒：或許我們應該以發覺生活世界裡的至眞，及如何學習看待至眞，做爲討論的開端。

克：先生，你是說把所有複雜的人類問題都看得淸淸楚楚，不僅政治上、宗教上、社會上的問題，還包括道德及「其他特例」。也就是說，一個人可不可以擁有完全的自由？

沙勒：沒錯，假如一個人沒有覺察到自己內心的自由，我實在不曉得他要如何探索和這個世界相關的事物。如果我們覺得在接觸社會、經濟、政治、道德，尤其宗教問題的時候，受到某些限制或壓迫，那麼我們就不是以至眞爲基礎來探索這一切，而至眞其實是超脫一切的基礎。

克：沒錯，先生。但是大部分宗教和文化，不論是亞洲、印度、歐洲或美洲，都大大局限了心智。走遍各地，你會發現，每個國家和每種文化都耗費極大的痛苦來塑造心智。

沙勒：我想，文化的功能在於塑造心智，雖然我不認爲這是個非常有效的功能。但是就某方面而言，在人類與人類存在的巨大次元間提供一段緩衝區，倒是文化的一種功能。我認爲文化在某些方面，的確有些軟化事情或讓事情容易處理或「可行」的作用。

克：沒錯，但是我眞正在思考，這世界是如何因爲政治、社會、道德，尤其宗教的因素而分裂。原本，所有文化應該因爲宗教而統一，但是在這裡，你卻看到宗教如何離間了人類。

沙勒：沒錯，的確如此。

克：天主教徒、基督教徒、印度教徒、回教徒，他們都說我們在尋找一件東西。

沙勒：沒錯，甚至在一個宗教組織裡，人們也有極強烈的分裂傾向，一個支派對抗另一個支派……

克：當然。

沙勒：……而且這似乎是與生俱來的。

克：因此，自由是否定任何文化、宗教派系或政治派系的限制。

沙勒：我認爲就某方面來說，根本的自由是否定這類局限的。爲自由而奮鬥，正是企圖突破、革新或掌握各種局限的過程。這種局限過程在每一個人類、每一朵花、每一隻動物體內自行運作，而追求自由正是設法突破，達到至眞。

克：我突然想知道我們所說的局限是什麼意思？

沙勒：你也知道，穿越歷史和跨越空間的文化局限相當多變。例如，今天西方世界的局限最初是透過啓蒙的過程、透過理性邏輯的過程達到的，我認爲其成果相當豐碩，因爲沒有這一切，你就沒有機會在電視攝影機前面談話。同時，有了電視攝影機，我們也可能什麼都看不到。我覺得在我們的世界裡，主要的局限力量是如思想、種類、概念或結構等我稱之爲幻想的東西，然而人們不但忙著應付，還把它視爲眞相。

克：沒錯，先生，這些局限是不是離間了人類？

沙勒：一點也不錯。不論內在、外在，宗教都離間了人類。

克：所以，如果我們期盼和平，期盼結束戰爭，期盼生活在一個恐怖、暴力、疏離、殘酷即將止息的世界，對我而言，這似乎是每個神職人員的職責，因爲我覺得宗教是統一人類的唯一因素。

沙勒：沒錯。

克：……不是政治、經濟等等。但是宗教並沒有使人類團結起來，反倒離間了人類。

沙勒：我不太確定這樣的說法是不是正確。我認爲宗教已經被文化定義成一種人類間的統一力量，但是能證明宗教曾經「達到」這種境界的歷史證據並不多。

克：沒錯。

沙勒：這或許是因爲宗教的功能有限，或者因爲宗教人士無能超越自己原有的宗教概念、傳說、神話或教條等等。我認爲統一其實還有更深一層的基礎。

克：一個人除非超脫了外在，否則無法達到更深一層的境界。我的意思是，除非我的心智從信念和教條中解脫出來，否則無法達到非常深奧的境界。

沙勒：我想就某方面而言，這是眞的。我認爲人類體內必定有一種感覺、一種意識、經驗、某種東西，一種自己內在的自由感，然後他才能夠虔誠篤信，才能夠分析宗教，讓宗教對他產生某種意義。也就是說，在他思考虔誠篤信之前，他必須有人性，必須自由。然而事實卻正好相反。

克：沒錯，我們現在所說、所觀察的，並不是概念上的世界現況，而是實際情形，是疏離、戰爭、可怕的暴力無所不在的眞實面。我覺得宗教心可以使人類達到眞正的統一。

沙勒：我的說法是只有一個能觀察的心才容易感染到愉悅，但不是透過外來的刺激，而是存在的本身就是愉悅的，如此才能使人們結合在一起或結束衝突。

克：我們可否藉「是什麼離間了人類？」「是什麼分裂了人類？」等問題來探討這點？

沙勒：我認爲問題的癥結在於「人本」。

克：你所謂的「人本」是什麼意思？

沙勒：我的意思是，我們傾向於把自己想成人類，而不是某種存在的東西。習慣於把自己與我們居住的世界分隔開，與樹、花、落日、大海、湖泊、河流、動物、鳥、魚分隔開，於是到最後彼此疏離。

克：彼此疏離。

沙勒：沒錯，到最後彼此疏離。

克：而這些獨立的宗教正好助紂為虐。我想達到某種境界。探究實相或眞理，要透過某種特定的宗教嗎？還是只有在完全奉行這些有組織的宗教信仰和傳道法、教條及所有概念式的生活方式時，才能接觸到或覺知到實相或眞理？

沙勒：我不太確定「完全奉行」是否恰當，因為人類或生命之所以成形，背後有許多其他的理由。如果我們要探究眞理，我想也就是了解或觀察問題，我們就必須探究存在的問題，以及存在的整個內在動力和進化特性。如果我們一開始無法達到那個層次，我們就無法眞正明瞭宗教提供給人類的教誨有何價值。如果這些教誨與存在、生命、觀察、了解、愛或以否定方式止息衝突無關，那麼這些教誨其實和人類就無關了。因為它們並不重要。

克：我同意。但是只要你加以觀察，就會發現事實是，如果一個人生下來就是印度教徒或回教徒，就生長在這樣的環境裡，浸淫在那樣的文化、那樣的行為模式中，而且還有一連串的信仰強加在身上，小心翼翼地接受各種教儀和教規、書籍等等的薰陶，而另一個人生長在基督教的環境裡，那麼這兩人除了概念，實在沒有交集點。

沙勒：克里希那吉，你的意思是不是：一個人如果要自由，他不但必須設法讓自己擺脫政治、文化、社會上的主義和規範，尤其必須擺脫做為一名宗教人士所受到的教義、教條與神話的綑綁？

克：一點也不錯。因為你看，人類間的統一、和諧，畢竟才是生活中最重要的事。唯有每個人心中存在著和諧，人類間的統一、和諧才能夠實現；如果內在和外在有任何形式的分裂，那麼和諧就不可能存在。外在而言，如果有政治分裂、地理分裂、國家分裂等情況，那麼一定會發生衝突；如果內在分裂，那麼勢必引發藉由暴力、殘酷、侵略等行為表現的嚴重衝突。人類就是在這樣的環境下長大。所以，印度教徒和回教徒老是對立，阿拉伯人和猶太人老是對立。美國人和俄國人老是對立，你懂我的意思嗎？

沙勒：我們現在討論的重點並不是想從外在中把和諧強加在人類身上……

克：喔，不！

沙勒：……也不是從外在把不和諧強加在人類身上。我的兩隻手配合得相當完美，我的手指一起動，我的兩眼跟著我的雙手移動。但是只要我內化了某些還在衝突的概念或念頭，那麼我的心智就可能有衝突，或者我的心智和我的感覺間就可能存在著衝突。

克：一點也不錯。

沙勒：如果我要自由，我必須發覺我身上其實存在著真正的和諧。如果我要與你合而為一，我必須設法從我的手上發覺成為某東西的一部分是什麼感受。因為我的手已經和我的手臂及我的身體和諧存在，然後才能與你合而為一。但是這時候，我的心智設立了這些奇怪的二元對立。

克：這就是問題所在，先生。這些二元問題是人為創造的嗎？首先，是不是因為你是清教徒，而我是天主教徒？或者因為我是共產黨，而你是資本主義者？這些為什麼是人為創造的？是不是因為每個社會都有其既得權益，每個團體都有其特殊的保障形式？還是這種分裂是由一個人身上的

「我」和「非我」創造出來的?你明白我的意思嗎?

沙勒:我明白。

克:這個「我」就是自我、自私、我的野心、貪婪、嫉妒,以及離間你、排擠你、使你無法進入那個領域的東西。

沙勒:其實一個人愈意識到自己的自私、自己的貪婪、自己的野心,或者自己表面上的安全,甚至寧靜,就愈意識不到我們的內在自我其實已經跟我們合一了。

克:等一下,先生。這變成一件危險的事。因爲印度教和大部分宗教一樣,主張每個人心中都早已有和諧,有上帝,有實相,你只需要去除一層層的腐敗、僞善、愚蠢,然後逐漸來到使你在和諧中立足的那一點上,因爲你原本就擁有和諧。

沙勒:我認爲有這種特殊想法的不只印度教徒……

克:當然不只印度教徒!

沙勒:……我們天主教徒也有同樣的問題。(大笑)

克:當然有同樣的問題!

沙勒:我想我們目前面臨的是一種發現。由於發現了觀察、了解、生活、信任等基本詞彙,我們就不得不去發現這些東西的眞諦(譯注:此處指的是接下來所談到的腐敗、良善或邪惡等等)。而我認爲,一層層去除掉並不是發現它們的方法。不論它是層層腐敗、層層良善或邪惡,不論是什麼,一層層去除掉都不是發現它們的方法。抽離或佯裝自己已遠離邪惡，是無法眞正找到自己的。對我而言，需要的似乎是一個敏銳、同情、開放、自由的心智。

克：沒錯，先生。但是如何達到這樣的境界？一個身懷無數毒瘤的人，有可能把這一切放下，然後毫不費力地做到這點嗎？此時此刻，只要努力，就有曲解事實的情況產生。

沙勒：我相信這是眞的。沒有努力，就表示沒有活動、行爲、太多的對話，不過，當然不是指毫不費力。

克：巨大的能量只有在不努力的情況下才可能產生。

沙勒：正是這樣，它只有在不努力的情況下才可能產生。

克：假使沒有摩擦，那你就有充沛的能量！

沙勒：正是這樣，摩擦破壞、消耗了能量。

克：只要疏離存在，摩擦就存在……

沙勒：沒錯。

克：……於對與錯之間，存在於所謂的惡與善之間。如果我試圖變好，我就創造了摩擦。所以眞正的問題是：如何在沒有衝突的時候擁有充沛的能量？人需要這股巨大的能量來發現眞理。

沙勒：或發現什麼是善。我認爲，如果我們以你的方式，也就是「試圖變好」的方式來爲善，那麼就某方面而言，我們就只是在遵循禮教、法律與道德上的僞善。

克：不，我的意思不是這樣。善只在自由中開花結果，善不在任何法律、任何宗教制裁、或任何宗教信仰中開花結果。

沙勒：也不在政治或經濟強制下開花結果。

克：當然。

沙勒：這一點毫無疑問。所以，假使我們要發現自由和善、以及存在的內在意義，我們必須告訴自己，我們爲什麼至今還沒發現。其中一個原因是，在我們的內心深處有種奇怪的傾向，凡事習慣從事物的表面著手，而且從不曾放棄這套做法。

克：沒錯。

沙勒：我們停在哪兒，就從哪兒開始。

克：先生，我們來看看是否能這麼做。假設你和我什麼都不懂，沒有宗教信仰。

沙勒：我們沒有任何概念。

克：完全沒有概念。我沒有信仰、沒有教條，什麼都不懂。而我想找出怎樣生活才對，我想活得好，我不是想找出怎樣活得好的方法，而是我想活得好。

沙勒：活得好。沒錯。

克：既然要活得好，我必須開口問，必須觀察。只有在沒有分裂的時候，觀察才可行。

沙勒：觀察能消除分裂。

克：沒錯，當心智有能力在沒有分裂的情況下觀察時，我才有辦法知覺，然後才有覺性。

沙勒：在任何超越概念式或範疇式觀察的心理結構中，都會遭遇眞理，而存在、眞理和善都是同樣的東西。

克：當然。

沙勒：所以問題在於，爲什麼我必須把眞理想成與邏輯上慣用的範疇有所關聯……

克：當然有關。

沙勒：……爲什麼不把眞理想成和我的存在本身相關。如果我必須一直顧全我的世界——我們談的是二元對立——像天主教過去和現在經常做的那樣，思索身心的二元對立……

克：……善惡的二元對立。

沙勒：……而不論善與惡化身成什麼樣的形式，如果我們必須一直這樣思考，那麼我們永遠無法察覺善是何意、眞是何意，結果一無所獲。

克：是的，沒錯。

沙勒：我認爲這是個問題。你說過，來自各個觀點的文化局限持續了許多個世紀，因此，這個問題實在很難。

克：而人類是在這種二元的生活方式下長大的。

沙勒：沒錯，假使我們不思考善與惡、神聖和褻瀆、對與錯、眞理和虛假之間明顯的二元對立，也許我們可以做得更好。

克：對極了。

沙勒：就算我們不採用上述這些二元說辭，卻還是不由得被你和我、男人和女人等最令我們困惑的二元說辭所掌握。

克：沒錯，你和我這樣的二元說辭。那麼，二元的根源何在？爲什麼要分別你和我？這種分裂的源頭何在？爲何要分別我們、他們？不論在政治上、宗教上，你懂我的意思嗎？

沙勒：我們的內心裡不可以有任何這樣的想法，因爲我們是一體的，就像我手上的手指頭。

克：先生，你說我們是一體的，那是一種假設。我並不知道我們是一體的。只有在這種分裂眞正止息時，我才能這麼說，然而屆時，我並不需要說我們是一體的。有一種統一，我想再深入談這點，因爲人活在世界上，只有我和你、我的上帝和你的上帝、我的國家和你的國家、我的教義——（大笑）你明白我的意思嗎？這樣的我和你。這麼說來，這個「我」是個被局限的存有。

沙勒：沒錯，「我」是個被局限的存有。

克：我們一步步慢慢討論。這個被局限的「我」，是透過文化、社會、宗教，透過概念、意識形態的生活所產生、養育的。這個「我」是自私的，這個「我」生氣、粗暴，這個「我」說我愛你、我不愛你，這一切都是「我」。這個「我」是疏離的根源。

沙勒：的確是這樣。事實上，你使用非常專門的術語描述你的想法。「我」（me）這個字是個受格代名詞。一旦我把自己當作觀察者，我就看不到任何眞相，因爲我並不是在場的被觀察者！一旦我把自由變成某種等待追求的東西，我就永遠達不到自由。一旦我把自由當作某種別人會給我的東西，我就永遠達不到自由。

克：所有的權威、所有的一切都可以放下。世上有我和你，只要這種分裂存在，你我之間必有衝突。

沙勒：的確如此。

克：不僅你和我之間有衝突，我的內心裡也有衝突。

沙勒：一旦你把自己具象化，你的內心一定有衝突。

克：所以我想看看這個「我」是不是可以止息，以便——沒有以便——只要止息了即可。

沙勒：沒錯，因爲如果「我」止息了，顯然就沒有「以便」了。

克：那麼，有可能將「我」的心智完全掏空嗎？這裡指不僅是意識層，還包括深奧的無意識層。

沙勒：我認爲這不但有可能，也是我們爲存在、爲爲善、爲求眞、爲生活上的任何事物所必須付出的代價。爲了生活，我們必須付出的代價是去除自己的「我」。

克：止息「我」有過程、系統或方法嗎？

沙勒：沒有，我認爲並沒有任何過程或方法。

克：因此沒有選擇的餘地，必須馬上去做！對這一點，我們必須非常清楚。所有宗教都主張過程。整個進化系統在心理上是一個過程。如果你對我說那是實相，萬萬不可能是一個囊括了時間、程度、漸進等問題的過程，那麼問題其實只有一個，就是：當下止息。

沙勒：也就是一次解決。

克：立刻進行！

沙勒：沒錯，絕對有必要。我們必須摧毀「我」。

克：不，我不認爲是摧毀，而是結束「我」及所有累積，所有經驗、教條，所有「我」在有意、無意中累積起來的一切。這一切都能拋開嗎？不經由努力，不經由我。如果我說由我拋開這一切，指的還是這個「我」。又假設我運用意志把這一切拋開，指的也還是這個「我」。「我」仍舊存在。

沙勒：沒錯，顯然這並不是心智的舉動或活動，也不是意志的活動、感覺的活動，更不是會協助我觀看的身體活動。

克：觀看，沒錯。

沙勒：因爲我們活在這個離不開行爲、擁有和行動的世界上，在我們行動或占有之前，並沒有眞正深思熟慮所發生的事。我們似乎有責任回頭反省並認清——在事實發生之前，事實就已經存在，這好比在一個人覺察到愛之前，愛就已經存在，在一個人覺察到生命之前，生命就已經存在。問題在於回頭反省是否夠透徹、夠深入？

克：請等一下，先生。難就難在這裡，因爲「我」不但存在於意識層裡，而且是較深的意識層。

有意識的心智能夠檢視無意識的「我」，並將它揭露出來嗎？或者意識的內容就是「我」。

沙勒：不，本我是超越意識的內容的。這個「我」可能是意識的內容，但是「我」並不是那個更大的本我。

克：等一下，本我其實也包括在我、自我及所有和我有關的概念中。更高的自我、貶抑的自我、靈魂，這一切都是我的意識的內容。而意識的內容造就了理想的我，造就了意識的我，意識的內容就是「我」。

沙勒：這一切當然造就了「我」，沒錯。我同意這一切造就了這個受詞的自我。這麼一來，理想的我可以檢查、分析和審視、比較，理想的我可以對周遭的其他人兇暴。你對「我」這個詞的整體結論是解釋一段歷史，解釋種種目前的關係，但是還沒有達到實相的境界。

克：不，如果「我」存在，就無法達到實相的境界，或者實相就無法開展。

沙勒：我說過，任何時間，只要我堅持用「我」來檢視「你」，那實相就無法開展，也就沒有自由。

克：所以我的意識內容是「我」，意識的我、我的自我、我的觀念、我的思想、我的野心、我的貪婪，這一切都是「我」。我的國家，我對安全、享樂、性欲的渴望，我想做這做那的請求，這一切都是我的意識的內容。只要這內容存在，你我之間、善與惡之間，必有疏離，而分裂於是產生。現在，我們正在談掏空這內容並不是一種時間的過程。

沙勒：方法論也不適用。

克：沒錯。那麼一個人該怎麼做呢？我們來檢視這個問題。讓我們花些時間在這上面，因爲它相當重要。大部分人都說你必須練習，你必須努力，你必須竭盡所能，以一種有紀律的方式生活，你必須控制、壓抑。你明白我的意思嗎？

沙勒：我對這一切非常熟悉。（大笑）

克：使出渾身解術！

沙勒：這並沒有什麼助益。

克：所以這內容要怎麼樣才能夠一下子全數掏空？

沙勒：我認爲——也許我們可以一起追求這點——這內容不可能因爲一個斷絕內容的否定動作就全數掏空。

克：不，當然不可能。

沙勒：所以這是條死巷子。

克：採取全盤否定的方式，顯然只是把這一切藏在地毯下。我的意思是，就好比把這一切鎖起來，可是它還是存在。

沙勒：是一種僞裝。

克：正是，先生。必須認淸這點，在這點上必須非常誠實，否則就是捉弄自己，欺騙自己。

沙勒：沒錯。

克：我看得很清楚，也明白來龍去脈，這個「我」正是這個世界的毒瘤。

沙勒：嗯，單就直覺而言，我並不認爲這麼說很合乎邏輯。

克：很好！

沙勒：這不是一種推論行爲的結果，不是一種辯證法……

克：不，當然不是，這不是分析，不是辯證。你看到這個現象。一個自私的人，不論他的政治地位高或低，你都看到人類的自私面，看到這些自私的破壞力有多大。現在問題是：這樣的內容能被掏空嗎？如此一來，心智就眞的變空、變活潑，並因此能夠覺知嗎？

沙勒：也許這內容沒辦法完全掏空。我認爲這內容可以藉透視法排列清楚，或藉單純的觀看這麼一個精力充沛的行爲，來認清它不適當或不妥當的地方。這是爲什麼我一開始就說，每當我審視任何宗教的眞理，我並不是在找尋眞理本身。我其實是把觀看眞理本身當作一種方式，藉這種方式來發掘任何宗教的眞理所蘊含的相關價值。我看的是眞理本身，而不是把眞理當作一個目標。

克：不，如果分裂存在，心智就無法覺知到眞理。這點我必須堅持。

沙勒：一旦你心懷任何一種分裂……

克：這點我們已經討論過了。

沙勒：……那麼你的心智是處在任何範疇的狀態，你就看不到眞理。

克：所以我的問題是：心智能不能掏空一切內容？等一下，先生，這其實是——你明白我的意思嗎？

沙勒：我明白你的意思，我認爲你正在發明一套新的方法論。

克：喔，不，我並不是在發明一套新的方法論。我不相信方法！我認爲它們是最機械化和最具毀滅性的東西。

沙勒：你剛才說過，現在又這麼說，如果心智眞的明白必須掏空自己的內容。難道這不是方法嗎？

克：不是！

沙勒：可是，先生，爲什麼這不是方法？

克：我證明給你看。它不是一種方法，因爲我們說過，只要分裂存在，衝突必定存在。在政治上、宗教上都彌漫著這種現象。我們說分裂之所以存在，是因爲「我」，也就是我的意識內容，而掏空心智帶來統一。我明白這點不合邏輯，但卻是事實。我明白這個世界正在發生的事，不是光憑臆測，我明白這一切有多荒誕、多殘酷，而覺知到這一切便掏空了心智。眞正的覺知就是掏空的行爲。

沙勒：你的意思是，覺知意識內容或「我」的不妥，覺知這內容的不當或「我」的虛假，這本身就是發現存在。

克：一點也不錯。

沙勒：我認為我們應該繼續追蹤這點，因為我懷疑這樣的覺知到底是否定的，還是非常肯定的。它不過是簡單地觀看事物的存在，不必牽扯到受詞的我或你。它可以透過這張桌子或我的手，或任何東西去發現如意識內容之類不要的東西，或透過受詞的我或你。所以，存在可以透過深刻的智慧或相當個人的能量在我的眼前展現。概念雖然消耗能量，但它是比較容易論述的，在這點上我們已經達到共識。創造概念確實比較容易，但我主張，觀看遠比概念重要。

克：當然！

沙勒：只要觀看就行了。

克：可是，先生，如果這樣的覺知是透過某個意象，那麼覺性就不存在。

沙勒：如果透過意象，覺性就不存在。我認為這一點很正確。

克：然而，心智確有意象。

沙勒：心智受意象的不良影響！

克：（大笑）心智就是這樣，它有意象。我有你的意象，而你有我的意象。這些意象是透過接觸、透過關係、透過你說這話、你傷害我，而我——等等過程。心智建立起來了，它在那裡，就是記憶。記憶形成意象，而腦細胞本身是記憶的殘渣。現在問題是：記憶，也就是知識，必須以技術性的方式運作，走回家或開車回家，我需要記憶。因此記憶有個空間容納知識，但是在人與人之間的關係中，以意象展現的知識卻是無處容身的。

沙勒：我還是覺得我們在逃避眼前的問題。因爲我認爲你說過記憶非常重要，但是我不認爲這種記憶或拒絕記憶……

克：喔，不，我沒……

沙勒：……或意識或拒絕意識的內容是解決這個問題的方法。我認爲我們該問的是：克里希那吉，你觀看過嗎？——我現在不是談方法論——你看到了嗎？我知道你已經看到了。別爲了向我描述你怎麼觀看，就不告訴我你剔除了什麼！

克：我會告訴你我怎麼觀看。你只要觀看就行了！

沙勒：沒錯，現在，假設你向某位沒有這類經驗的人說：「你只要觀看就行了！」因爲我無時無刻都告訴自己同樣的事：「嗯，你只要觀看就行了！」而人們卻說：「怎麼觀看？」如果我們要當老師，就必須想辦法解決這個問題：「我會帶領你，告訴你怎麼觀看。」

克：我會證明給你看。我認爲這非常簡單。首先，必須看看世界是什麼樣，看看你的周遭，看！不採取任何立場地看！

沙勒：沒錯，我認爲我們的術語可能會造成障礙。假設，我們不說一個人必須由觀看世界的眞相開始，而說：一個人必須觀看世界。別擔心本質或範疇。

克：正是如此。觀看世界。如實地觀看世界。不要以你的概念來詮釋它。

沙勒：我可以再說一次如實地觀看世界嗎？

克：沒錯，就是這樣做。（大笑）

沙勒：這樣做有助益嗎？我的意思是，我們正設法……

克：如實地觀看世界！如果你透過你的術語、你的範疇、你的習性、你的偏見來詮釋世界，就無法看到世界的本來面目。如實地觀看世界，暴力、殘酷，不論是什麼模樣。

沙勒：是善或美。

克：不論是什麼模樣。你能以這種方式觀看世界嗎？意思是：少了樹的意象，少了植物學的描述及所有命名，你能觀看樹嗎？只要看著那棵樹就行了。

沙勒：在我們的世界裡要發現這一點並不容易。可是一旦你發現了觀看樹的簡單經驗，觀看而不想「樹的木性」或其本質，或者像你說過的，不想它在植物學上的描述等等，那麼在進行「觀看」的過程中，你認爲下一步該怎麼做？

克：然後如實地觀看我自己。

沙勒：你的意識內容之下的一切。

克：觀看全部，不是意識內容之下的一切。我還沒開始呢！我如實地觀看自己，因此自知自覺。觀察自己必定有我實在可怕、實在醜陋、實在美、實在多愁善感等詞出現。然而，只要覺察我自己的所有行動，包含意識或無意識的。我從觀察樹開始，不講究方法流程。我看到了樹，然後我也必須以這種方式觀看我自己，觀看我的矯柔造作，觀看我所玩的把戲。你了解我的意思嗎？全都看。

愼重警覺，沒有任何選擇，只是注意看就行了。了解自己，始終了解自己。

沙勒：以一種非分析的方式。

克：當然。不過心智被訓練成分析的。所以我必須追尋這個答案——爲什麼我是分析的？觀察這點，觀看它的無益之處。分析需要時間，而且不論透過專家或你自己，你都永遠無法眞正分析出自己，所以，觀看其中的無益、荒謬、危險！所以這時的你到底在做什麼呢？你正如實地觀看事物，觀看實際上發生的一切。

沙勒：我寧可說，當我們討論這點時，我們可以使用這些詞句，例如，以否定和肯定兩極的方式全面觀看自我，然後了解以分析方式觀看自我的某些層面並無益處，然而卻發現自己正在說——可是我還是必須觀看。

克：沒錯，當然。

沙勒：因爲這時候我還沒看到。我所看到的只是我曾用來把自己剝成一小塊一小塊的分析範疇。

克：這是我發問的原因，先生，你能不透過知識觀看那棵樹嗎？

沙勒：不透過概念的局限。

克：不透過概念的局限。在沒有任何念頭的情況下，你能夠觀看一朵花嗎？

沙勒：我可以了解一個人必須以什麼方式才能夠觀看自我。克里希那穆提，我必須在不用克里希那穆提這幾個字的情況下觀看你。否則我就看不到你。

克：一點也不錯。

沙勒：這是眞的。那麼，經過思考，我已經學會說，不知道為什麼，我必須觀看你，甚至不用克里希那穆提這幾個字……

克：這幾個字、這種形式、這個意象、意象的內容等等。

沙勒：不論這幾個字代表什麼，我都不可以用。

克：因此這需要極為愼重警覺。愼重警覺到不修正的地步，不說我必須，我不可以。要注意。

沙勒：你提到「注意」這個詞，我又想到，因為我們正在教誨，必須留意用字……

克：用覺實也可以，其實用什麼字都無關緊要。

沙勒：觀察意味著把某樣東西拿出來，放在顯微鏡底下像科學家一樣觀看，而我認為我們想教的並不是這些。

克：不是，當然不是。

沙勒：所以，克里希那吉，你可不可以再使用「注意」這個詞。

克：就是注意，覺察，毫無選擇地覺察。

沙勒：毫無選擇地覺察，很好。

克：毫無選擇地覺察這種二元、分析、概念的生活方式。要覺察到這點。不要修正它，不要說這是對的，只要覺察到這點。當危機存在時，我們便強烈地覺察到這點。

沙勒：我認爲我們有另外一個該比這點先考慮的問題：爲了不採用範疇的方式來覺察你，爲了覺察到我正採用範疇的方式、老套的方法，以及我慣用的這類可笑意象來覺察你，我可以反問自己什麼樣的問題呢？是不是有某種方式可以讓我採用某種語言——不是觀念，而是某種和觀念沒有一點兒關係的語言——來向你表白？這多少會教導我或你或任何人，讓我們知道，你身上有比你的名字、本質、內容、意識、或你的善、你的惡，更重要、更有意義的事。如果你要教導一個年輕人——或一位長者，因爲我們都有這樣的問題——你會採用什麼樣的語言，才能以一種非理性或前理性的方式，讓人了解所謂的「你」並不僅止於你的名字所蘊含的意義？

克：我想我不會採用這類語言。只要毫無選擇地覺察。因爲像我們現在這樣選擇就是我們的一大衝突。

沙勒：奇怪的是，我們把選擇和自由聯想在一起，這麼做正好和自由背道而馳，實在荒謬！

克：是很荒謬！

沙勒：但是現在，要自由地覺察……

克：自由地，毫無選擇地。

沙勒：……自由地覺察，沒錯。現在，假設有人說：可是，先生，我不完全了解你所謂毫無選擇地覺察是什麼意思，你能告訴我嗎？

克：是的，我會告訴你的。首先，選擇暗示了二元對立。在某種階段，選擇是免不了的：我選擇這塊地毯，因爲它比另外一塊好。在這個階段，選擇必須存在。可是如果在覺察自己這件事情上有所選擇，那麼選擇就暗示了二元對立，暗示有所努力。

沙勒：選擇代表一種高度發展的局限意識。

克：沒錯，選擇也暗示臣服。

沙勒：沒錯，選擇暗示著臣服於文化的局限。

克：臣服意即模仿，也就表示更多的衝突。企圖依照某種東西生活。所以，不僅必須了解這個詞口頭上的含意，也必須了解其內在的含意，了解它的意思，它的重要性。也就是，我了解選擇的所有意義，我完完全全了解選擇。

沙勒：我現在可以詮釋這一點嗎？你是說毫無選擇地覺察表示在我內心裡，不曉得爲什麼，只是意識你的存在，我不需要選擇。這種選擇是無關緊要的，這種選擇是抽象的，這種選擇必定和範疇有關。在我看到你的時候，並沒有感覺到我必須選擇你，或選擇喜歡你，或選擇愛你等等各式各樣的選擇方式，那麼，你會說我毫無選擇地覺察你嗎？

克：我會這麼說，先生，你認爲愛之中有選擇嗎？我愛某人，有選擇嗎？

沙勒：愛之中並沒有選擇。

克：是的，就是這樣。選擇是一種智力的活動。我會盡可能地加以解釋，讓我們深入探討這點。

可是先看看覺察的意義是什麼？覺察你外在和內在的一切，覺察正在發生的事，覺察你的動機、你的焦慮不安。要覺察，而且是毫無選擇地覺察。

注意、觀看、聆聽。所以你正注意看，沒有任何思想的活動。思想是意象，思想是語言。在沒有思想進來左右你的情況下注意。只要注意就可以了。

沙勒：我認爲你在說要覺察之前，用了「注意」這個更好的詞。因爲那是一種存在的行動，不是一種心智或感覺的造作。

克：當然。

沙勒：所以，不論怎樣，我勢必以一種超越認知的方式覺察你的存在。

克：要覺察，一點也不錯。

沙勒：它先於選擇，使選擇變得沒有必要。

克：沒錯，選擇並不存在。要覺察。

沙勒：要覺察。毫無選擇地覺察。

克：現在，由此可衍生出一種「我」的覺察，覺察出「我」和「你」的一切活動是多麼虛僞。

沙勒：先生，你又倒回去了，我們已經……

克：故意的，我知道。我倒回去的目的在於把覺察和虛僞連在一起。如此才有這種超脫「我」的心智特質，也因此疏離才不存在。我不說「我們是一體的」，但是我們卻發現，只要這種毫無選擇的全神貫注存在，合一就是一種活的東西，不是一種概念。

沙勒：沒錯。

（當天稍晚，這段對話繼續進行。）

沙勒：你曾經說過，爲了達到我們所討論的「觀看」境界，就必須進入全神貫注的狀態，而且是自由或毫無選擇地全神貫注他人的狀態。或許我們可以說，毫不分割地全神貫注於他人嗎？

克：沒錯。

沙勒：在我們進入下一個階段前，我是不是可以說我們並不是在替「什麼是觀看」這個問題找答案？難道我們不是在找尋「觀看」的本身嗎？

克：先生，只要眞正的覺知存在，是不是就有了答案？

沙勒：不，覺知並不是答案。

克：但是一旦覺知到本來面目，也就是世界的實際情況，我的本來面目，這種覺知就不是概念式的覺知，而是眞正的覺知。明白世界就是我，我就是世界，世界和我之間並沒有界限，我就是世界。然後覺知就存在。這樣的覺知中有什麼呢？這就是你要問的問題，對嗎？先生。

沙勒：沒錯，這個詞本身就很難運用。因爲長久以來，我們已經有點兒把彼此之分、把我們的二元對立、把我們的世界視爲理所當然。而因爲這一點，我認爲單純地覺知對我們來說，在某方面已經是不可能或不容易的。

克：完全正確，先生。

沙勒：可是一旦我們能夠處理這件事，並表示我們眞正有興趣的是簡單的覺知，這種先於所有理性、任何邏輯知識、所有偏愛和所有偏見的覺知，而有了這種覺知，就不會產生偏見……

克：……或許也可以這樣說，如果有偏見，覺知就不存在。

沙勒：一旦我不「想」覺知你，這種偏見正是使覺知不可能存在的原因。

克：當然，我建了一道藩籬，宗教、政治或任何東西的藩籬。

沙勒：這麼說來，如果在眞的「觀看」或覺知你，那麼我的內在所需要的並不是我……

克：對極了。

沙勒：……如果你的內在所需要的並不是你，那麼在我們談到覺知的時候，我們談論的是不是「合一」或眞理之類的事物？

克：我還沒談到那裡。對我來說，所謂的「觀看」就是，我是世界。或者可以說，不論我是印度教徒、佛教徒或基督教徒，在心理上，我們都是一樣的，內心裡，我們都處於混亂、戰爭、苦惱、悲傷的狀態，有著駭人的寂寞感、絕望感。這是所有人類的共同點，世上存在著這樣的覺知。那麼，既然有這樣的覺知，會發生什麼事呢？

沙勒：這就是我們試圖探討和解釋卻還沒有解釋的！

克：這就是我們即將共同分享的。覺知到悲傷，就以此爲例吧！我的兒子、我的兄弟、我的父親過世了。通常發生的情況是，我逃避這個事實，因爲我無法面對這樣驚人的危險、寂寞和絕望感，我以許多方式逃避它，逃進意識形態、概念裡。現在，要覺知這種逃避，只要覺知它，不要檢視或控制它，不說我不可以——只要覺察，再次毫無選擇地覺察你正在逃避——然後這種逃避就會停止。逃避的驅策力是一種能量的損耗。你已經停止了那股驅策力——並不是你停止的——而是覺知終止了那種損耗。因此，你擁有更多的能量。然後，逃避不存在了，你面對著事實。也就是說，你已經失去了某人，有死亡、寂寞、絕望。事實就是這樣。你只不過覺知事實罷了。

沙勒：我想我明白你所走的方向了。你要說的是，一旦我覺知到你很悲傷——因爲我不可能只是覺知悲傷，悲傷不會獨自存在——我所覺知到的是你已經被孤立了，而這是悲傷的源頭，因爲現在你的父親過世了，你被孤立了。而在覺知這股悲傷的同時，令人聯想到疏離……

克：不全是這樣的，先生，還沒到那種地步。事實是我已失去了某人。燒掉了，不見了，某樣東西終於離開了，而我覺得非常寂寞，這是個事實。寂寞，沒有任何關係感，沒有一絲安全感，這是個事實。我走到了窮途末路。

沙勒：許多人談到這一點，都說：「我現在很空虛。」

克：沒錯，覺察到空虛、寂寞、絕望。我是說，如果你不逃避，在我面對寂寞這股恐懼時，就有這股不滅的能量。我遇上了這種情況，覺察到這種情況，覺察到這股對寂寞的恐懼。

沙勒：可是你如何全神貫注在你終於失去了的某人身上？

克：我終於失去了他。但是現在，我們正在檢視這份失去的心境。這個心智說：「我失去了一切，我實在非常悲傷。」還有恐懼。正視那股恐懼。不要跑開，不要逃避，不要試圖以勇氣和其他方式來掩飾它。正視那股恐懼。要毫無選擇地覺察那股恐懼。然後，在覺察中，恐懼消失了。它的確消失了。現在你擁有更大的能量。

沙勒：沒錯，我們都有過類似的經歷，都明白恐懼如何解除恐懼。

克：那麼，爲什麼有悲傷呢？什麼是悲傷、自憐？

沙勒：嗯，如果和焦慮或恐懼相關，我們就必須稱它爲自憐。

克：自憐，沒錯。自憐是什麼意思？你可知道，自憐的意思是，「我」比死去的那個人重要。

沙勒：所以你並沒有全神貫注在某人身上。

克：我從沒愛過那個人。

沙勒：正是這樣。

克：我的孩子，我從沒愛過那個孩子。我從沒愛過我的妻子或丈夫、姊妹。在這種覺察的狀態下，發現愛從不曾存在。

沙勒：在發現一股悲傷和悲痛或疏離或恐懼有所關聯的同時，也發覺愛如果存在過，也實在非常有限。

克：不是非常有限，而是我根本沒有愛！我不可能有愛！愛意味著某種完全不一樣的東西，所以才有巨大的能量。你明白我的意思嗎？先生。不逃避，不恐懼，沒有自憐感，不關心自己，不擔心我的焦慮。所以走出這種悲傷感，就有這股源源不斷的能量，這就是眞愛。

沙勒：這就是眞愛，是的。所以現在我們發現，一旦全神貫注在另外一個人……

克：喔，不！我不要把我的注意力放在我的父親、我的兒子、我的兄弟等死去的人身上。我曾經關注我的心態，而我的心說：「我受苦。」

沙勒：沒錯，可是我們一直試圖從毫無選擇的全神貫注的意義，來檢視「我受苦」的意思。

克：沒錯，所以我發現愛是一種全神貫注……

沙勒：愛是一種全神貫注。

克：……沒有任何分界。這一點眞的很重要。因爲，先生，對我們而言，愛是享樂、是性，愛是恐懼，愛是嫉妒，愛是占有、支配、攻擊性，你明白我的意思嗎？我們用這個字涵蓋這一切：上帝的愛、人類的愛、國家的愛等等。這一切是「我關心我自己」所衍生出來的愛。

沙勒：這全是自愛自憐。

克：顯然是。

沙勒：可是被愛的是「我」，而不是「本我」……

克：沒錯，就是這個意思——沒有愛。這是一項大發現。這需要非常誠實，才可能說：「我不曾眞正愛過任何人，我一直假裝、一直利用、一直調整自己去遷就某人，但事實是，我從來不知道愛的意義。」先生，極其誠實的人才說得出「我以爲我愛過，可是從不曾發現過愛」這樣的話。現在我偶然發現了某樣眞實的東西，也就是，我已經看到了實際情況，而且從這裡行動了起來。有一種對實相的覺察，而這種覺察力動了起來。它是個活的東西——不是某樣下了定論的東西。

沙勒：那麼，爲什麼在我們試圖探究沒有分割、沒有選擇的全神貫注或純然的觀看等問題時，我們很自然地——不見得眞正合乎邏輯，但是很自然地——討論到單純的愛和虛假、欺騙或被局限的愛其實是相對抗的？愛和觀看的過程必定有某樣東西非常相似，所以我們才會從觀看討論到愛，而且眞正在討論同一件事。而且在我們行動的時候，嗯，行動並不是個好詞……

克：沒錯。

沙勒：……當我們覺察到，在我們發展這份毫無分割、毫無選擇的覺察的時候……

克：請容我建議，不要使用「發展」這個詞，那表示時間。要覺察，覺察到你房裡的地毯、顏色、形狀、式樣，要覺察這一切。不要說：「我喜歡它，我不喜歡它，這個好，這個壞。」只要覺察就行了。如果可以做到，那麼覺察的火焰就會成長。

沙勒：但是，難道你沒有以不同語言描述同一件事情的經驗嗎？你說：「要覺察別人、覺察地毯、覺察樹、覺察你所居住的宇宙。」然後你轉換成另外一個覺知層次，又表示：「愛這張地毯、愛這棵樹、愛這個宇宙。」而你並不覺得全神貫注地覺察或觀看，和全神貫注或無條件地愛之間有什麼不一樣。

克：只要你認眞覺察，就有那種愛的特質。你不必說存不存在，它就是存在！它好比花香，就是存在！

沙勒：它們並不是一個錢幣的兩面，它們是同一個錢幣。

克：是同一個錢幣。

沙勒：根本沒有兩面，因此以這種全神貫注、毫無選擇的方式觀看，以及以這種毫無選擇的方式去愛，必定是一體的，而且是同樣一件事。

克：沒錯，先生。但是，難就難在：我們太急著得到這個東西，以致失去了眞正的條理，失去了它的美。

沙勒：如果我們要把討論移到另外一個階段，同時表示，只要在我們能夠覺知的範圍內，覺察和愛是一體的，是同一件事，那麼我們可不可以進一步說：「存在」就等於「觀看」和「愛」？

克：那麼，你所謂的「存在」是什麼意思？每一個人都說：「本我即是……」時下的年輕一代都說：「我只想存在……」這是什麼意思？

沙勒：我相信這句話沒有什麼特別的意思，只是代表活躍。

克：就這樣嗎？

沙勒：或是擁有的意思。

克：沒錯，我擁有，我生氣，我粗暴。這就是我。

沙勒：所以「存在」這個詞的含意和活動有關，這活動也只能隨「存在」這股內在的能量運作。

克：沒錯，先生。這一切令我們想到「人類是否能夠完全改變」這個問題。對我來說，這似乎是現今世界上最重要的問題之一。人類的結構和本質必須改變。

沙勒：嗯，你使用「結構」和「本質」這類的語詞，對我來說，這些指的是範疇。

克：不，結構指的是人類生活的方式。

沙勒：人類的生活方式可以改變嗎？

克：可以，不只人類生活的方式，還包括你所知道的瑣碎、醜陋、暴力等等世界上正在發生的事。

沙勒：我認爲，如果我們面對的是創造新範疇來代替舊範疇，那麼對於改變這個問題就只有失望的份了。

克：不，我不是這個意思。

沙勒：另一方面，如果這是一個從「無」變爲「有」的問題，那麼人類能夠做到這點嗎？從「做」變成「存在」，從「假裝愛」變成「愛」，從「有範疇地覺知」變成「觀看」，人類能夠朝這個方向改變嗎？我要問：人類做到了嗎？而答案是：人類做到了。你已經做到了這點，我已經做到了這點，人類的確做到了。

克：因爲，只要人類活著，就和這樣驚人的殘酷、這樣的欺瞞、這樣的謊言、這樣的僞善等等相處在一起。如果我有兒子、兄弟，他們就是我的掛念，我的責任。不要去改變對方，而該看看我的責任是什麼。我不要他模仿我或遵從我的模式，這是荒謬的，我也不要他和我有同樣的信仰，我一點兒也沒有這類想法。所以我說，你瞧！人類怎麼可能改變——不是改變成某種特殊的模式——而是產生一次心理上的完全改革？

沙勒：克里希那吉，如果我必須從某個地方著手，我相信我會選擇和你一起開始。不是因爲我認爲你需要改變——因爲我並不這麼認爲，也不是因爲我認爲你想要改變，而是因爲我認爲你想教導，你想分享，你從了解和愛當中得到許多喜悅……

克：沒錯，先生。

沙勒：……這一切從你內心中散發出來。那麼，如果你想教導某人，告訴他不僅止於眼前所見，還有更多東西可看，而且所謂的更多並不是數量多，而是有深度。也許我希望你朝這個方向探討：當你談到這個世界及其衝突、緊張、暴力和僞善的時候，你不只忙著思考內在或外在的衝突能持續多久，也忙著思考內在的喜悅能持續多久。我相信你早就顧慮到這些問題，只是沒說出口。

克：先生，請等一下。

沙勒：當你說話的時候，這一切就一直存在，不過它不是用言語表達的。

克：喜悅什麼時候到來？我不去找它，它就發生了。我不需要培養它，心智不必追求它。

沙勒：沒錯，心智無法追求喜悅。

克：因此必須了解什麼是享樂，什麼是喜悅。在這方面，我們老是搞混了自己的……

沙勒：我們搞混了自己的層面。

克：了解享樂遠比了解喜悅重要許多。因爲我們想要享樂，我們追求享樂。萬事萬物都是我們的享樂。所有道德、社會結構，都植基在這個莫大的享樂上。而享樂衍生出恐懼、不安全感和諸如此類的情結。現在，在了解享樂的同時，另外一樣東西出現了。你不必討論享樂，另外一樣東西就像噴泉般湧了出來。你甚至不必稱之爲享樂、喜悅、狂喜或任何名稱。

沙勒：你是說，在了解恐懼或享樂或兩者的時候，我們發現了死亡？使能量消散的死亡，使我們無法喜悅？

克：一點也不錯。

沙勒：……也使我們無法觀看，無法愛，甚至無法存在。它們都是同樣的東西。

克：你明白嗎？透過否定，就見到肯定。維護肯定就是否定眞相。

沙勒：但是就像我們先前說過的，否定各種的範疇其實並不是我們想討論的，我們討論的也不是「爲了觀看而否定」。我們討論的是否定所有的障礙，例如享樂。因爲，除非你否定享樂，否則你永遠不會喜悅，而一旦你喜悅了，你也就十分享樂。

克：喔，別談喜悅吧！你才意識到心中的喜悅，喜悅就離開了。就像快樂的時候說：「我多麼快樂啊！」而這種話才一開口，就沒有任何意義了。

沙勒：沒錯，因爲你已經把這種心情合理化了，把它歸入某個範疇，它現在變成比「存在」更值得沈思的東西。同時，因爲我們竭盡所能地深入追求觀看、了解和愛，或這種全神貫注，於是我們發現，除非否定恐懼或否定享樂，否則無法追求這一切……

克：了解享樂，了解享樂的全部本質。

沙勒：……然後我們必須自問：如果這些並不是通往觀看或愛或存在的道路，那麼我假設我們最後會談到存在或一體等問題。因爲我們想發現你和世界是一體的，世界和你是一體的，還有你和我是一體的，我和你是一體的。我們想發現這一切。所以我們已經領悟到觀看、愛和對存在的覺察必須發生，同時明白該怎麼做才能夠擺脫所有經驗或實相中最令人興奮的部分，進而了解存在的實相是：「當下即是」，這就夠了，我不需要這些令人興奮的東西讓我存在。然後你認爲下一步應該怎麼走——我們現在討論的並不是過程和方法。

克：該從什麼角度出發？

沙勒：從全神貫注出發，這點我們先前討論過；還有從愛出發，這點我們發現它和毫無選擇的全神貫注相同，另外從存在出發，它和愛及觀看或了解是一樣的。而現在，我們試圖追求你說的「合一」經驗——我不喜歡用「合一」這個詞，因爲一旦這麼用，才討論到一半的我們就彷彿走到了終點。可是一個人接下來該怎麼做？在觀看過、愛過和存在過之後，接下來……

克：接下來會發生什麼事？這人還活著啊！

沙勒：這人還活著，所以，以現實的觀點來看，活著和去愛是同樣的？

克：那麼，先生，這是不是也意味著了解死亡？因為為了愛就必須死。

沙勒：完全正確。

克：所以必須調查、了解、覺察死亡是什麼意思。否則就沒有愛。

沙勒：但是這難道不是一種想像？因為誰會告訴我們死亡是什麼樣子？

克：我們要找出答案。

沙勒：好，很好。

克：我的意思是，我不要任何人告訴我答案，因為這意味著權威。

沙勒：嗯，這表示從不會說話的死人身上找答案。

克：不只是這樣。你也知道，整個亞洲世界都相信靈魂轉世，而基督的世界則有復活之說。要找出轉世和復活的答案，就必須深入調查，找找看在自己身上是不是有什麼足以轉世的永恆東西，是不是有東西在我身上重生、復活，這就必須詢問是否有任何東西是永恆的。永恆嗎？沒有東西是永恆的。這個房間的地毯會消失。（大笑）所有的結構、科技的產物、所有人類組合起來的東西都不斷在改變。

沙勒：但是你不可能暗示這樣的測度是永恆吧！你出生了，已經活在世界上，然後你會死亡，而這個過程會花掉你若干年的時間。

克：二十年，三十年，隨便多少年都好。

沙勒：這樣的測度眞實嗎？或者你眞實嗎？

克：不，我並不是以測度的觀點談這件事。

沙勒：所以，如果這樣的測度對你來說並不眞實，而是某種外來的東西，我們是否有權利說你不過是結束了？

克：我正要討論這點，我們正要探討這點。你也知道，整個希臘世界的思想都是從度量衡的觀點出發，整個西方世界也是以度量衡爲基礎。東方世界卻說測度是假相，他們靠其他方式……（大笑）

沙勒：……測度。

克：人們把其他的測度方式稱爲「不可測度」。現在，我要說，先生，生活，就是我們現在所過的生活，是一種衝突。我們所謂的愛是享樂的追求；我們所謂的死亡，是一種逃避，是恐懼，是害怕死亡。由於太過害怕這樣結束，我們發明了轉世的理論、各式各樣其他的理論，這些帶給我們極大的滿足、莫大的安慰。然而，這並不是答案。

沙勒：沒錯，它讓我們看不到實相。

克：所以否定這一切。那麼我們擁有什麼呢？對死亡必須有所了解。什麼是死亡？有生理上的結束，我們不在乎這個。我們所有人都見到死亡無所不在。但是人類所擔心的卻是心理上的結束，所謂的「我」結束，這個「我」說：我擁有這間房子、我的財產、我的妻子、我的丈夫、我的知識——我即將失去這一切。我不想失去這一切，所謂的已知比未知更吸引人，而已知是恐懼的原因。

沙勒：這是指在理性的世界裡。

克：所以我必須了解死亡是什麼意思。死亡是否意味著有個永恆的存有？叫作靈魂，印度人稱之爲「阿特曼」(atman)，其實怎麼稱呼都無所謂。這是一個永恆的存有，永遠不死，但是會進化，在時間中復活、轉世。有這樣的永恆存有嗎？不是一種理論，不是一種臆測、推論到底有沒有這樣的東西，還是自己去找出是否有一個永恆的存有，有沒有這個說「我必須活下去」的「我」，因此，我必須有來生，不論是不是在天堂都無所謂。有這樣的東西嗎？這在心理上就是思想匯聚成的「我」。

沙勒：我無法想像有一個永恆的存有和我們所謂的「我」息息相關。

克：不，這非常明顯。除開這個，難道還有一個永恆的「我」嗎？

沙勒：那麼我可不可以問這個問題：除開這個，「我」是否有某種不可測度的成分？

克：你一說「我」是不可測度的，那麼「自我」就又回來了。

沙勒：「自我」又回來了，很抱歉。在自我之外，有沒有這個非我。

克：我要把答案找出來。

沙勒：沒錯，現在我們必須追求這個答案。

克：必須探究所謂的不可測度是否存在。不只是說有或沒有，必須遇見它，心智必須遇見它。所以沒有永恆的自我，不論程度高低，就是沒有永恆。那麼什麼是死亡？在生理上，生物學上，死亡的確存在。

沙勒：這我們全都了解，我們一直觀看著它。

克：一切事物都會消失。人所害怕失去的是心理上累積而來的各種形式、意象、知識、功能。這一切以正在進化的「我」的形式出現，然後愈變愈完美，直到上達天堂或諸如天堂的地方。我們明白這是假相。那到底什麼是死亡？

沙勒：你的意思是，我們可以藉著找尋「死亡」的意義來發現「活著」的意義。

克：它們是有關聯的。

沙勒：它們絕對有所關聯。而且大部分撰寫宗教史和比較宗教的作家都曾說過，爲了活著，就必須死。

克：先生，我沒有看過這些書或諸如此類的文章。其實，你活著就必須死，這是個不折不扣的事實；也就是說，你每天讓一整天累積的所有東西都死去，每天讓一切都結束，這麼一來，心智每天都清新、有生氣。

沙勒：那麼，爲了讓我們藉著觀察死亡的問題來追求活著的問題，並在最後仔細觀察所謂身體在墳墓中分解的終極死亡是……

克：身體很重要，你也知道，它需要有人照顧、關心。

沙勒：可是身體一死，就下葬了。

克：除掉它，埋了它，燒了它，這樣容易多了！（大笑）

沙勒：那麼，假設我們想了解一個人死了之後會發生什麼事，目的在了解一個人活著時候的點點滴滴。

克：那麼我必須先了解「活著」的意思，而不是「死亡」的意思。一個人的一生就是動亂，是混亂，是一團糟，有各種理想、定論、概念，是一團亂。如果這一團亂之中沒有秩序，我就無法了解什麼是死亡，因爲死亡是完美的秩序。

沙勒：那麼，你的意思是什麼呢？因爲對我而言，秩序是某種從外在強加進來的東西。

克：我正要討論這點。死亡是完美的秩序，因爲它是失序的結束。

沙勒：沒問題，我了解。

克：所以在我的生活中，失序必有終點。而失序的結束是要毫無選擇地覺察到什麼是失序。究竟什麼是失序呢？我的信仰、我的神明、我的國家、我所說的話，凡是我的都比較好，你明白我的意思嗎？所有這一切可怕的暴力。請如實地觀看這一切。只要你如實地觀看這一切，沒有分別心，你就擁有能量——我們就進入了井然有序的境界。然後，在覺知失序中，秩序就存在其間，這就是和諧。現在已經建立了秩序——以觀看它、了解它、讓它存在的方式建立——那麼死亡就和井然有序無所分別。它們是一體的，井然有序意味著失序的結束。

沙勒：沒錯，井然有序的意思是意識到我存在你之中，或你存在我之中，或意識到我們是一體的。但是我們必須追求怎麼覺察、怎麼全神貫注、怎麼彼此相愛到無「彼此」之分的地步。目前為止，這還是一種二元對立。

克：你瞧，先生，沒有你和我。我不是你，你不是我。有的是毫無選擇的覺察特質，有那股「我」和「你」全都止息的全神貫注。可別說這是「合一」。合一暗示了分裂。

沙勒：喔，可是你現在正以數學的觀點來運用「合一」這個詞。對我來說，合一和全神貫注同意。它並不意味分裂，也不是預設分裂。

克：我們正在討論「活著」、「愛」和「死亡」的意義。也就是說，失序的結束就是死亡的結束。這其中包含極大的美。在這樣的狀態下，沒有你，沒有我，沒有分裂。然後，在這樣的狀態下，你可以找到所謂的「不可測度」是什麼。

只有在這時候，你才找得到答案，這之前是找不到的。因為在這之前，它只是臆測，或只是有人說有所謂的不可測度，有人說沒有上帝或有上帝。那都是沒有價值的。只有當這種完全的秩序——眞正的數學秩序——從失序中生出來，而不是把一份詳細方案強加在失序上；然後你才發現，然後心智才發現，是否有某樣不可測度的東西。關於這點，沒有人可以回答有或沒有。因為如果你沒看到它，如果沒有覺知到所謂的不可測度，那麼這只是概念而已。大部分的宗教就活在概念裡。

沙勒：假設下一步我們要追求井然有序這個問題，要談和平、和諧，像我的十根手指合作無間，或者像你和我在和諧的氣氛中談話。我們認爲和平或和諧是與井然有序相關聯的一種寧靜，但我們又質疑：「除了井然有序外，我們所謂的秩序還有其他意思嗎？」

克：每一位家庭主婦都有井然有序的一面！

沙勒：沒錯，在擁有井然有序的同時，可能身處完全混亂的狀態。

克：我們討論的不僅是外在的秩序，還有內心深處的秩序。

沙勒：沒錯，現在要知道這種內心深處的秩序是什麼，我可以用「神職授任」這個詞來代替秩序嗎？

克：神職授任，我不太了解……

沙勒：一個人任命另外一個人接受神職，然後去除掉彼此的分別心。

克：如果我們了解「秩序」這兩個字是沒有衝突，是不覺得我比你偉大，是沒有比較，沒有野心感、貪婪感，是心智眞正的特質，無關一切瞎說、所有荒謬，那麼秩序就存在。

沙勒：然後這份秩序、和平及寧靜是豐沛的能量，不是缺乏能量。它不是活動，它是能量滿滿，所以動力無窮。

克：是的，而且這是有必要的，不是嗎？意思是，只要有完整的秩序，心智就不再衝突，因此就有充沛的能量。

沙勒：在我們爲了達到井然有序的境界而彼此產生關聯的過程中，你或我到底做了什麼？

克：你無法達到井然有序的境界。由於覺察到失序，在毫無選擇的情況下，秩序就自然到來。

沙勒：許多人沒有達到井然有序的境界是實情，但是我們還是要問道：我們能把失序變成井然有序嗎？我們能把死變成生嗎？我們能把恨變成愛嗎？我們能把盲目變成領悟嗎？這些是我們目前正面臨的問題，而且我們還沒回答：這樣的改變有可能發生嗎？

克：我，或你，聆聽他人說的話。你全神貫注，不是以天主教徒或其他信徒的身分。現在，在這種全神貫注的狀態下，起了一種轉變。你不再是印度教徒、佛教徒或任何教徒。你和那一切再無瓜葛，你現在是一個完整的人類。然後你到各處探討這件事，你明白我的意思嗎？你正扮演某個角色，你是個在世界上運作的局外人。你不屬於這個世界，你是個局外人。

沙勒：難道你是說，在我們的對話中，愈接近眞理，你就愈少意識到我是天主教教士的事實？這個身分重要嗎？

克：一點都不重要。不過得由你決定。

沙勒：對我而言，你是不是教士並沒有什麼關係。因爲我全神貫注於你，所以並不曾想到這點。

克：所以你沒有這種感覺。例如，在印度時，我曾遇見印度教徒前來對我說：「你爲什麼不穿僧袍？」我說：「我爲什麼要穿？」他說：「那表示你並不屬於這個世界。」我說：「我並不想向任何人展示任何東西。我有機會在這裡演說，就已經夠好了。如果你想前來聆聽，就聽吧！但是請不要以我的裝扮、我的表情、我的臉來判斷一切，這些並不重要。」可是對某些人來說，這些很重要，因爲他們把這裡當作一座講台，可以藉此攻擊，或轉移注意力，或予取予求。但是如果你不是站在講台上，如果你不屬於任何東西，我穿不穿衣領，穿不穿襯衫，又有什麼關係？

沙勒：在我們追求活著和死亡、存在或不存在、愛與恨等意義的時候，因爲追求這些事，我們必須同時追求「屬於」的意義。現在，如果你問我：「你屬於天主教教會嗎？」我會說：「當然不屬於。」因爲我不是一件可以讓任何人擁有的東西。

克：對極了！

沙勒：天主教教會也不是我所擁有的某件東西，所以我不喜歡用「屬於」這個詞。如果我們彼此間有種親愛的關係，我可以說：「你是我的朋友嗎？」

克：當然可以。

沙勒：不，我不可以這麼說，因爲那意味著「屬於」！

克：我明白你的意思……

沙勒：我不可以說你是我的朋友。我們老是用「我的」這兩個字，但是這兩個字扭曲了我們所觀所見……

克：我質疑：爲什麼我們非要屬於某種東西不可？

沙勒：我不認爲我們可以屬於任何東西。如果我們是自由的，那麼我們就不是奴隸，就不屬於任何東西。

克：這是重點。

沙勒：擁有的關係是不恰當的。

克：不要屬於任何有組織的、心靈的、宗教的團體，也不要屬於某個黨派，不要屬於這或屬於那，因爲這麼做會助長分裂。

沙勒：如果我就是我，如果我是自由的——這兩句話的意思是一樣的——那麼我就不能爲任何人所擁有，我不屬於任何人。「屬於」這個詞沒有任何意義。

克：「不屬於」的意思是「獨立」。

沙勒：「屬於」和我們一直討論的相互矛盾。「不屬於」是一個人爲存在、爲愛、爲觀看任何東西所必須付出的代價。

克：沒錯，先生，不過它同時暗示不要屬於任何人類所組成的組織。

沙勒：沒錯。

克：意思是你必須獨立、置身度外、不屬於這一切混亂。先生，當你有了秩序，你就不屬於失序了。

沙勒：我想我們現在愈來愈接近我們想要說的，也就是，死就是生，以及不要屬於。

克：這是個概念，還是實相？

沙勒：不，這是一種經驗，是實相，沒錯。

克：如果是實相，那就是某件亟待解決的事！它焚化了一切假相！

沙勒：我明白這點。當然我們一直都有這樣的經驗。我的意思是，假使一個人可以克服死亡的恐懼，就可以了解我們所說的這種豐沛的能量，同時與這種能量生活在一起。我想同樣地，假使一個人在任何情況下都可以克服屬於或擁有等問題，就能夠明白存在的意義。我不曉得這是否就是獨立。

克：這是「存在」的危險，人必須進入這個境界。存在的狀態如何呢？你可以把它分成各式範疇。範疇並不是存在。

沙勒：但是當我們討論存在的狀態，並透過死亡和屬於等問題尋找答案的時候，你說：「存在就是孤獨，而且……」

克：先生，如果身為印度教徒的我死了，我還是印度教徒嗎？這實在沒什麼意義！

沙勒：很好，但是因為已經死了……

克：先生，請看清所發生的一切。我揚棄、甩掉了印度教或天主教或任何宗教的裝扮，然後會發生什麼事？我是個局外人。我可以說我愛你，但是我仍然是個局外人。因為有種失序的狀態，人類屬於這種狀態，而局外的這個人就是不屬於這種狀態。

沙勒：的確。或者不可以有種屬於感，或者不能用「屬於」這個詞。我不能用「屬於」這個詞。

克：這沒什麼關係。

沙勒：沒什麼關係。

克：既然失序和秩序之間沒什麼關係，那麼並未失序的心智是什麼狀態？

沙勒：你認爲心智的狀態是獨立的。

克：這種獨立意味著不受污染，是眞正的純眞。因爲是眞正的純眞，所以不可能被傷害。總之，純眞這兩個字的本意是不被傷害。所以雖然它可以活在這個世界上，卻不屬於這個世界。

沙勒：不屬於衝突和動亂。

克：不屬於紛亂的塵世。絕對有必要再找出更多——不是指更多東西的更多——而是找出那個狀態，若要發現所謂的不可測度是否存在，它是絕對必要的。

沙勒：是的，我認爲這點絕對錯不了。所以就某方面而言，我們的確在獨立中找到了觀看、愛和存在。讓自己和失序斷絕關係。

克：在觀察失序中，在毫無選擇地覺察失序中，秩序出現了。你不屬於秩序，但是秩序的確存在。

沙勒：秩序。在我們追求秩序或和諧或寧靜或和平的意義時，我們都得到同樣的答案，總是把存在擺在第一位，把愛擺在第一位，把觀看擺在第一位。

克：先生，秩序是最獨特的東西之一，因爲它總是新的。它並不依循某個固定的模式，它是個活的東西。「德」是活的東西，可不是一句「我品德高尙」就能表示的。你永遠都不可以說我品德高尙，因爲如果你這麼說，你的品德就不高尙了。但是德是活的東西，就像流動的河，它生氣勃勃，因此在這種狀態下，某種不可測度的東西便發生了。

沙勒：人就是在這個時刻發現了所謂的不可測度。

克：沒錯，不是發現，它原本就在那裡。你可知道，「發現」和「經驗」是相當不幸的語詞，因爲大部分的人類都想經歷某件偉大的事，他們的生活虛有其表、微不足道、充滿焦慮，而他們說，看在上帝的份上，給我更偉大、更豐富的經驗吧！因此，就有了這些從事冥想等活動的團體，這些人在尋找那個境界，但是他們必須先把秩序帶進生活裡，然後某種不可測度的東西才會發生。

沙勒：所以如果我們追求的是不可測量的問題……

克：你無法追求它。

沙勒：而且無法發現它。很好，這樣好。你無法追求它，你無法發現它，而用「經歷」兩個字形容它也不好，我們把這一切都放下。當一個人遇見它……

克：先生，請你把心門打開。

沙勒：把心門打開。

克：讓陽光進來。如果陽光進來了，很好，如果陽光不進來，也沒關係。因爲從你追求它的那一刻起，你就把門關上了。

沙勒：很好，追求的本身……

克：追求眞理的本身反而關閉了眞理，阻絕了眞理。

（一九七二年二月十七日於美國加州聖地牙哥）

人類的未來是什麼？

◆大衛・博姆（David Bohm） 英國皇家學會會員。

克：我認爲我們應該談談人類的未來。因爲從觀察中發現，這個世界非常危險，有恐怖分子、戰爭、國家和種族分裂，有獨裁者想摧毀這個世界等等。同時，宗教上也有相當大的分別心。

博姆：還有經濟危機和生態危機。

克：問題似乎愈來愈多。所以，人類的未來是什麼？目前這一代和未來幾代的未來是什麼？

博姆：嗯，我們的未來看起來非常可怕。

克：沒錯，如果你和我都很年輕，而且知道這一切，我們會怎麼做？我們會有什麼反應？我們的生活會是什麼樣？我們會靠什麼生活？

博姆：我經常想到這些事。我曾問自己：「我會再從事科學研究嗎？」而我現在一點也不確定，因爲科學和這些危機似乎沒有關係。

克：不，正好相反，科學正協助……

博姆：……使情況更糟。科學似乎有所幫助，但事實卻不然。

克：那麼，你會怎麼做？我想我會堅持我現在所做的。

博姆：嗯，那對你而言易如反掌。

克：對我而言，相當容易。你也知道，我並不以進化的觀點思考。

博姆：我原來還期待我們會討論這一點。

克：我完全不認爲有心理上的進化。

博姆：我們經常討論這一點，所以我多少了解你的意思。但是我認爲對這一點都不熟悉的人就無法了解。

克：沒錯，如果你願意，我們將會討論這整個問題。但是我們爲什麼擔心未來呢？因爲整個未來就是現在。

博姆：嗯，從某方面來說，整個未來就是現在，但是我們必須釐清這點。這和整個傳統思考方式有相當大的出入。

克：沒錯，我知道。人類以進化、持續等觀點來思考。

博姆：或許我們可以換個方式談。也就是說，在現在這個時代，進化似乎是最自然的思考方式，所以，我想問你：你反對以進化爲觀點來思考的理由是什麼？當然，進化這個詞有許多意思。

克：當然，我們談的是心理上的進化。

博姆：沒錯，現在第一點是，我們先根據物質上的觀點來處理這個問題。

克：一個橡樹的果實會長成一棵橡樹。

博姆：沒錯，物種已經進化了；例如，從植物到動物到人類。

克：沒錯，我們花了一百萬年才變成現在的樣子。

博姆：難道你不懷疑所發生的一切嗎？

克：不懷疑，那已經發生了。

博姆：它可能會繼續發生。那是個健全的過程。

克：那是進化。當然，那是個健全、自然的過程。

博姆：它發生在時間裡，所以在那個領域裡，過去、現在和未來都很重要。

克：沒錯，相當重要。我不懂某種語言，我需要時間學習。

博姆：改良大腦也需要時間。如果腦子一開始是小小的，慢慢變大，而這需要一百萬年。

克：沒錯，而且變得更複雜等等。這一切都需要時間，這一切都是在空間和時間裡的活動。

博姆：所以你也承認物理時間和神經生理時間。

克：當然，絕對承認，任何一位心智健全的人都會承認。

博姆：現在，大部分的人也都承認心理上的時間，他們稱之爲心理時間。

克：沒錯，這就是我們要討論的，看看是否有心理上的明天、心理上的進化之類的東西。

博姆：乍看之下，我怕這聽起來會很奇怪。似乎我可以記得昨天，而且有明天，我能夠預期。這種情況發生過許多次，你知道日子一天接著一天過。所以我的確經歷了時間，從昨天到今天到明天，對嗎？

克：當然，這非常簡單。

博姆：那你所否定的是什麼？

克：我否定我會變成某樣東西，會變得更好。

博姆：但是觀察這點有兩種方法。一種是：因爲我正在嘗試，我會刻意變得更好嗎？另外一種是：有些人覺得進化是一種自然、不可避免的過程，就像潮水沖刷我們一樣，我們或許會變好或變壞，或許有其他事情發生在我們身上。

克：在心理上。

博姆：沒錯，這要花時間，不過結果或許不是我試圖變好所想得到的結果。或許是，或許不是，有些人可能這麼想，有些人又是另外一種想法。可是難道你否認有一種和自然生物進化一樣的自然心理進化嗎？

克：是的，我否認這一點。

博姆：嗯，你爲什麼否認這點？

克：首先，什麼是精神、「我」、自我等等，是什麼意思？

博姆：嗯，「精神」這個詞有許多意思。例如，它可以指心智。你的意思是自我也是同樣的東西嗎？

克：自我，我談的是自我，或「我」。

博姆：沒錯，現在有些人把進化想成一種超越「我」的過程，可以藉此提昇到一個比較高的層次。所以有兩個問題，其一：所謂的「我」會變得更好嗎？其二：假設我們想超越「我」，是不是遲早可以做到？

克：這不是遲早的問題。

博姆：沒錯，所以我們必須釐清爲什麼做不到。

克：我會，我們會討論這一點。所謂的「我」是什麼？如果「精神」這個詞有許多意思，「我」就是思想所產生的全部活動。

博姆：你爲什麼這麼說？

克：所謂的「我」就是意識，我的意識。這個「我」是我的名字、形體以及我所擁有的各種經驗、記憶等等。「我」的全部結構是由思想匯聚而成的。

博姆：嗯，這又是有些人難以接受的東西。

克：當然，我們正在討論這東西。

博姆：我們把這東西理出頭緒來吧！因爲我對「我」的第一次經驗、第一個感覺是，它是獨立在那裡的，而且「我」就是思緒。

克：「我」與我的思緒無關嗎？

博姆：嗯，我自己的第一個感覺是，「我」是獨立的，與我的思緒無關，而它又同時是那個正在思想的「我」。

克：沒錯。

博姆：就好比我在這裡，可以移動我的手臂或頭，我能夠思考。這是種幻相嗎？

克：不是，因爲我一移動我的手臂，就有抓住或拿取某樣東西的意圖，這表示思想先活動，思想的活動使手臂移動等等。我的論點是，思想是這一切的基礎。對於這點，我欣然接受他人的挑戰。

博姆：沒錯，你的論點是，整個「我」和我的所作所爲全源自於思想。不過，你所謂的思想不只是知性的。

克：當然。思想是經驗、知識和記憶的全部活動。它就是這個活動。

博姆：我覺得你的意思好像是把意識當作一個整體。

克：是一個整體，對極了。

博姆：你是說這個活動就是「我」，對嗎？

克：這個意識的全部內容是「我」。這個「我」和我的意識沒什麼不同。

博姆：沒錯，嗯，我認爲一個人可以說我是我的意識，因爲如果我沒有意識，我就不在這裡。

那麼，難道意識除了你剛才描述的思想、感覺、意圖外，就沒有其他了嗎？

克：……意圖、渴望……

博姆：……記憶……

克：……記憶、信仰、教條、執行的儀式，這一切，就像一台經過程式設計的電腦。

博姆：是的，每個人都會同意這些當然存在於意識中，但是許多人會覺得意識不止於此，意識可能超越這一切。

克：我們進入這個主題吧！我們的意識的內容組成意識。

博姆：我認爲需要做某些澄清。一般對「內容」這兩個字的用法有相當大的歧異。如果你說一個玻璃杯的內容是水，那麼這個玻璃杯是一件東西，水是另外一件東西。這個玻璃杯包含水，所以「內容」兩個字表示包含水在內的某件東西。

克：一點也不錯，意識是由所有它所記得的東西組成的，包括信仰、教條、儀式、國籍、恐懼、享樂、悲傷。

博姆：沒錯，如果少了這些，是否意識就不存在了？

克：不是這樣吧！

博姆：難道還有另外一種意識嗎？

克：一種完全不同的意識。

博姆：嗯，我認爲你眞正要說的人人都知道，意識是由……

克：……是思想多重活動的結果。思想把我的意識匯聚在一起，反應、回答、記憶、特別複雜的事物、細微的區別，這一切組成意識。

博姆：這些我們都知道。

克：我們都知道。問題在於這樣的意識是否有未來？

博姆：它有過去嗎？

克：當然有，就是記憶。

博姆：記憶，沒錯。那你爲什麼說它沒有未來？

克：如果它有未來，那就是同一種東西了。同樣的活動、同樣的思想，經過修正，但是那模式會一再重複。

博姆：所以你是說，思想只能重複？

克：沒錯。

博姆：可是有一種感覺，例如，思想能夠發展出新觀念。

克：但是思想是有限的，因爲知識是有限的，如果你承認知識永遠是有限的。

博姆：你爲什麼說知識永遠是有限的？

克：因爲身爲科學家的你實驗、補充、尋找。你補充新知識，而在你之後，其他人補充更多。

所以，由經驗所產生的知識是有限的。

博姆：有些人堅持事實並非如此。他們希望獲得源自於大自然法則完美或絕對的知識。

克：大自然法則並不是人類的法則。

博姆：嗯，你想把討論局限在與人類有關的知識嗎？

克：當然，我們只能這麼討論。

博姆：好吧！所以，我們是說人類無法獲得無限的精神知識嗎？你的意思是這樣嗎？總是有更多未知的東西。

克：沒錯，總是有更多未知的東西。所以，一旦我們承認知識是有限的，那麼思想也是有限的。

博姆：沒錯，思想以知識為依據，而知識並未涵蓋一切。因此，思想就無法處理所發生的每一件事。

克：一點也不錯。但是這正是從政者和其他人企圖要做的。他們認為思想能夠解決所有的問題。

博姆：在從政者的身上可以看見知識是非常有限的。假使你缺乏適當的知識來解決眼前的一切，就會製造混亂。

克：所以，只要思想是有限的，由思想匯聚而成的意識也就是有限的。

博姆：既然如此，你能夠釐清這點嗎？這表示我們只能在同一個圈子裡打轉。

克：同一個圈子嗎？

博姆：你知道嗎？如果你拿科學來比較，人們或許會爭辯說，雖然我的知識有限，我還是不斷在發現。

克：你所發現的是增加上去的，但是仍然有限。

博姆：仍然有限是重點。我認爲在科學方法背後的一大觀念是：雖然知識是有限的，我可以發現並跟上實際。

克：但這還是有限的。

博姆：我的發現是有限的，總是有我還沒發現的未知東西。

克：這就是我要說的。思想無法抓住未知、無限，因爲思想本身就是有限的。所以，你和我都同意這一點嗎？不僅只是同意，而是都把這點當作事實嗎？

博姆：嗯，也許我們可以把這點闡述得更明白。也就是說，即使有很強烈的偏好、感情、傾向，覺得思想能做任何事，思想還是有限的。

克：可是思想就是辦不到。你看看它在世界上做了什麼事！

博姆：嗯，我同意思想是做了些可怕的事，但這並不證明它永遠是錯的。也許你可以永遠把責任怪罪在錯用思想的那些人身上。

克：我知道，這是老把戲了！不過思想本身是有限的，所以不論它做什麼都是有限的。

博姆：而且你以一種非常嚴肅的方式說它是有限的。

克：一點也不錯，以一種非常、非常嚴肅的方式。

博姆：嗯，我們能不能把這點闡述出來？並談談是什麼樣的方式？

克：所謂的方式就是世界上正在發生的事。極權主義者的理想就是思想的發明物。

博姆：沒錯，我們可以說「極權主義者」這個詞的意思是想占有全部，但是他們做不到，然後事情就毀了。

克：正在毀滅中。

博姆：不過有人自稱他們並不是極權主義者。

克：但是民主黨員、共和黨員和理想主義者等人的思想，也同樣是有限的。

博姆：沒錯，有限到……

克：……極具破壞力。

博姆：……這是極爲嚴肅、極具破壞力的。既然如此，我們要用什麼方式才能把這點闡述出來？我可以說：「好吧！我的思想是有限的，不過這件事可能並不這麼嚴肅。」爲什麼這句話這麼重要？

克：這非常簡單，因爲只要是有限的思想所產生的行動，都免不了引發衝突。人類因爲地理位置的不同而分裂成各個國籍，因爲宗教的不同而分裂等等，都已經在世界上造成了大破壞。

博姆：沒錯，讓我們把這點和思想的受限連在一起吧！也就是說，我的知識是有限的。既然有限，又如何引領我畫分這個世界？

克：難道我們不是在尋求保障？我們認爲在家庭中有保障，在部落裡有保障，在國家主義中有保障。所以我們認爲在分裂中有保障。

博姆：沒錯，這似乎就是結果。例如，一個人沒了部落，可能覺得沒保障，於是說：「部落讓我覺得有保障。」這是個結論。而我認爲我知道的已經多到足以相信這是個眞理，但事實上，我知道的並不夠多。其他我不知道的事情發生了，這使得部落變得非常不安全。其他的部落出現了。

克：不，眞正的分裂本身製造了不安全。

博姆：眞正的分裂對製造不安全有推波助瀾之效，不過我要說的是，我知道的不夠多，所以看不到眞相。

克：沒看到眞相是因爲沒有把世界當作一個整體來看。

博姆：嗯，以安全爲目的的思想，企圖知道每一件重要的事。一旦它知道每一件要事，它就說：「這會帶來保障。」但是思想不但有許多東西不知道，而且也不知道一件事，那就是，這樣的思想本身就是分裂的。這樣的思想勢必分裂，因爲我界定了一個安全區，而這個安全區是從另外一個區域中分出來的。

克：思想是分裂的，因爲它本身是有限的。任何有限的東西都免不了製造衝突。

博姆：嗯，你的意思是任何思想都是……

克：如果我說我是一個個體，這就是有限的。我關心我自己，這是非常有限的。

博姆：沒錯，我們必須釐清這點。如果我說這是一張桌子，這句話是有限的，但是它並沒有製造衝突，對嗎？

克：對的，衝突並不存在。

博姆：如果我說這是「我」，這句話就製造了衝突。

克：「我」是個分裂的存有。

博姆：我們把箇中原因再釐清些。

克：因爲它是有所分別的，它關心自己；即使把「我」視爲較大的實體，視爲國家，它還是分裂的。

博姆：沒錯，嗯，基於安全的考量，我畫地自限，如此我才知道我是什麼身分，以便和你所擁有的身分相抗衡，並保護我自己。就這樣，在你和我之間製造了分裂。

克：我們和他們等等之間的關係也一樣。

博姆：一點也不錯。這一切導源於我有限的思想，因爲我不了解我們其實是息息相關、相互關聯的。

克：我們都是人類。

博姆：沒錯，我們都是人類。

克：所有人類或多或少都有同樣的問題。

博姆：但是我還不了解這點。我的知識是有限的，我認爲我們可以區別彼此，保護我們自己和我，而不保護其他人。但是在這麼做的同時，我卻製造了不穩定、不安全。

克：一點也不錯，你製造了不安全。所以，如果我們認清這點，不只是理智上或口頭上認清，而是眞正感覺到我們和其他人類是一體的，那麼這責任就變得極爲重大。

博姆：嗯，我們要怎麼做才能盡到責任？

克：我如果不是助長這整個混亂，就是置身事外。也就是說，保持平和，讓自身井然有序。我會再探討這點，我說得太快了。

博姆：我認爲我們已經觸碰到一個重點。我們說全人類是一體的，因此，製造分裂就有……

克：……危險。

博姆：沒錯，另一方面，在我和桌子之間製造分裂並不危險，因爲就某方面來說，我們並不是一體的。現在人類並不了解衆生一體之理。

克：爲什麼不了解？

博姆：好吧！我們來談談這一點。這是一大重點。顯然人類並不了解，因爲有這麼多的分裂，不但存在於國家及宗教之間，也存在於人與人之間。

克：爲什麼有這種分裂？

博姆：嗯，首先，至少在現代這個時代裡，大家相信每個人類都是一個個體。在過去，這信念也許並沒有如此強烈。

克：這是我所質疑的。我還連帶質疑我們是不是個體。

博姆：這是個大問題，因爲……

克：當然。我們剛才說，「我」這個意識和所有其他人類的意識相似。它們都受著苦，它們都心懷恐懼，它們都覺得沒有保障，它們都有自己特定的神明和儀式，這一切都是由思想匯聚而成的。

博姆：沒錯，我認爲這點需要加以釐清。這裡有兩個問題。第一：並不是每一個人都覺得自己和他人相似，大多數人覺得自己有某些獨一無二的特徵。

克：你所謂「獨一無二的特徵」是什麼意思？在某些事情上與衆不同？

博姆：也許是許多事上都與衆不同。例如，一個國家可能覺得自己有能力把某些事做得比另外一個國家好，一個人能夠成就某些特別的事，或擁有一種特質。

克：當然，你比我聰明。別人在這方面或那方面比我好。

博姆：一個人可能因爲自己的特殊能力或長處而驕傲。

克：但是一旦你把這些特質放在一旁，我們基本上是一樣的。

博姆：你是說你剛才描述的這些事是……

克：……表相。

博姆：那麼，基本上一樣的東西是什麼？

克：恐懼、悲傷、痛苦、焦慮、寂寞，所有人類的辛勞。

博姆：但是許多人或許會覺得，人類最高的成就就是這些基本的東西。

克：我們成就了什麼？

博姆：其一是，一般人可能對人類在科學、藝術、文化和科技上的成就感到驕傲。

克：我們在這些方面有成就，我們當然擁有廣大的科技、通訊、旅遊、醫藥、外科手術……

博姆：就許多方面而言，的確成就非凡。

克：這一點毫無疑問。但是我們在心理上成就了什麼？

博姆：你是說這些成就當中，沒有一個對我們的心理造成影響？

克：沒錯，一點也不錯。

博姆：心理上的問題比任何其他問題都來得重要，因爲如果心理問題不釐清，其他問題就危險了。

克：如果我們在心理上是受局限的，那麼我們做的任何事情都是有限的，然後我們便以我們有限的精神來運用科技。

博姆：沒錯，主宰的是這有限的精神，而非理性的科技結構。事實上，科技就變成一種危險的……

克：……工具。

博姆：所以這是一大重點：精神是整個心理的核心，如果精神失序了，那麼其餘都沒有用。

克：如果房子井然有序……

博姆：然後第二個問題是：雖然我們認爲，精神內有某種基本的失序，或缺乏一種我們所普遍共有的秩序，而且以爲我們對其他東西可能都有一股潛力，但是我們眞的是一體的嗎？即使我們都相類似，也不表示我們都相同、都是一體的。

克：我們說，在我們的意識裡，我們所擁有的立足點基本上都是相同的。

博姆：沒錯，但是事實上，人類的身體相類似並不表示它們都是相同的。

克：當然不是，你的身體和我的身體就不一樣。

博姆：沒錯，我們生活在不同的地方，是不同的實體等等。不過我認爲你是想說，實體是個別的，而意識並不是實體……

克：一點也不錯。

博姆：……身體是個實體，擁有某種特質。

克：這點實在是再明確不過了。

博姆：也許很明確，可是我認爲……

克：你的身體不同於我的身體，我有一個和你不一樣的名字。

博姆：嗯，我們是不一樣的，儘管出自於類似的材料，還是不一樣。我們無法交換身體，因爲一個身體內的蛋白質，可能和另外一個身體內的蛋白質不相容。現在許多人對心智抱持這樣的看法，認為人與人之間有種化學作用，可以相容或相斥。

克：但是如果你再深入探究這個問題，就會發現意識是全人類共有的。

博姆：沒錯，但是感覺上，意識是個別的，可以相通，就好像是……

克：我認為那是一種幻相，因為我們堅持某種不真實的東西。

博姆：嗯，你是想說：有一種人類共同的意識嗎？

克：它是一體的。

博姆：它是一體的。這很重要，因為不論它是許多個或一個，都是個很重要的問題。

克：沒錯。

博姆：那麼，可能有許多人忙著溝通和建立這個更大的單位。還是你認為從一開始就是一體？

克：從一開始就是一體。

博姆：而那種獨立感是一種幻相，對嗎？

克：這是我一說再說的。這似乎很合乎邏輯，很健全；另外一種說法就不健全了。

博姆：人們沒有感覺到，至少不是當下就感覺到，這種獨立存在的觀念是不健全的。因為人以身體的情況來推測心智，認為主張我的身體和你的身體各自獨立是相當合理的，而在我的身體內有我的心智。難道你現在是說心智並不存在於身體內嗎？

克：那又是另外一個問題。請等一等，我們先把另外一種說法討論完畢吧！如果我們之中的每一個人，在心理上都認爲我們是獨立的個體，那麼我們在世界上的所作所爲就是一場大混亂。

博姆：嗯，如果我們並非各自獨立，卻認爲自己是各自獨立的，那麼肯定會是一場大混亂。

克：這就是世界目前的情況。每一個人都認爲他必須做他想做的，好充分發揮自己的資質。所以他在孑然獨立中爲達到和平、建立保障而掙扎，企圖得到一種孑然獨立、完全得不到的保障與和平。

博姆：之所以得不到，是因爲保障與和平並沒有分別心。你也知道，如果眞有分別心，那麼試圖這麼做其實是合理的。但是如果我們試圖分別原本並不分彼此的東西，那麼結果一定是一團亂。

克：一點也不錯。

博姆：這麼說是淸楚了。但是我認爲，人們並不會立即明白人類的意識是一個不可分的整體。

克：沒錯，先生，一個不可分的整體，絕對正確。

博姆：如果你曾經思考過這個觀念，就會發現許多問題，但是我不知道我們是否已經深入到這個地步。其中有個問題是：爲什麼我們認爲自己是獨立的？

克：爲什麼我認爲自己是獨立的？這就是我的局限。

博姆：沒錯，但是我們爲什麼採納這樣愚蠢的局限？

克：從孩提時代開始，這是我的，這是我的玩具，不是你的。

博姆：但是你的直覺反應就是說，這是我的，因爲我覺得我是獨立的。在此，令人不明白的是：原本是一體的心智，怎麼會變成這樣分裂成許多片的假相？

克：我認爲這又是思想的活動。思想的根本特質是分裂的、不完整的，因此我是一個片段。

博姆：思想會創造一種片段感。你可以見到，例如，一旦我們決定建立一個國家，我們就是獨立的，認爲我們脫離了另外一個國家，脫離了該國的一切事物和影響，接下來更讓這整件事情顯得極爲眞實。我們都有各自的語言和各自的國旗，各自的這個和那個，然後我們設立邊界。再過一陣子，我們見到許許多多分離的證據，也就忘了這一切是如何開始的，於是說，原本就是這樣的，我們不過是承繼先人的腳步。

克：當然。這是原因，我覺得如果我們一旦掌握住思想的特質、思想的結構、思想如何運作、思想的源頭，就會認清思想一直是有限的，如果我們眞正認淸這點，那麼……

博姆：那麼，思想的源頭是什麼，是記憶嗎？

克：記憶，記得過往的事物，也就是知識，而知識是經驗的結果，但是經驗總是有限的。

博姆：可是，思想當然還包括進取心、推理心、發現心和洞察心。

克：就像我們不久前說過的，思想就是時間。

博姆：沒錯，好吧！思想就是時間。這點還需要再討論，因爲你認爲所謂的初次經驗，意思是，時間先存在，然後思想發生在時間裡。

克：喔，不是這樣。

博姆：例如，我們說動作正在進行，身體正在動，而這需要時間。

克：從這裡到那裡需要時間，學習語言需要時間，畫圖需要時間。

博姆：種植物需要時間。我們還說思考需要時間。

克：所以我們以時間的角度來思考。

博姆：重點在於，一般人的觀念是：每一件事情都需要時間，思考也需要時間。而你說的卻是另外一回事，你認爲：思想就是時間。

克：思想就是時間。

博姆：若從心靈的角度、心理的層面探討，的確是這樣。可是，我們如何了解這點？了解思想就是時間。你知道這麼說並不清楚。

克：難道你是說，思想是活動，時間也是活動？

博姆：你可知道，時間是一種謎樣的東西，人們曾經爲它爭論不休。我們可以說時間需要活動。我可以了解少了活動，我們就無法擁有時間。

克：時間就是活動，時間和活動是不可分的。

博姆：既然如此，我不說時間是脫離活動而獨立的，而說時間就是活動，如果我們說時間和活動是一體的，你認爲如何？

克：沒錯，我們正在闡述這點。

博姆：沒錯，這兩者是不可分的。這點似乎相當清楚。現在有所謂的生理活動，意思是生理時間，對嗎？

克：生理時間、熱和冷、還有黑暗和光亮、日落和日出等等這一切……

博姆：是的，包括四季。這麼一來，我們便有了思想的活動。接下來的問題是思想的本質。難道思想只是大腦神經系統裡的活動？你的意思是這樣嗎？

克：是的。

博姆：有人說思想包含神經系統的活動，但是或許還有其他東西。

克：其實，什麼是時間呢？時間就是希望。

博姆：就心理層面來說。

克：沒錯，現在我談的全是心理層面。希望是時間，「變成」是時間，「達成」是時間。現在談談「變成」這個問題吧！在心理上，我想變成某種東西。例如，我想變得不暴力。這根本是一番謬論。

博姆：嗯，我們了解這是一番謬論。但是時間和活動之所以是一體，是因爲根本沒有這種時間，對嗎？

克：沒錯。人類是暴力的，托爾斯泰（Tolstoy）和印度先人已經談論過許多「非暴力」。事實上，我們是暴力的，非暴力並不眞實。但是我們想變成非暴力。

博姆：沒錯，這又是一種思想的延伸，是我們針對物質事物而產生的。如果你看見一片沙漠，沙漠是眞的，而你說沙漠上的花園不是眞的，但是當你把水澆在沙漠上，心裡期待的卻是花園。所以我們說，只要這片沙漠會變肥沃，我們就可以計畫未來。在此我們必須小心：我們說我們是暴力的，但是我們無法藉類似的計畫變成非暴力。爲什麼呢？

克：爲什麼？因爲一旦暴力存在，非暴力的情況就無法存在。那是個理想。

博姆：嗯，必須把這點弄得更淸楚，因爲同理可證，肥沃的狀況和沙漠也無法共存。我認爲你是說，以心智而言，只要你是暴力的，非暴力就沒有任何意義。

克：這是唯一的狀態，沒有其他狀態。

博姆：也就是說，通往另外一個狀態的活動是幻覺。

克：沒錯，所有理想都是心理上的幻覺。一心想建一座令人驚嘆的橋並不是幻覺。你可以計畫一座橋，但是擁有心理上的理想……

博姆：沒錯，如果你是暴力的，而且在你試圖變成非暴力的時候，還繼續暴力……

克：……這沒有意義，但是卻已經變成一件非常重要的事。所以我不但質疑變成「本來面目」，也質疑脫離「本來面目」。

博姆：也就是質疑所謂的「應該怎麼樣」。嗯，如果你說在自我改善的過程中，變成可能沒有意義，那是……

克：喔，自我改善是某種極醜陋的東西。我們的意思是，這一切的源頭是一種隨時間進行的思想活動。一旦我們在心理上把時間看得很重要，所有理想，如非暴力、達成某種超級狀態等等，就變成不折不扣的假相。

博姆：沒錯，你談到隨時間進行的思想活動，在我聽來，似乎時間就是幻覺。

克：沒錯。

博姆：我們感受到思想的活動就是時間，但卻不是一種眞正的時間。

克：所以我們問：時間是什麼？我需要時間從這裡到那裡。如果我想學習工程學，我需要時間，我必須學習工程學，這需要時間。同樣的活動被運用到精神上。我們說，我需要時間爲善，我需要時間悟道。

博姆：是的，這麼做永遠會製造一種衝突，你的一部分和另外一部分的衝突。所以你在這樣的活動中說道，我需要時間，卻也同時在精神上製造出一種分裂，分裂了觀察者和被觀察者。

克：一點也不錯。我們要說的是，觀察者就是被觀察者。

博姆：還有在心理上，時間並不存在。

克：一點也不錯。思考者就是思想，思考者不能脫離思想而獨立。

博姆：你知道嗎？你現在說的一切似乎都很有道理，但是我認爲這和我們習慣的傳統有極大的差異，所以一般說來，要人們眞正了解實在相當困難……

克：當然，大多數人都想要一種舒適的生活方式：「讓我就這樣過下去，拜託，別管我。」

博姆：沒錯，這就是人們謹愼提防許多衝突的結果。

克：但是不論你喜不喜歡，所避免或未解決的衝突仍舊存在。所以這就是全盤的重點：有可能過沒有衝突的生活嗎？

博姆：有可能，截至目前爲止，所說的話都還沒有闡明這點。衝突的源頭是思想、知識或過去。

克：一點也不錯。所以有人問：有可能超越思想嗎？或者有可能終結知識嗎？我是指心理上的知識，不是……

博姆：沒錯，物質事物及科學等知識會延續下去。

克：絕對會，這些必須延續下去。

博姆：但是你所要求結束的是否就是你所謂的「自知自覺」？

克：是的。

博姆：另一方面，先人說過，甚至你也曾經說過，自知自覺非常重要。

克：自知自覺非常重要。但是如果我花時間去了解我自己，也就是，如果我說最後我會藉檢視、分析，藉觀察我和他人的全盤關係等等方式來了解我自己，這一切就都包含了時間。而我的意思是，有另外一種不需要時間就可以檢視這整件事情的方式，也就是，只要觀察者就是被觀察者。在這樣的觀察關係裡，時間就不存在。

博姆：我們可以更深入討論這點嗎？我的意思是，例如，你說時間並不存在，但是你還是覺得你可以記得一個小時之前你在某某地方。那麼，我們憑什麼說時間不存在？

克：時間是分裂的，就好比思想也是分裂的。所以思想就是時間。

博姆：時間是一連串的過去、現在、未來銜接而成的。

克：思想也同樣是分裂的。所以時間就是思想。或者思想就是時間。

博姆：沒錯，不過，這話似乎不完全是從你剛才的話中衍生出來的。

克：我們再討論下去吧！

博姆：乍看之下，一般人會認爲，思想運用尺規和各種東西製造了各種分裂，而且也把時間分割成一段段，包含過去、現在和未來。那麼，這麼想似乎不全是從思想就是時間衍生出來的。

克：你瞧，我們說時間就是活動。思想也是一連串的活動。所以兩者都是活動。

博姆：沒錯，好吧！我們假設思想是一種神經系統的活動，而……

克：你可知道，它是一種變成的活動。我是指在心理上。

博姆：但是只要你一思考，血液、神經等內部就有某種東西在動。既然我們談到心理上的活動，你的意思是只是內容改變嗎？究竟這活動是什麼？在動的是什麼？

克：你瞧，我是這個東西，在心理上，我試圖變成其他東西。

博姆：所以這活動存在你的思想內容裡？

克：沒錯。

博姆：所以如果你說：「我是這個，而我試圖變成那個。」那麼我就是在動。至少我覺得我在動。

克：例如，我貪婪。貪婪是一種活動。

博姆：它是什麼樣的活動？

克：得到我想要的，得到更多。這是一種活動。

博姆：沒錯。

克：而且假設我發現這活動是痛苦的，於是我試圖不貪婪。如此試圖不貪婪是一種時間的活動，是「變成」。

博姆：沒錯，可是連貪婪也是「變成」嗎？

克：當然。所以就心理層面而言，有可能不「變成」嗎？這是個實際的問題。

博姆：嗯，這似乎需要你在心理上認定自己不應該是任何東西。也就是說，一旦你以任何方式界定了自己，那……

克：不，我們會在一、兩分鐘內替「變成」下個定義。

博姆：我的意思是，如果我把自己界定成貪婪的，或者說我貪婪，我這樣，我那樣，那麼我不是想變成其他東西，就是想保持原狀，對嗎？

克：那麼我可以保持原狀嗎？我可不可以不保有非貪婪而保有貪婪呢？貪婪和我並沒有什麼差異，貪婪就是我。

博姆：沒錯。這點需要釐清，一般的思考方式是：我在這裡，我可以貪婪，也可以不貪婪。

克：當然。

博姆：因為這些是我可以擁有，或可以沒有的特質。

克：但是這些特質就是我。

博姆：沒錯，不過這點又極其違背我們的共同語言和經驗。

克：當然。

博姆：但是我們卻說我就是我的特質，這暗示特質的思想創造了「我」，對嗎？創造了那種「我」的感覺。

克：所有特質、屬性、德行、判斷、結論和意見都是「我」。

博姆：嗯，在我看來，這點似乎必須當下覺知清楚。

克：這就是整個問題的重點。當下覺知整個活動，然後我們來到覺知的境界：是不是有可能——這聽起來有點兒怪，也許有點兒瘋狂，但事實並不然——是不是有可能在缺少所有記憶活動的情況下覺知呢？是不是有可能在沒有文字、沒有反應、沒有記憶進入知覺的情況下，直接覺知到某件事物呢？

博姆：這是個非常大的問題，因爲記憶不斷進入知覺中。問題又來了，什麼東西會阻止記憶進入知覺中？

克：沒有東西阻止得了記憶進入知覺中。但是如果我們認清記憶的活動是有限的，由於我們清楚地覺知到記憶的極限，於是走出這個有限的空間，進入另外一個次元。

博姆：嗯，在我看來，似乎你必須覺知到整個記憶的極限。

克：沒錯，不是只覺知到一部分。

博姆：你可以看到記憶通常是有限的，但是在許多方面，這點表現得並不明顯。例如，我們許多並不明顯的反應可能是記憶的傑作，但是我們並沒有體驗到這些反應。假設，我體驗到「我」此時此刻存在，並不是因爲記憶裡有「我」。這是大家共有的經驗。假設我想變得比較不貪婪，因爲我體驗到貪婪的滋味，我體驗到那種急於成眞的滋味；這經驗可能是記憶的結果。但是我說，這個「我」就是記得這一切的那個人，不是另外一個我，不是記憶創造了「我」。

克：這一切實在令人質疑：人類是不是可以過著沒有衝突的生活？那樣的前提自然衍生出這樣的結果。我們可以在這個地球上和平相處嗎？思想的活動從不曾帶來和平。

博姆：沒錯，從我們討論過的內容中看來，思想的活動無法帶來和平似乎很清楚了；思想的活動本來就會引發心理上的衝突。

克：如果我們曾經眞正認清這點，我們的全部活動就會全然不同。

博姆：難道你是說，有一種活動不是思想的活動，它是超越思想的？而且它不只超越思想，又不需要思想的合作？當思想不在時，它有可能繼續活動嗎？

克：這是眞正的重點。我們經常討論這一點，是否有任何超越思想的東西。我指的不是某些神聖、不可侵犯的東西，我們要問的是：是不是有一種活動是思想接觸不到的？我們現在說有這種活動，而且這種活動是智慧的最高形式。

博姆：沒錯，現在我們提出「智慧」這個詞了。

克：我知道，我是故意提出這個詞的！所以智慧不是指靈巧的思想活動。

博姆：嗯，智慧可以利用思想，你常這麼說。

克：智慧的確可以利用思想。

博姆：思想可以是智慧的運作，你是這樣說的嗎？

克：是的。

博姆：思想也可以是記憶的運作？

克：就是這樣。也可以說，思想是記憶產生的運作，而記憶是有限的，所以思想也是有限的，而且有它自己的活動，然後這樣的活動引發衝突。

博姆：我想這和人們談論的電腦息息相關。每一台電腦最後都必須依賴輸入的某種記憶，也就是經過程式設定。這樣必定有其極限，對嗎？

克：對的。

博姆：因此，當我們借重記憶操作的時候，我們和電腦就沒有太大的差別；或許換個說法，電腦和我們實在差不多！

克：我常說，印度人在過去五千年來一直接受程式的設定，才能成為印度人，或者說，在英國，你曾經經過程式的設定，才能成為英國人、天主教徒或基督教徒。所以我們多少都經過程式的設定。

博姆：沒錯，現在你提出智慧的觀念，這不需要程式設定，也許是一項創新。

克：一點也不錯。這種智慧和記憶及知識無關。

博姆：這種智慧可能在記憶和知識內運作，但是它和記憶及知識無關。

克：是的，它可以透過記憶等等運作。那麼，你如何找出這其中是不是有任何實相，而不只是想像和無稽的浪漫，你怎麼找出答案呢？談到這裡，就必須探究整個受苦的問題，必須探究受苦是不是有終點。只要痛苦和恐懼和享樂的追求存在，就不可能有愛。

博姆：沒錯，嗯！這裡的問題實在很多。第一個要點是：痛苦、享樂、恐懼、憤怒、暴力和貪婪，全都是記憶的反應。它們和智慧無關。

克：沒錯，它們全是思想和記憶的一部分。

博姆：在我看來，只要這些情緒繼續存在，智慧就無法在思想內部或透過思想運作。

克：一點也不錯，所以必須免除痛苦。

博姆：嗯，這是眞正的重點。

克：這實在是一個非常嚴肅和深奧的問題：是不是有可能結束痛苦？也就是，是不是有可能結束「我」？

博姆：答案是肯定的，這話似乎一再重複，但是感覺是：「我」在那裡，「我」受苦或不受苦，「我」享樂或不享樂。我認爲你的意思是，痛苦源自於思想，它就是思想。

克：透過認同、執著。

博姆：所以受苦的究竟是什麼？在我看來，記憶可以製造享樂，然而一旦享樂無法運作，就產生苦惱和痛苦。

克：不只是這樣。受苦複雜得多了，不是嗎？什麼是受苦？這兩個字的意思是有苦惱、有悲傷、覺得完全迷失、寂寞。

博姆：在我看來，它似乎不只是苦惱，而是一種全然且極其無孔不入的痛苦。

克：受苦是某人的損失。

博姆：或者說，失去了某樣非常重要的東西。

克：沒錯，當然。失去了我的妻子、我的兒子、我的兄弟，或任何東西，還有極度的孤獨感。

博姆：或者，只是認定整個世界正要步入這樣的狀態，萬事萬物都顯得沒有意義。

克：所有的戰爭已經製造了多少的痛苦啊！而且這情況已經持續了千萬年。所以我說，我們正延續著過去五千年或五千多年來的模式。

博姆：沒錯，而且一般人很容易就認清戰爭的暴力和仇恨會障礙住智慧。

克：顯然是這樣。

博姆：但是有些人認爲，通過痛苦的煎熬能夠滌淨身心，就像經過嚴厲的考驗。

克：我知道，你透過痛苦學習，你變得純淨了；透過痛苦，你的自我消失了，融解了，不存在了。人們曾經受過極大的苦，因爲無數的戰爭，流了無盡的淚，因爲政府毀滅的本質，因爲失業、無知……

博姆：……因爲對疾病、痛苦、萬事萬物的無知。眞正的受苦是什麼？爲什麼它會摧毀或阻撓智慧？實際的情況如何？

克：受苦是一種震驚——我受苦，我有苦惱，這是「我」的本質。

博姆：沒錯，受苦的難處在於：受苦的就是「我」，而這個「我」在某方面實在是對不起自己。

克：我受的苦不同於你受的苦。

博姆：受苦孤立了自己，它創造了某種假相。

克：我們並沒有見到全人類都受著苦。

博姆：沒錯，但是假設我的確見到全人類都受著苦呢？

克：那麼我開始質疑何謂受苦。受苦的不是我。

博姆：嗯，這很重要。爲了了解受苦的本質，我必須放下是我受苦的念頭，因爲只要我相信我對這整件事有種幻覺……

克：那我就永遠無法結束痛苦。

博姆：如果你正和假相打交道，那麼你對它實在莫可奈何。我們必須回頭討論這個話題。爲什麼所謂的受苦是許多人受苦？首先，似乎是我覺得牙疼，或者我有某種損失，或我發生了某事，而另外一個人似乎非常快樂。

克：快樂，沒錯，但是他也以自己的方式受著苦。

博姆：是的，當時他並沒有認淸這點，但是他也有他自己的問題。

克：受苦是全人類共有的。

博姆：但事實上，它的共有性並不足以使它成爲「衆生一體」。

克：這是事實。

博姆：你是說人類所受的苦是一體的，不可分的？

克：是的，我一直這麼說。

博姆：就像人類的意識一樣？

克：是的，就是這樣。

博姆：也就是說，只要任何人受苦，全人類都受苦。

克：重點在於，我們從一開始就一直受著苦，而且我們還沒有解決這個問題。

博姆：但是你曾說，我們之所以沒有解決這個問題，是因爲我們把它當作個人或小團體內部的問題，而這是一種假相。任何與假相相關的企圖都解決不了問題。

克：思想無法解決心理上的任何問題。

博姆：因爲你可以說思想本身就是分裂的。思想是有限的，無法看到這種痛苦是衆生一體的，於是，把痛苦分成我的痛苦和你的痛苦。

克：一點也不錯。

博姆：這麼做製造了假相，只會增加痛苦。在我看來，似乎「人類所受的苦是一體的」和「人類的意識是一體的」這兩句話是不可分的。

克：先生，世界就是我，我就是世界。

博姆：你經常這麼說。

克：沒錯，但是我們已經把世界分成英國人的世界和法國人的世界，以及其他人的世界！

博姆：談到世界，你是指物質世界，還是指社會的世界？

克：主要是指社會的世界、心理的世界。

博姆：所以我們說，社會的世界、人類的世界是一體的，還有，當我說我就是世界的時候，那表示什麼？

克：世界和我沒什麼不同。

博姆：世界和我是一體的，我們是不可分的。

克：沒錯，而且這需要的是眞正的冥想，你必須感覺到這點。它不僅是一句口頭敍述，它還是一則事實。我是我弟兄的守衛。

博姆：許多宗教都闡述過這點。

克：那只是一句口頭敍述，教徒們並未實踐力行，並沒有打從心底這麼做。

博姆：也許有些人曾經這麼做，但是一般人都沒做到。

克：我不知道是不是有人曾經做到，不過我們人類並沒有做到這點。我們的宗教其實使我們無法到達那個境界！

博姆：難道是因爲分裂，每一個宗教都有自己的信仰和自己的組織？

克：當然是，有自己的神明和自己的救主。所以在經歷過這一切之後，所擁有的智慧還眞實嗎？你明白我的問題嗎？還是這智慧只是某種異想天開的投射作用，希望藉此解決我們的問題？這並不是我的感覺，而是一則事實。因爲痛苦的結束意味著愛。

博姆：那麼，我們先釐清「我」這個字的意思，然後再繼續往下討論吧！你剛才說過：「這不是我的感覺。」在某種意義上，你似乎還暗示有個人的存在，對嗎？

克：沒錯，我用「我」這個字做爲一種溝通的工具。

博姆：但是「我」是什麼意思呢？譬如說有兩個人，「甲」看見你的行爲方式，而「乙」沒有看見。這麼一來，似乎在「甲」和「乙」之間製造了分裂。

克：一點也不錯，是「乙」製造了這種分裂。

博姆：爲什麼？

克：這兩者之間的關係如何？

博姆：嗯，「乙」因爲說「我是一個獨立的人」而製造了分裂，但是當「甲」說「對我來說並不是這樣」的時候，可能就令「乙」備感困惑，對嗎？

克：這就是關係的全盤重點，不是嗎？你覺得你不是獨立的，而且你眞的有這種愛心和慈悲心，而我還沒有這樣的胸懷。我甚至還沒有察覺或涉及這個問題。在我眼裡，你和我有什麼關係？對你而言，你我之間有層關係；但是對我來說，你我之間並沒有任何關係。

博姆：沒錯，我想一般人可能會說，還沒有認淸這則事實的那個人，在心理上幾乎活在一個夢幻世界裡，因此這個夢幻世界和眞實世界是沒有關係的。

克：一點也不錯。

博姆：但是至少淸醒的這個人或許可以喚醒另外一個人。

克：你淸醒，我不淸醒。那麼在你看來，你我的關係非常淸楚。但是我認爲你我之間並沒有關係，我不可以和你有所關聯。我堅持分裂，你不堅持。

博姆：沒錯，在某方面，我們必須說人類的意識已經分裂了意識本身，意識是個整體，但是卻因為思想而自行分裂。所以我們才面臨這樣的情況。

克：這就是原因——在心理上和其他方面，目前人類的所有問題都是思想的結果。我們仍在追尋同樣的思想模式，然而思想永遠解決不了這當中的任何問題。所以產生了另外一種工具，就是智慧。

博姆：這又開啓了一個全然不同的主題，而且你也提到了愛和慈悲。

克：少了愛和慈悲就沒有智慧。如果你像動物被拴在柱子上一樣依附著某個宗教，你就無法慈悲。

博姆：嗯，你的自我一受到威脅，它就無法……

克：當然，但是自我隱藏在……

博姆：……其他東西後面，就像高貴的理想一樣。

克：沒錯，它有巨大的空間可以隱藏自我。所以人類的未來是什麼？從所觀察到的一切發現，人類的未來通往毀滅。

博姆：似乎是這樣演變。

克：非常沒希望，非常可怕、危險，如果有孩子，那麼孩子的未來是什麼？要探討這一切並經歷這一切的苦痛嗎？所以教育就變得非常重要。但是目前的教育不過是知識的累積。

博姆：人類已經發明、發現或開發的每一件工具，都引領人類走向毀滅。

克：絕對正確！人類正在摧毀大自然，目前世界上的老虎實在少得可憐。

博姆：森林和農地也被摧毀了。

克：似乎沒有人關心。

博姆：嗯，大多人只熱中於自己的計畫，設法拯救自己，不過也有人擁有拯救人類的計畫。我想還有一種對現世絕望的傾向，人們認爲任何作爲都無濟於事。

克：是的，如果人們認爲可以有所作爲，他們就會組成小團體，發明某些小理論。

博姆：嗯，的確有人對自己目前的所作所爲信心十足，這些人……

克：大多數的首相都信心十足。但是他們並不是眞的知道自己在做什麼。

博姆：但是大多數人對自己的作爲並沒有信心。

克：我知道。但是如果你信心十足，我就能夠接受你的信心，並與你同行。所以，人類的未來如何？我實在不曉得有沒有人關心這個問題？還是每個人、每個團體都只關心自己的存亡？

博姆：嗯，我認爲人類最關心的幾乎都是個人或所屬團體的存亡。人類的歷史一直是這樣的。

克：所以戰爭永無止境，不安全感永無止境。

博姆：但是這種現象就像你所說，是因爲思想建築在不完全的基礎上，錯將自我獻身於政黨等團體所造成的結果。

克：先生，你剛好有機會聆聽這一切，你同意這一切，你認清這一切眞相。但是那些大權在握者甚至不願意聆聽，他們製造的苦難愈來愈多，這個世界變得愈來愈危險。你和我同意並認清某件眞相的重點何在？這就是人們要問的問題：你和我認清某件眞相的重點何在？有何成效？

博姆：嗯，在我看來，如果我們以「有何成效」的觀點來思考，我們就把時間這個大麻煩帶了進來。也就是說，我們的第一個反應應該是：當下採取行動，改變事情的方向。

克：所以才組成了社團、基金會、協會和其他類似團體。

博姆：瞧！我們的錯誤在於覺得我們必須思考某件事，然而思想卻是不完全的。我們並不太知道到底發生了什麼事，而人們卻已經爲這一切製造了一套套理論，但是他們並不知道。

克：不，如果不該問「有何成效」等問題，那麼身而爲人，除開成效等問題，究竟人類是誰？我的責任何在？

博姆：是的，我們無法期待成效，但是就像「甲」和「乙」一樣，「甲」看得見眞相，而「乙」看不見。假設「甲」看得見某件東西，而大部分的人類都看不見，那麼就某方面而言，似乎可以說人類在作夢，人類睡著了。

克：人類沈迷在幻相中。

博姆：而重點是，如果有人看見某事，他的責任就是協助其他人從幻相中覺醒。

克：就是這樣。我的意思是：這就是問題所在。所以佛教徒發揚菩薩慈悲爲懷的理念，隨時伸出援手，解救蒼生。這話聽起來很舒服，有人做著這樣的事，令人有股喜悅感。但是事實上，在心理上和生理上，我們所做的每一件事無不是爲了舒適、滿足、保障。

博姆：嗯，基本上，那是幻相的根源。

克：要如何讓其他人看到這一切眞相呢？人們沒那個時間、沒那個精力，甚至沒那個偏好，他們只希望安逸。要如何讓X君認淸這整件事情的來龍去脈，讓他開口說：「好吧！我看到眞相了，我會好好工作，我知道自己很負責。」諸如此類。我想，認淸眞相者和看不見眞相者之間，存在著這樣的悲劇。

（一九八三年六月十一日於英國布洛伍德公園）

誰是經驗者？

◆艾麗絲・莫多克(Iris Murdoch) 心理學家兼小說家。

莫多克：我想問的問題很多，所以我只找一個特別感興趣的做爲開場白，然後隨興談論下去。在你的大作裡，有時用「經驗」這個詞代表你認爲我們應該克服的事。你似乎把經驗的觀念和預設態度、教條、信仰等觀念連結在一起，認爲這些觀念阻礙了當下一種頗具創意的存在狀態發展。我不太了解這一點。對我來說，似乎不可能完全……

克：……抹煞經驗。

莫多克：是的，似乎不可能忽視經驗或擺脫經驗。也許，每個人都有自己依附經驗的特殊方式，所以我想只要把重點擺在「經驗」這個名詞上就行了。「經驗」實在是一個很普通的詞，它似乎是描述人類特有意識的持續狀態。或許你可以談談這方面。

克：我不太了解你所謂的「經驗」是什麼意思，一個人可以經歷他想經歷的事。

莫多克：你是說憑想像嗎？

克：沒錯。還有，人可以依據你所受的局限去經驗，如果我是一位虔誠的佛教徒，我可以經歷佛陀曾有過的意識狀態。

莫多克：嗯，那是一種相當特別的經驗，不是嗎？

克：沒錯，我只是質疑我們所謂的「經驗」是什麼意思，比方說，我有過生氣的經驗。在經驗和經驗者之間有差別嗎？

莫多克：嗯，這是個難解的用法問題，因爲在英語中，「經驗」這個詞描述的是某種相當含糊的東西。「經驗」可以代表某種瞬間即逝的東西，例如，「我昨天的經歷很奇怪」，經驗也可以代表你的意識生活的延續，以及你和你過去的關係。但是我想你所謂的「經驗」，好像是某種聚集了你的過去的東西。原本我以爲你已經把欲望描述成經驗，但是你又說愛不是經驗。

克：愛不可能是經驗。

莫多克：你能解釋其中的差別嗎？

克：我們能不能進一步探討是誰經歷這整件事？不論所經歷的是什麼事，不論這經驗是幻想出來的，還是由某人過去的傳統和意象等等衍生出來的？

莫多克：你是說，誰是經驗者？

克：是的，誰正在經歷這一切？

莫多克：這也是個難題，不是嗎？如果在街上問路人這個問題，得到的答案一定是「個人」。

克：沒錯，是「我」在經歷這一切。

莫多克：這些經驗屬於「我」。

克：今天早上，我出了車禍。我經歷了許多事。

莫多克：可是，如果某人追求的是除上述以外的另外一種答案，那麼這人可能會說，一個人的經驗當然有許多種。比如說，我現在就可以想出三種：第一，我過去的生活經驗；第二，我們談到某人，說他「飽經風霜」，意思是他有許多特別的經驗；第三，我們也可以說，經驗就是我的意識的延續，就是進入過去。

克：或者說一個人意識的延續。你所謂的「意識」是什麼意思？

莫多克：嗯，我們以這種方式來研究這件事吧：時間不同，意識也不一樣。而「經驗」這個詞的意思是否不一樣，就得看你談的是不是日常生活。這麼說好了，你多少有點兒強迫自己活在這個世界上，然後說：「我正在做這事，我正在做那事。」而這也許就是經驗。不過也可能有一種你不曾眞正在場的經驗。

克：這就是重點了。如果經驗者不在場，你可以記得那經驗，然後說「就是這樣」嗎？

莫多克：嗯，我認爲人們有我所謂的「忘我經驗」，例如，欣賞一件偉大藝術品的時候。

克：沒錯。

莫多克：我不太確定和自己鍾愛的人在一起可不可以稱作「忘我經驗」。我想這兩個例子差別極大。你覺得呢？

克：如果可以，我想先探討是「誰」經歷這一切？不論是日常瑣事，或者最複雜的經驗形式，或是所謂的心靈經驗等等。一直有所經驗的人是誰？經驗者和經驗不一樣嗎？

莫多克：嗯，一般人在正常情況下都會說經驗者和經驗不一樣，因爲大家都相信個體的連續性。

克：沒錯，這是一般人的反應。現在我們要問：思考者和他的思想不一樣嗎？

莫多克：我們通常還是會認爲不一樣，因爲你可以說：「我命令我的思想。」這表示是我下決定，是我控制我的思想。

克：沒錯，可是命令思想的這個我，和我的思想不一樣嗎？一個人可以指揮自己的思想，可以訓練自己的思想，可以控制自己的思想，這人可能會說：「這是對的，這是錯的，這必須做，那不需要做。」但是這個控制者，這個負責訓練、下達命令的人，和他正在命令的東西不一樣嗎？

莫多克：在法庭裡，一個人必須對自己所做的事情負責，好吧！我們現在就來區別一下一般用語和法庭用語有何不同。在法庭裡，可不能說：「嗯，我現在的身分很不一樣。」或諸如此類的話。這是最常見的個體延續感，而「某人」就是主角。但是一旦放下這種想法，其實人並不需要當哲學家，也沒有必要秉持宗教觀點，沒有必要認爲人是分裂的，是個獨立的人。

克：這就是重點了。

莫多克：而且有時候，你對自己的所作所爲也不以爲然。

克：這種二元的過程……好與壞有差別嗎？我們又回到老問題上了。

莫多克：嗯，這是最根本的問題。沒錯，我的意思是，在我看來，這似乎是眞實世界的本質。

克：我知道。眞實世界就是分裂：我們已經畫分了好與壞，區別了思考者和思想，經驗者和經驗。

莫多克：沒錯，還有，如果你責備自己做了某事，那你就是分裂的。

克：「我不應該」、「我必須」、「我會成爲」等等，都使人分裂。如果可以，我想再問一次，經驗者和他所經歷的事情不一樣嗎？思考者和他的思想不一樣嗎？

莫多克：嗯，如果這問題可以因此讓我想想我對自己的看法，那麼撇開一般常識和日常用語等觀點不談，我的回答有時候是肯定的，有時候是否定的。我的意思是，有時候，人是有意識地審判自己、分裂自己，有時候，存在的不過是單一的生命或某樣東西。

克：一種單一的活動。所以經驗者和經驗不一樣嗎？

莫多克：嗯！有時候似乎是這樣。

克：所以當我們說：「我嫉妒。」分裂就存在，然後「理想的我」試圖控制我的嫉妒，或想辦法讓我的嫉妒合理化，爲我的嫉妒辯護或壓抑它等等。但是「我」嫉妒，我和我的嫉妒是密不可分的。

莫多克：嗯，我所想到的是分裂和密不可分兩種情況。就我所讀過和了解到的情況來說，你談到了兩件事，而我不了解這兩件事何以相互關聯，又如何和諧相處。我非常喜歡這樣的觀點，就是：如果我認爲我嫉妒，「嫉妒」這個詞代表某種不好的事，所以我可能不想嫉妒。如果我認淸這點，那麼我一開始就認爲，理想的自我是不存在的，眞正的我就是個善妒之人。對這點，我頗有同感。可是你又說，這之中並不涉及任何過程，我必須好，不是變好，變好的念頭在某方面來說是一種假相。

克：一點也不錯。

莫多克：也許你可以解釋這一點。我的意思是，在我看來，似乎在第一個問題中，你建議我必須從一個和我的結論——也就是變成不嫉妒——相差十萬八千里的起點出發。而在第二個問題裡，你說「變成」並沒有過程。

克：對我來說，心理上根本沒有變成這回事。

莫多克：是的，這就是我所不了解的。

克：我們來探究這個問題吧！首先，我們談談這點：我們已經把世界分好壞，把自己分好壞了，對嗎？

莫多克：可是你沒有駁斥這點，你並不反對這點？

克：我沒有駁斥這點，我只是審視這點。壞和好有關聯嗎？還是好與壞毫無瓜葛，所以好與壞完全無關？如果好和壞有所關聯，那麼好仍然是壞的一部分。

莫多克：嗯，如果你問我是不是同意這樣的說法，我並不確定。在我看來，我們似乎以好幾種不同的方式思考好和壞，對嗎？我們認爲壞中有好，就像一道光譜，好在這頭，壞在那頭。

克：沒錯，壞持續壞。

莫多克：是一種持續的狀態。如果我們把好想成完美，就是把好想成完全與俗世無關。

克：好不是指完美，我的意思是好、完整、健康、一個好人這類「好」的意思。

莫多克：那麼就以「一個好人」爲例吧！

克：這種好是壞的一部分嗎？好知道壞嗎？這種好是壞的結果嗎？如果好是壞的結果，那麼好還是壞的一部分。它就像個出生的孩子，仍然是母親的一部分。

莫多克：沒錯，有些人會說好壞是對立的，它們的存在是彼此相互關聯的。

克：那我要問：好、壞是對立的嗎？還是好與壞完全無關？

莫多克：嗯，好人和壞人之間的差異相當淸楚，以這個觀點而言，好和壞是非常不一樣的。另一方面，在一個人身上，好中有壞，壞中有好，有時你並不知道哪個是哪個。

克：這正是我所質疑的，也正是我想和你談論的。在我的字典裡，好和壞完全不相干，就像愛和恨無關一樣。

莫多克：沒錯。我的意思是，以凡夫俗子而言，愛當然時常引發恨。

克：當然。

莫多克：可是你說愛與恨無關，那是一種完全不一樣的觀念。

克：愛完全沒有恨的感覺，愛和恨無關，它不包含恨。

莫多克：等一下。請容我附帶問個問題：難道你是說愛和欲望是沒有關係的？

克：是的，我是這麼認爲。

莫多克：你把欲望視爲某種和心理上的變成有關的東西？

克：沒錯。

莫多克：可是愛是……

克：……某種完全不一樣的東西。

莫多克：那麼，這個不一樣的東西如何降臨到人的身上呢？我現在可能會說：「爲什麼它應該和我有所關聯？」面對它，我該怎麼辦？

克：這實在很簡單。衝突存在。欲望總是帶來衝突，可是愛永遠不會帶來衝突。愛沒有衝突，愛沒有衝突感。

莫多克：你以一種理想的觀點使用「愛」這個字，這很少見。

克：不，大腦是整個欲望、感覺、焦慮、疼痛、寂寞的中心。意識是這一切，包括信仰、恐懼、悲傷、寂寞、焦慮，整個……

莫多克：……心理存在的狀態。

克：是的，心理的結構，混亂。這就是大腦。而愛並不是大腦的一部分，因爲它是大腦外的某樣東西。

莫多克：沒錯，這回到你的說法，你在體驗欲望的同時，並沒有體驗到愛。

克：我無法同時體驗到欲望和愛。

莫多克：平時我們談到「嫉妒」的愛或諸如此類的事，不過這並不是我們現在談論的。我們現在談的是某種「絕對」的愛——我實在想不出適當的字眼來形容這種愛。可是，假設我真的愛某人，不是以一種壞方式，而是一種好方式，難道你還要說這不是我的心理過程的一部分嗎？

克：不是，我會說：如果我說我愛你，就有任何依附、嫉妒的意味存在，就有衝突的陰影存在，這麼一來，這種愛就不是眞的。

莫多克：沒錯，好吧！從小，大人就教我做個好基督徒，所以我體內存在著許多基督教的觀點，雖然我並不相信上帝或基督的神性。不過在基督教裡有神聖或完美的愛的觀念，那也許是一般人達不到的境界。

克：我不明白爲什麼達不到。因爲假使我不嫉妒，我就不會嫉妒。對另外一個人沒有依附感，並不意味著缺少愛。

莫多克：嗯，我們要以什麼樣的日常用語來稱呼一種高潔的愛？秉持這種愛，你就不會因爲愛這個人而傷害任何人，而且你不占有，不會不可理喻等等，可是依附還是存在。我的意思是，如果那人死了，難免……

克：等一下，這是另外一個問題。爲什麼我們要依附在任何東西上？如果我依附著這棟房子……

莫多克：我想我大概會秉持另一種不同的欲望觀點。我認爲「變好」——我用了這個也許你並不想用的詞——是在淨化人的欲望，讓人有「好」欲望，一心想要某種好東西。以「愛某人」這件事來說，我會覺得欲望的元素其實是存在的。

克：我們來審視欲望吧！欲望是什麼？

莫多克：嗯，又有人會說，有小欲望，也有大欲望。

克：沒錯，但是欲望的源頭是什麼？欲望的開端是什麼？欲望爲什麼變成我們生活中如此重要的一部分？

莫多克：欲望當然和未來有關。

克：和未來有關。

莫多克：它和時間有關。

克：當然，和時間有關。

莫多克：因爲我想要某種不存在的東西。舉個例來說吧！我可能渴望自己非常富有，或者我可能渴望研究某一主題，然後變成這一主題的專家。

克：例如，擅長彈琴。

莫多克：嗯！就說擅長數學好了，目的在獲得知識。

克：當然，沒問題。

莫多克：而我可能會說我愛我的主題，我愛我正在研究的一切。

克：不，我要問的是：欲望是什麼？它怎麼產生的？它爲什麼會如此強烈地控制著我們？畢竟和尚或印度隱士的整個觀念是壓抑或轉變欲望。

莫多克：改變，是的。我倒寧願用「轉變」這個字。

克：轉變的意思是有一個轉變它的存有。

莫多克：是的，而且有一種轉變的過程，一種修鍊或訓練，或諸如此類的東西。

克：這只是一個比較微妙的壓抑形式，一個微妙的組織欲望的形式，或者說渴望上帝是好的。

莫多克：渴望財富是不好的。

克：渴望占有是不好的。所以我們並不是在談論欲望的目標，不論欲望的目標是上帝或權力，是變成有錢人或首相，但是究竟欲望是什麼？它在我們身上以什麼形態顯現？

莫多克：嗯，可不可能有無欲望的愛，我不太確定。如果有人認爲或許有某種完美的愛，那麼欲望的觀念就會大大改變，變到也許你不得不把欲望排除在外。舉個比較常見的好例子來說吧！如果我想變得有教養，變得……

克：沒錯，這又是另外一回事。

莫多克：……存在的狀態與不存在的狀態之間有一股張力。

克：不過我要問的問題不是想變成好人，或變成好學者等等，而是欲望本身。

莫多克：我想我會迴避或拒絕回答這個問題。因爲我認爲，如果不談談各種不同的欲望，我實在不知道怎麼解釋欲望是什麼。

克：我說我想要一棟房子，我想要這個或那個，我有許多欲望。但是欲望的活動是什麼？欲望的源頭是什麼？因爲我們不是壓抑欲望、轉變欲望、迴避欲望，就是完全控制欲望。但是控制者是誰？誰說這是好欲望，這是壞欲望，我們必須探索這一點，因爲有所助益，但是探索其他問題卻沒什麼助益。欲望還是欲望。渴望上帝，渴望錢，欲望還是欲望。

莫多克：假使有人說，甲是好的，乙是壞的，你會回頭說都一樣，都是欲望嗎？

克：一定會。了解欲望很重要，不過不是好欲望或壞欲望。

莫多克：我不太確定在沒有好壞差別的情況下，我能不能了解欲望。我們可不可以稍微轉變一下話題？你似乎話中有話。

克：你剛才說欲望涉及時間。

莫多克：沒錯。好吧！我現在收回那句話，修正成：我認爲可能有某種欲望不涉及時間，但是在這種情況下，你完全和你所渴望的目標結合在一起。基督教的神祕主義中有這樣的說法，如果你渴望上帝，並與上帝合而爲一——我並不太了解這意思——那麼你的欲望就實現了，變成完美的愛。

克：沒錯。但是，不論某人說：「我必須成爲一個非常有錢的人，一個有權勢的人。」或另外一個人渴求上帝，渴望與上帝合而爲一，欲望還是欲望。

莫多克：可是你一談到欲望，就彷彿它是某種你想克服或排拒的東西。

克：不，我想了解欲望的活動，欲望的過程，欲望所招致的無法承受的負擔，或欲望的樂趣。

莫多克：沒錯，可是欲望不見得永遠是負擔，對嗎？例如，你餓了，而且知道你馬上就有一頓美食可吃，這種欲望的意向是快樂的。

克：是的，這可以理解。

莫多克：但是你的話背後有某些東西我無法理解。

克：我會進一步解釋。只有感覺存在的時候，欲望才存在。

莫多克：憑感覺，你不是指……

克：我看到一棟美麗的房子，我想要它，對它有一種渴望。

莫多克：你不是指有一種眞正與身體並存的東西存在，而是指一種心像。

克：兩者都是。

莫多克：你想像自己在這棟房子裡，或諸如此類的事。

克：感覺，然後思想創造了我擁有這棟房子的意象，然後欲望開始。

莫多克：好吧！就算有一種感覺相。

克：然後思想就給了感覺相一個意象。

莫多克：但是如果有人說他想受教育，並不意味這人一直在想這件事，或對這件事有所感覺。

克：當然不是這樣。

莫多克：這意味著你過你的生活。也許某些時候，你會有股屬於感覺的渴望經驗。你想像如果自己的教育程度好些，會是什麼情況？

克：這樣的感覺時刻是思想塑造的，它變成了欲望。這就是我要說的，我要說的並不是好、壞或其他諸如此類的事，而是欲望本身。

莫多克：但是你說愛和欲望不同。

克：愛是不同的：愛並非享樂，愛並不是欲望。

莫多克：好吧！這又引出了另外一個話題，我會提出來，然後先擺在一旁。我也關心你對動機和活力的感受。我認爲欲望是活力的源頭。而好欲望是好活力的源頭，但是我們要知道愛是不一樣的。對我而言，過程和非過程之間似乎有極明顯的差異。

克：愛並不是一種過程。

莫多克：愛不是一種過程，而你使用像「有創意的存在」等和現在有關的名詞。你會把這和愛的可能性及眞理連結在一起嗎？

克：我會。

莫多克：但是欲望是外在某種不休止的東西。

克：是不休止。但是這並不表示愛就是靜止的。

莫多克：不，這裡用「靜止」來形容可能不太正確。你會怎麼說呢？

克：愛很活潑，不只是一種……

莫多克：愛具有創造力，而且……

克：愛不是獨占的，我可能愛你，但是我還有這種愛的感覺。這種愛並不是專屬於某一個人的。

莫多克：但是愛的感覺和欲望的感覺是相當不同的。

克：那當然。

莫多克：所以你並不排拒感覺相？

克：不，請等一下。容我們慢慢切入這點。我們剛才說過，大腦是感覺的一部分，是反作用、行動、回應、信念、信仰、恐懼的一部分，一切的中心都在這裡，也就是我的意識。我的意識的內容就是這一切，包括上帝、沒有上帝、我的知識、我的挫敗、我的沮喪、我的焦慮。現在大腦裡有許多混亂、矛盾、恐懼等等諸如此類的東西。愛是其中的一部分嗎？

莫多克：我不知道。你告訴我吧！

克：對我個人來說，愛並不是其中的一部分。

莫多克：但是如果人處在一種「有創意的存在」的狀態下，也就是愛的狀態下，而人有時候的確處在這種狀態下，你是說在這當兒，所有組成這人的心理物質是不存在的？

克：是的，並不存在。

莫多克：但是他還是必須知道他所愛的目標是什麼。

克：不，請等一下。我可能愛你，但是愛不是獨占的，愛不是有限的。

莫多克：沒錯，不過就某方面來說，答案可以是肯定的，也可以是否定的。因爲我的意思是，如果愛一個人，你愛的是那個人，而不是其他人。但是這並不表示你排拒其他人。

克：愛不是獨占的。

莫多克：沒錯，但是如果可以選擇，愛是有選擇的。我們無法愛每一個人。也許上帝辦得到……

克：不，我並不想把愛歸給上帝或某位……

莫多克：我是把上帝當作代言人。也許眞有一種理想的愛。

克：不，我不用「理想」這個詞。我強烈反對構想、理想等無意義的詞。我非常確定愛與恨無關，愛和嫉妒無關，愛是不依附的。它不是欲望，它不是享樂。

莫多克：嗯——如果說，你對另外一個人有興趣。我的意思是，在你認識了所有人之後。

克：我關心這人。

莫多克：沒錯。但是我要問，你認不認爲一個人一生中總有某些——這裡實在很難找到一個適當的字眼來形容——表達愛或沈浸在愛中的時候？難道人生中的每一刻都應該這樣嗎？

克：我確定愛能夠永遠存在。

莫多克：很好。那麼你認爲……

克：你要知道，愛可能存在於自私自利存在的地方嗎？這是眞正的問題所在。

莫多克：不，不完美的愛才會這樣。我們別談不完美的愛，那不是愛。

克：好吧！當自私自利存在時，愛能夠存在嗎？顯然愛無法存在，因爲自私自利實在渺小之至。

莫多克：你不讓我用「完美」或「理想」等字眼，所以我就用「你定義的愛」來代替好了。好吧！就算愛和自私自利相互排拒。

克：只要自私自利存在之處，就沒有愛。

莫多克：是的，嗯，有個答案是我和大家都急切想知道的，那就是：如何改變，如何擺脫嫉妒的心態。

克：這實在是個有趣的問題。我嫉妒。「我」和嫉妒之間並沒有差別。「我」嫉妒，嫉妒就是我。

莫多克：沒錯，就如我們先前所說的，這個人……

克：我的意思是，嫉妒就是我，我無法對嫉妒採取行動，因爲它就是我。

莫多克：沒錯，但是你可以變得比較不嫉妒。

克：但是嫉妒還是我。

莫多克：繼續說下去。

克：所以並沒有壓抑、轉變或擺脫的問題，它就是我。

莫多克：那麼接下來我該怎麼做？

克：如果是我，我會注意它，非常、非常謹慎地注意著它，並不採取任何行動。

莫多克：所以有一個你正注意著嫉妒？

克：不，在注意中，你並不存在。例如，當你注意看著一隻鳥的時候，你並不存在。

莫多克：嗯，注意看著一隻鳥和其他注意相當不一樣。

克：當然。是否有一種注意是不需要言語、不需要責難、不需要同意、拒絕或反抗，只要注意就行了？

莫多克：嗯，可能有這樣的注意，但是很難。等一下。我們已經找到這個嫉妒的人，就是自己，這人心懷嫉妒。然後這人覺察到嫉妒，他注意著它，只是注意。

克：注意。

莫多克：或者如果你喜歡，換另外一種方式，讓自己成為嫉妒。意識上成為你的嫉妒。你接受這種形式的話嗎？

克：你嫉妒。

莫多克：我的意思是，當你以嫉妒、輕率的心態做某事的時候，你並沒有注意。可是之後也許有某些時刻，你會留意到這件事。

克：這就是我所說的。你正注意看著一件珍貴、複雜的珠寶。你正注意著這件珠寶的細緻、明亮和美麗。

莫多克：是的，以這個例子來說，你正注意著嫉妒。

克：然後我認清了整個嫉妒的活動，就是比較等等。所以我注意它，不帶任何一絲雜念。那需要相當專注，卻不是集中心思，這是眞正的專注，專注到忘了自我的地步。

莫多克：你不是在下判斷嗎？

克：不是。

莫多克：你在不下判斷的情況下注意。

克：是的，我沒說出眞正的含意。我並不是說你應不應該嫉妒，或諸如此類的話，那是不道德的。人類已經和嫉妒在一起生活了千萬年。

莫多克：難道你的嫉妒心消失不是這種專注的結果嗎？

克：以專注注意，注意就是專注。

莫多克：沒錯，我喜歡「專注」這兩個字。你專注，你會以某種非評價的方式表示，你不是在下道德判斷。你並不是說：「我不應該嫉妒。」

克：喔，是的，這會太……

莫多克：但是這麼做嫉妒會消失嗎？我指的不是這種專注的目的，而是結果。

克：會消失的，因爲在專注中完全沒有自我。

莫多克：是的，很好。好的，我了解這種存在的狀況。

克：你知道嗎？你可以注意它。這非常有趣。

莫多克：我的意思是，這和我心中「我該怎麼改變」的問題有關。也就是說，採用舊式的語言，一種心靈的修鍊——不，你不喜歡修鍊這兩個字！

克：「修鍊」這兩個字真正的意思是去學習。不是畫分，而是追求。學習注意，不是記得所觀看到的東西，而是認清嫉妒、比較及諸如此類心態的整體含意。

莫多克：不過這種情況只有在你「冥想」——套用這兩個你用過的字——的時候，才會發生，還是隨時都會發生呢？

克：如果你留心注意，這情況隨時都會發生。這表示，你不會讓任何一個思想在不知道的情況下溜過。

莫多克：沒錯，這情況會和一個必須在世上活下去的生命共存，不論這人是收票員或從事什麼樣的工作，儘管生活的觀念層次不同、處境不同。但是在你的生命中，應該有一種像這樣持續專注的狀態。

克：你不是也提到了「冥想」這兩個字。

莫多克：沒錯，那是你用的字。

克：我知道。我用這兩個字，但冥想是件相當複雜的事。冥想的時候，冥想者一點也不存在。

莫多克：沒錯。

克：但是我們的做法是告訴自己：「我必須冥想，我必須遵循一套系統冥想，我必須勤加練習。」這全都是欲望，想「達到」某一特定狀態。

莫多克：是的，在我看來，這似乎有點兒不可避免。很久以前，有人教了我一套冥想的方式，而我也練到某種程度，練就得很像冥想，只是顯得十分脆弱。但是對我而言，的的確確感覺到自己正設法把某件事做得更好。

克：你一用「更好」這個兩字，就表示更多，因此就包含了「測度」。

莫多克：「更多」並不存在，因爲你說冥想沒有二元性，沒有主題。

克：當然沒有。

莫多克：而我要說的是，在藝術經驗中發生過類似的事情。

克：當你說「經驗」的那一刻，你已經……

莫多克：好吧！我的意思是，如果我正注意看著一幅偉大的繪畫，如果我眞的在看，那我就不在那裡。是那幅畫在那裡。

克：就是這樣。當你眞正注意某件東西時，自我是不存在的。

莫多克：而這也是一種愛的形象，不是嗎？

克：愛之中是沒有形象的。當然沒有，形象是思想拼湊出來的。

莫多克：我想，如果在某種特定方式的愛裡，在無私的愛裡，情況的確是這樣……要討論這點很難，因爲愛發生在時間裡，而你必須爲你愛的某人掙扎、思考、計畫、做事。但是你的所作所爲是眞正的無私，我的意思是，一定有人這麼做……

克：當然。

莫多克：……但是自我並不存在，專注的目標會存在。但是在我看來，似乎你必須嘗試看看才行。你已經給了我結果，但不是方法。

克：我們來看看這個問題。方法就是結果，兩者並沒什麼不同。

莫多克：我可以引用卡夫卡（Franz Kafka，一八八三～一九二四年，奧地利小說家）的一段話嗎？他說並沒有方法，只有結果。我們所謂的方法只會混淆一切。沒錯，譬如說，我明白和我不明白。

克：我們試試看其他東西。你曾經指出，你明白改變蘊含著未來，也就是從「這」到「那」。

莫多克：是的，而且想像著未來。

克：什麼是未來？未來是過去的延續，透過現在的修飾，是一種移動。

莫多克：是的。

克：所以未來包含在現在裡。那麼，假使我正在學習一種語言，我需要未來，我需要時間，我需要紀律等等。既然「這整個情況」沒問題，但是在心理上，在心中，在主觀上，過去就是「我」，我的記憶，我的經驗，這一切過去，經過現在的修飾，並前進到未來，對嗎？這是我們進化的整個活動，是我們心理上幸福或不幸福等等的整個活動。所以現在囊括在未來裡，因為我現在什麼模樣，明天就是什麼模樣，除非我現在改變，對嗎？所以現在包含過去，而未來就是現在。如此一來，現在就是眞正的我。

莫多克：沒錯，就某方面而言，並沒有其他東西，請繼續說下去。

克：這就是我，我的記憶，一切。除非我繼續往前行，否則沒有未來。那麼，關於這點，有結果了嗎？

莫多克：你的意思是，有另外一種存在狀態嗎？

克：是的，結束這整個變成、掙扎、達到的活動。

莫多克：哲學家當然一直擔心存在和變成間的差異，而在柏拉圖學派（Platonism）和基督教的理論裡，存在是眞實的，變成是不眞實的。而我在你說的話中也感受這樣的觀點。但是我不想因為想到其他東西而誤導自己。我正試圖勾勒出你所說的一切。假設你花時間學習一種語言，而今天你還不認識不規則動詞，下星期，你就會認識不規則動詞了。這就是人類的生活，是不可避免的，適當的，極為正確的。

克：對極了！

莫多克：不過在這段時間裡，你也留意到你所做的每一件事。

克：當然。我專注於我現在做的每一件事。所以現在包含了所有時間。

莫多克：你正在描繪一種可能的人類狀態……

克：不，我並不是在描繪。我只是述說我所看到發生在人類精神上的一切，精神總是朝著這個方向移動：過去，修飾現在，未來。我們現在就被困在這樣的枷鎖裡。我甚至不用「被困」這兩個字。這就是我們現在的情況。

莫多克：是的，不過「被困」這兩個字隱含「自由」之意，這是你所用的另外一個詞。自由和眞理及愛相連。所以有人前來告訴你：「我陷在這個窠臼中，我要怎麼出去？」

克：假使你陷在窠臼裡，那麼在你想出去之前，我們先來看看這個窠臼是什麼模樣。

莫多克：嗯，也許這點並不相干，但是我並不想擺脫這個窠臼，就好比我不想停止期待下星期認識不規則動詞。

克：當然。

莫多克：這種心態持續著。但是我同時也想達到一種無私的狀態。

克：那這又代表什麼呢？可要小心喔！你渴望這種心態，你有一種未來的概念。

莫多克：是的，我的意思是，我知道我現在並不是無私，但是我喜歡變得無私。

克：因此，我們先要了解自我是什麼。不了解自我的活動，就無法改變，甚至無法分析自我，你不能只發明一個目標。

莫多克：但是舉例來說，只要一個人正視著自己的嫉妒，我們同意，這種專注的其中一種結果就是嫉妒消失。所以自我正在改變。

克：這並不是嫉妒止息了，而是因為專注的關係。

莫多克：嗯，假設我留意到我的嫉妒，但就是一味嫉妒下去，完全意識到我的所作所為。這是一種好狀態嗎？

克：可是，因為你有意識——這還是自我的一部分。

莫多克：嗯，這並不是假設一種完全不像人類狀態的狀態。一般人想像的是一種人類可能存在的狀態。

克：是的，我們是人類，我們活在這種持續衝突、痛苦、悲傷等等的情境中。這就是我們的生活，這就是我們所受的局限。但是有一天，你前來告訴我，你瞧，有一種不一樣的生活方式。你不必永遠處在這樣的情況下。然後你聆聽他說話，你有所發現；你也許認為是一派胡言，不予理會；這位說話者和你之間必定存在著一種關係。

莫多克：當然，就像現在，我正在請教你。

克：你告訴我嫉妒並不是愛，人不可能放下嫉妒。所以，注意它，審視它，看著它，讓它顯露出來。不要責備、轉變或否定它、擺脫它。只要注意著它，也就是全神貫注地看著它。

莫多克：但是如果我抑制它，是不是就得不到這樣的結果？

克：沒錯，我正要說明這點。

莫多克：好吧！我換一種說法。我抑制自己的嫉妒不好嗎？

克：不好，如果我抑制嫉妒，嫉妒會再度出現。

莫多克：沒錯。但是同時，嫉妒的情況可能會改善。

克：喔，我並不想要兩種情況同時出現！

莫多克：嗯，沒錯，但是在我看來，你似乎在排拒訓練一個人的要素。我的意思是，你並不喜歡「修鍊」這兩個字。

克：「修鍊」（discipline）這個字出自「門徒」（disciple），也就是指學習的人。學習，不是記憶，學習去看那顆珠寶的美。我不曾注意看珠寶，我一直譴責它，替自己找藉口等等，但是現在只要注意看著那顆珠寶就行了！

莫多克：沒錯，但是你所注視的珠寶是某種絕對珍貴的東西。如果我正看著我的嫉妒，它和珠寶相反，是某種不好的東西。

克：不，我不譴責它。這兒沒有責難心、判斷心或評價心，只是注意著它。我注意著我的兒子，並沒有說：「天啊！他不應該這樣，他不應該那樣。」我只是注意著他。例如，當我看著一幅畫的時候，我注意看著它，我看到所有的明暗、比例……

莫多克：在此，觀賞一幅畫是讓我了解你的基本觀念的好例子。但是你所提示的一種和實相相關的理想存在模式仍然困擾著我。事實上，一個人還是有可能不處在這樣情況下，這人沈醉在幻相裡，充滿幻想。

克：一點也不錯。現在我沈浸在幻相裡。我是幻相，我生活在幻相中，我的思想、信仰、信念都是幻相。「幻相」這個詞源自於「ludere」，意思是玩耍。所以我正玩弄幻相之事。

莫多克：我為什麼要煩惱？換另一種方式來說，我為什麼不只注視著我的幻相？如果我是個聰明人，我可以注意著我的嫉妒，引以為樂，並繼續表現出嫉妒的行為。

克：很好，繼續表現出嫉妒的行為。但是其中有衝突，有某種苦悶感，有痛苦。

莫多克：如果你看到某個你所愛的人身處幻境，你難道不會希望那人改變嗎？

克：我會把我的期望告訴他。

莫多克：嗯，你在建議他應該改變，你在提示道德價值。

克：不，我會告訴他：瞧，你為什麼有這些幻相？

莫多克：嗯，稱之為幻相已經使他們……

克：甚至不稱它為幻相。有些人相信上帝或其他東西。

莫多克：嗯，我們專心談論嫉妒這個例子吧！因為這例子容易了解。某人心中充滿嫉妒：「喔！他有那個，他比我好」等等。你注意到某個像這樣的人，然後說：「為什麼把你的精力和焦慮浪費在某件不是真的很重要的事情上？你不應該這麼做。」

克：也就是說，如果對方願意聆聽。一旦對方願意聽你說，你就已經幫助了他們。

莫多克：是的。那你就已經教了他們某件事。

克：喔！不，壓力並不存在。我不想要他改變。

莫多克：嗯，我知道所有的好老師都不願意自稱爲老師。

克：你可知道，衝突是這一切眞正的根源。

莫多克：但是假設有許多惡習的某人處在一種完全和諧的狀態，假設這人善嫉、善妒、暴力、脾氣大，難道他就不能與人和諧相處？假設這人在各方面都很成功，你會說他不能與人和諧相處嗎？

克：沒錯，如果你的右手暴力，左手和諧，那麼兩者是不可能協調的。

莫多克：我同意這樣的說法。我相信人們以爲，惡人是處於衝突的狀態，善人則是處在和諧的狀態。

克：善人心中沒有衝突。

莫多克：是的，惡人心中有所衝突。嗯，這表示這惡人在某地方犯了錯，他所相信的世界有某部分並不眞實。所以分辨好與壞，就等於分辨……

克：沒錯，例如以恐怖分子爲例，他以殺人爲樂，他身上存有某種不對勁的價值觀。我不說這名恐怖分子是惡或善，這可憐的傢伙身上有點兒異常。

莫多克：所以你想提出的是一種和諧的人格？

克：不，有可能終結一個人身上的所有衝突嗎？那是這問題的眞正根源。所有的衝突。

莫多克：你準備丟棄「好」與「壞」這些字眼，改用「和諧」和「不和諧」這樣的詞彙嗎？

克：我不採用「和諧」或「不和諧」，因爲一旦沒有衝突，你就是整體，就存在著一種圓融的生活方式。

莫多克：沒錯，但是你還是以一般大衆能夠了解的層次來探討善與惡。你提到恐怖份子，一個壞到極點的人，他不只心懷嫉妒，而且殘酷無情。

克：沒錯，一個殺人魔。

莫多克：然後有人會期望這人改變。

克：如果他願意聆聽，如果他會改變，那是再好不過了。不過這種人通常聽不進去。

（當天稍晚，這段對話繼續進行。）

莫多克：我還在設法整理幾個目前我仍無法完全理解的基本問題。也許我可以找一或兩個不一樣的問題請教你。

在大部分的道德體系裡，本分的觀念是最基本的，哲學家對此有所爭論，但是它仍舊存在。從小，教育告訴人們要守本分，例如，應該說實話。而你不談本分的觀念。

克：我覺得「責任」比「本分」好。

莫多克：嗯，很好，在某些情況下，責任感就等於本分感——你可以把這兩種觀念朝不同的方向延伸，但是你寧願稱之爲責任感？

克：沒錯，因爲責任隱含關心、愛、與他人溝通，不是因爲被迫或被告知去做某事，而是因爲負責任。假使我保證要蓋一棟房子，我就負起蓋一棟房子的責任。如果我對我的孩子有責任，我就會完全負責，不只在孩子離家自立以前，更要看到孩子好好地生活，教養他們長大不作姦犯科。

莫多克：責任是無限的。

克：責任是無限的。

莫多克：沒錯，一般人也許把本分和非做不可的事聯想在一起。反過來說，如果你把說實話當作一種本分，這實在是做人處事的基本道理。

克：說實話也是我的責任。我不會對自己不誠實。

莫多克：好吧！我們別把太多心思放在「本分」這兩個字了。不過這個例子恰好可以說明一般人如何面對人生。難道你是說，藉這樣一個日常觀念，這樣一個社會生活中持續不斷的高尚道德告訴我們，這一切和眞實、和愛、以及我們今天早上所談論的，基本上是不一樣的？

克：沒錯，我認爲是不一樣的。

莫多克：但是我看不出一般所謂的善或道德行爲，和這種基本道理的差別在哪裡。

克：我們可以一開始就問：爲什麼人心四分五裂？爲什麼我們總是以四分五裂的心態審視人

生，審視一切作爲？不論它是商業、宗教、愛、恨？這一切都那麼地分散。我們爲什麼這麼做？

莫多克：嗯，我們每天必須面對人生。

克：沒錯，但是我爲什麼應該接受以這種方式面對人生？

莫多克：你似乎覺得我們應該有某種完全一統的無私，這種無私是不可分的。

克：是的，就是這樣。

莫多克：但是像「眞理」和「愛」這些詞……

克：……是一體的。如果有愛就有眞理，就有美。

莫多克：沒錯，如果以哲學感審視它，的確是如此。

克：不，用眞實的角度審視。我的意思是，如果我眞的愛，其中就有美；我就無法不誠實。

莫多克：關於這一點，我覺得美是一種更難說明的概念。我憂心的是：愛的眞理、基本眞理，和說實話等一般眞理概念，其間相關聯的要點何在？

克：假設我撒謊。我承認我撒過謊，我承認我生過氣。這就是誠實，也就是眞理的一般含意。我不用許多虛假的東西來掩飾我的謊言。我說我撒過謊，我生過氣，我殘忍過。我認爲我們實在訓練有素，有辦法掩飾這類事情，有辦法擺脫它，並因此不對自己太誠實。

莫多克：是的，嗯，這和我認爲你非常關心的一件事——克服衝突及克服分離主義者的思想——有何關聯？例如，你區別欲望和愛，然後你說愛就是眞理，藉此把眞理帶入中心。

克：當然有所關聯。

莫多克：但是在我看來，似乎沒那麼容易把這點和日常的道德生活聯想在一起，而我滌淨欲望或諸如此類的觀念，就是源自於日常的道德生活。似乎一個人會有兩種道德判斷標準。以一般的道德標準而言，你會說他是個好人；但是以你的道德標準來說，他卻是一個不完美的人。而這在你心裡並不重要，我認爲你是個希望人類幸福的人，對你來說，和他人來往難道不重要嗎？

克：很重要，我明白這點。你瞧，我會先問自己，或問我的朋友：爲什麼人心四分五裂？

莫多克：你想先回到形而上的問題上。你覺得我們必須隨時在一開始就走對路。

克：當然，你必須隨時從正確的地方出發。

莫多克：是的，我也喜歡這樣。其實，你要的是一般人尚未擁有的新東西。

克：在許多場談論會上，我都問過在場的學生：人心爲什麼像這樣四分五裂？像這樣分散？我們到底哪裡不對勁？千百萬年後，我們依然相互打鬥，相互殺伐，我們忿忿不平。你了解我的意思嗎？到底是怎麼一回事？

莫多克：嗯，有一種衝突感或破碎感，這是不好的，這表示爭鬥。但是也有一般的推理，以及如何知道事情的方法，而這未必不好。

克：是的，我用我的理由去看爲什麼世界被分裂成如國籍和宗教等東西。你知道印度的錫克教徒（Sikhs）到底是怎麼一回事？猶太人和阿拉伯人之間又是怎麼一回事呢？爲什麼我們要接受這樣的生活方式？

莫多克：針對這點，我認爲有一種一般憑經驗得來的答案，我們可以做各種事情，就像試圖說服他人一樣來試圖阻止這一切。

克：但是我們沒這麼做，事實上，我們從來不曾這麼做過，我們不曾阻止過這種分裂。我的意思是，如果我有個兒子娶了個阿拉伯女人，有個兒子娶了個以色列女人，我該怎麼做，他們會打架！

莫多克：那麼，你不會否認你現在想要溝通的是目前政治上有實質效果的東西吧？

克：沒錯，是有實質的效果。在政治上、宗教上、日常生活中。但是我要說，別從理論開始，從全世界的人類爲什麼如此分散、分裂開始吧！

莫多克：但是在我看來，這有一部分是憑經驗的問題。針對這點，你可以說，我們有辦法找出爲什麼某個教派在某一特定時間掌握了某些觀點並因此獨立。一般人可以用這種方式研究基督教。但是這裡還有一種形而上的問題，而且我認爲其中某些部分無解。我的意思是，好比說：爲什麼有人類？一般人一定說：我不知道。我的意思是，相信上帝的人會說上帝創造了這個世界。

克：科學家的見解又不一樣。

莫多克：假使你排拒憑經驗得來的答案，那麼你是在問一種有點兒無法回答的形而上問題。

克：我認爲這答案相當簡單。我想問的是：思想本身是四分五裂的嗎？

莫多克：我認爲思想本身是四分五裂的，在我看來，這似乎是不可避免的。我的意思是，我們現在所做的——使用一種自然的語言和概念，以及使用我們學著了解過的字彙等等——在許多方面都是依據世界的廣泛興趣而定。「推論」這兩個字囊括了智力必須自行發揮的觀念，智力必須融入語言等等。智力不可能是一體的，像許多哲學家所希望的那樣。哲學家總希望有所謂的「一體」。但是在我看來，你似乎並不認同——我這麼說好了——世界的救贖，我的意思是，把世界帶入這個中心、帶入善、帶入眞理、愛的境界。

克：不，我認爲有必要這麼做。

莫多克：是沒錯，但人心無法免除所有的四分五裂，所以人必須爲此救贖，明白我的意思嗎？

克：好，我們就爲此救贖吧！爲什麼人類要過這樣的生活？就爲此採取救贖的行動吧！不靠理智解釋，而看事實，每天的事實，其中存在著如此的衝突，如此的暴力。爲什麼呢？

莫多克：有歷史的理由可以解釋，爲什麼在愛爾蘭等地存在著衝突。不過你所思考的要比這點更深入得多。

克：沒錯，是更深入許多。

莫多克：嗯，如果有人問我這點，我會說我無法回答這則純哲學的問題。不過我可以請教你：爲什麼不應該過這樣的生活？這裡用了你不想用的「應該」這兩個字。我們擁有一種善的概念，由此我們把各類思想和行動散布到世界上，這麼做卻使善的概念落入奇糟無比的境地。

克：我了解。

莫多克：希望我們能夠逐漸使這個世界變好，除去表面和深層的衝突。

克：根據科學家的說法，我們生活在這個地球上至少有兩百或三百萬年。我們仍舊在地球上。只要觀看所發生的一切就行了。

莫多克：沒錯，誰能告訴我們未來是什麼模樣呢？

克：未來就是現在這個模樣。如果我們現在不做些事，明天我們還是老樣子。

莫多克：但是我們現在所能做的實在非常有限。我們可以爲我們自己做些事，可以爲少數人做些事。

克：其實，你一說「我們自己」，我們就是世界。

莫多克：而我們也可以參與政治，這也是在世界上做事的一種方式。

克：不過我就是世界，因爲我的意識和其他人類一樣。

莫多克：沒錯，你的意思是，如果你做得到，其他人也做得到。

克：如果我改變，我就影響其他人類。

莫多克：不過，一個人能夠花在達到擁有這份洞悉力的時間非常有限，這也是個事實。

克：所以我才說，不要讓時間干擾這個問題。我是一個人。我的生活方式、我的思考方式、我的行動，比較上和其餘人類差不多。外在也許有所差異，但是內心裡，我就是芸芸衆生，我就是人類。

莫多克：除非你是個非常特殊的人。

克：不，我就是人類，因爲我們都受苦，我們都經歷過非常多的考驗。所以我是芸芸衆生，我是人類。這就是眞愛。

莫多克：有人可能會說，很好，可是你就是你，你獨自一人。我的意思是，你也許可以展現出人類的潛力。

克：來！加入我吧！加入我的行列吧！

莫多克：好啊！

克：丟掉你那些微不足道的國家主義及諸如此類的東西，加入我吧！讓我們自由自在，以不同的眼光觀看世界，不要老是相互衝突。這種情況每天都發生在每一對夫妻身上。

莫多克：但是我不得不懷疑一個人究竟能有多少影響力。如果要教誨人——撇開你和我不談——而是如果任何人想去影響他人，爲的是結束這種衝突，他們就必須讓自己涉足在宗教信仰，涉足政治。而且許多人會說——今天也的確有許多人這麼說——擔心自己的靈魂和自己是否無私實在是浪費時間，你只要起而幫助其他人，讓他們別再受苦就行了。

克：看看幫助者和被幫助者，結果如何呢？變化少之又少。希特勒想伸出援手；佛陀說，人類在受苦，受苦必須有個結束。結果呢？痛苦持續不斷。

莫多克：我一直想把這個話題稍微轉變一下，好讓自己輕鬆點兒。當你談到克服衝突、克服受苦……

克：……不是克服，而是結束……

莫多克：……結束，是的。這是不是像佛教徒心中的涅槃？

克：從我和人們的討論中得知，涅槃顯然意味自我並不存在的狀態。自我其實是所有動亂的根源。談到這裡，請別再討論涅槃是什麼，你會找到答案的。

莫多克：我了解涅槃這類東西指的是處在一種無私的狀態，而否定世界實在沒有任何意義。

克：佛教徒已經這麼做了，已經否定了這個世界。而我不說否定世界。相反地，你必須要住在這個世界裡。

莫多克：是的，如果思考柏拉圖的洞穴形象，你身在黑暗裡，然後你逐漸離開黑暗，迎向光明；柏拉圖也談到回到洞穴。我認爲他的意思是，你找到某種自我解放的方式，但是接下來你必須解放芸芸衆生。

克：這就是重點。你可知道這裡暗示著菩薩的觀念——我不準備深入談論這點。但是如果你從根本上改變，難道不會影響人類嗎？

莫多克：你會影響某些人。

克：不，別忘了，基督教已經影響了千百萬人。

莫多克：當然。是有這樣的例子，譬如基督的生命——不論基督是歷史上眞實存在過的人物，還是根本不存在——基督的形象已經改變了人們的生活。

克：我是說這些人是透過傳道改變的。佛教也影響了整個亞洲。我說：「就讓我們之中的某些人朝這方面努力吧！然後我們會改變這個世界。」

莫多克：我認爲我們擁有極具影響力的偉大教師，據我所知，這些教師所提倡的無私和你所提的無私幾乎相同。

克：沒錯，是自由，來自自我的自由。

莫多克：一個人該做什麼？在我看來，似乎……

克：一個人該做什麼？這需要坐下來慢慢談，慢慢探究，對嗎？當然是如此。而且需要打破我們之間的藩籬。

莫多克：我們也許引出了一種稍微不太一樣的問題，一則有關影響的問題。

克：我不想影響任何人。這是最糟糕的情況。因爲如果我影響你，那麼其他人也可以從另一個方向影響你。但是如果你是爲自己而觀看某樣東西，那就明確多了。

莫多克：是的，這又是我們所同意的事。你必須自己做這件事。別人告訴你並不好。

克：所以不要傳道，不要計畫。

莫多克：我想現在的神學家們了解這點——你無法要上帝信任你。我的意思是，不論什麼樣的精神生活，它都是某種你必須爲自己發掘的東西。

克：在這個精神世界裡，沒有權威。但是現在一切都是權威。人們要權威，他們要權威中的某種保障。

莫多克：嗯，我自己倒沒有找到任何有關如何發掘精神眞理的答案，不過不論答案是什麼，都能夠改變世界。也許你對這個世界的期望比我多。

克：不，我既不是悲觀主義者，也不是樂觀主義者，但是我知道，除非我們之中有些人徹底改變我們現在的心理結構，否則我們會永遠每況愈下。就是這樣。

莫多克：嗯，我也同意這點。如果世界失去了和你一樣關心世事的人，我想這世界多少就失去了重心。

克：但是幾乎沒有人關心是不是能夠完全從這其中解脫。

莫多克：不過，說得更明白點兒，你希望有更多這樣的人，但是同時你又拒絕傳統的方式，例如，本分、禁欲主義等等觀念，這也是訓練的一部分。或許達到這種狀態的人，就曾經採取這種方式。

克：我爲什麼要接受訓練？如果我看到某個眞相，我就毫不鬆懈。我爲什麼要接受訓練？

莫多克：話是不錯，但是你可能有慈悲的天賦，基督徒所謂的慈悲天賦，這是許多人所沒有的。你輕易就達到的境界對大部分人而言，卻往往非常、非常困難。

克：也許是這樣。但是畢竟一定有……好吧！如果你用「慈悲」這個詞，好吧！一定有一種狀態，能夠接受慈悲，也就是不自私，沒有衝突，擁有某種內在的沈默。

莫多克：我完全同意。是的，我們別再爭論影響或政治的問題，因爲我了解你的看法。我覺得，試圖以某種方式影響一個人的環境也許重要，但是我知道這麼做實在困難重重。我寧可專心談論先前我們所擔心的問題。這有一部分涉及時間和四分五裂的問題。也就是說，時間是四分五裂的。

克：是的，正是這樣。超脫時間，意思是不再隨時間往前進。

莫多克：超脫，而且浸淫在眞理和愛中，不汲汲營營，不事先計畫。如果一個人擁有這種洞悉力或諸如此類的能力，這人會知道嗎？

克：我認爲不會知道，但是這種能力會顯現在你的行動中，表現在你的日常生活裡。

莫多克：但是在我看來，你似乎由兩種完全不同的層面來思考。而我想把這兩種層面連結在一起。

克：不，有所謂的生理層面。

莫多克：也有心理層面。就是我們現在談論的。

克：心理層面的分裂爲什麼存在？爲什麼有高等心理學或低級心理學，它是一套完整的心理學嗎？

莫多克：是的。我的意思是，某種——我引用過的詞——救贖……

克：這無所謂，我了解。

莫多克：……在我看來，一個人心理上產生騷動，其實是相當稀鬆平常的事。人們不會因此感到困惑，那不過是一種自然作用。

克：那麼，誰來救贖呢？如果我仰賴你來救贖，我就迷失了。

莫多克：我並不是以基督教的理論來思考救贖的問題。我的意思是，藉著「救贖」，把某種四分五裂的東西逐漸拉回。我採用一個中心加周邊的形象。我一直試圖找出你所設定的分裂位置何在。例如，一般所指的大好人的生活，一個常人眼中的有德者，一般人認爲他不但非常不自私，而且爲人們做了許多好事等等，這種生活和眞理生活之間到底有何差異。

克：喔！那是完全不一樣的。

莫多克：嗯！爲什麼完全不一樣呢？

克：當然不一樣。

莫多克：我的意思是，說它完全不一樣似乎是一種形而上的說法。

克：我知道。

莫多克：你不介意這樣的說法嗎？

克：不介意。畢竟，自我是個難以捉摸又狡猾的東西，它能夠隱藏在祈禱者的後面。

莫多克：嗯，完全正確。

克：自我可以隱藏在每一個非常小的行動下，以爲自我是高貴的，認爲我正在幫助人類，我正在改善人類。

莫多克：好比說：我眞是個了不起的人，爲大衆所景仰。

克：要了解自我是什麼，需要這樣的觀察，需要每天審視自我，而不只是說：「某個時候我有空，到時再觀察吧！」了解自我需要留意你所做的每一件事。

莫多克：你認爲如果有人，好比說，完全沈浸在外在行爲上，自我就不眞實？

克：那是最危險的事。

莫多克：所以某種程度的基本寂靜，能夠和過著活躍的生活相容共存？

克：這種沈默並不是思想的產物。

莫多克：沒錯，好，說得好。

克：這種沈默不是培養出來的。

莫多克：是的，我想我也相信這種沈默。

克：沈默、寂靜，其中並沒有活動。

莫多克：這和你所說的生活在現在及永恆有所關聯嗎？

克：有關聯。你知道冥想是一種特別的事。我曾和冥想的人談過，包括西藏人、印度人、佛教徒、參禪者等等，發現冥想都是一種意識的刻意努力。它不是你因爲「愛」它而做的事，你可以「愛」，不過仍舊自私。我所謂的冥想，是指不需要意識努力的冥想。

莫多克：是的，我想一個人所採取的向善方式都可能變成一種障礙。

克：完全正確。

莫多克：這可能因為一般人尋找偶像，我們是偶像崇拜者。

克：然後就完了，這不是冥想。

莫多克：我的意思是，如果一個人在做某事的感覺中尋找慰藉。不管怎樣，做這件事對你有助益。

克：不，我已經和花了好幾年做這件事的人談過——拜託，我這話當眞——有一位年約七十、比我大上許多的男士來看我，他說：「我花了二十五年的時間待在叢林裡，流浪行乞，然而我自始至終都在欺騙自己。」

莫多克：嗯，我認為我們應該恭喜他。

克：我知道，這顯示了某件事情。

莫多克：他準備說些常人往往不承認的事。

克：眞正的寂靜是你培養不出來的，你無法藉練習做到。所謂的寂靜，是在你的日常生活中就必須寂靜。

莫多克：也許那是一項天賦。

克：否則，如果你日常生活不受寂靜的影響，如果你的日常生活衝突頻仍，那麼你寂靜的價值何在？

莫多克：嗯，當然，我想繼續闡明，與一個人的日常生活相關聯是一種基本觀念。我的意思是，如果某人聲言擁有如此的寂靜，但是在日常生活中的表現卻糟糕透頂，那我實在懷疑。

克：我知道，我也懷疑。

莫多克：我想，我對這個主題的看法受了柏拉圖的影響。我覺得，也許你所堅持的主張絕不涉及這種永久和永恆的觀念，而這也是柏拉圖所堅持的。這和一般人認定的善——那是一種偶像崇拜——有相當大的差距。

克：沒錯，是偶像崇拜。

莫多克：而柏拉圖採用摧毀偶像的意象。如果你摧毀心中的形象，就摧毀了偶像，繼續前進。不過柏拉圖把生活描述成一趟朝聖之旅，而我認爲你並不這麼想。

克：如果任何事情我都沒有自己的形象，那自我就不存在。

莫多克：你其實描述了許多心靈導師所認定的窮途末路，不過你更想強調，一個人當然已經感覺到自己可能站在旅途的末端。

克：也必須小心這點，因爲印度人相信有造物主，相信內在有「我」(atman)，而這給你去除無知的機會，然後你就會像造物主一樣！那是一種假設。我不想假設任何事。

莫多克：我不會把這種現象當作一種假設，因爲那是我所贊同的東西。

克：但是它是一種假設，一個念頭。

莫多克：沒錯，這是一種哲學或宗教的主張，除非你不願意用「宗教」這兩個字，因爲這麼做可能會誤導。

克：我不過暗示它是一種刻意培養的概念，這種代代相傳的概念並沒有什麼意義。因爲，你看，我有這種「主在我心」的概念，然後我掉個頭，殺了某人。

莫多克：是的，只要涉及造物主的觀念，當然就已經算是一種偶像。

克：這就是我要說的。我們都是偶像崇拜者，不論這偶像是由雙手打造的或內心勾勒的。

莫多克：這樣的「存在於眞理中」意味活在現在，而且其中必定存活著某種永恆之事。對你來說，在一般的生命過程和「存在於眞理中」之間，有所謂分裂的絕對性——也許我懂你的意思，我不太確定。你必定主張這樣的「存在於眞理中」和世俗的偶像有極大的差別。

克：當然。畢竟人類追尋的是永恆。他們爲永恆塑造了一個觀念……

莫多克：……永恆並不是時間的延續，永恆是非常不一樣的。

克：它是時間的止息。

莫多克：是的，嗯，我想，想到柏拉圖，我對你說的話就有些了解了。喔！非常謝謝你！

（一九八四年十月十八日於英國布洛伍德公園）

人腦和電腦不一樣嗎？

◆阿希特・彰德瑪爾（Asit Chandmal）　電腦專家兼顧問。
◆大衛・博姆（David Bohm）。

克：阿希特和我談過電腦的特性。我也會晤過幾位來自美國及印度的電腦專家。就目前我所了解的，電腦能執行某些和思想一樣的功能。電腦能學習，能自我更正，會玩西洋棋，有自己的人造智慧。電腦可以接受輸入的程式，而且程式設計師愈伶俐聰明、電腦知識愈豐富，電腦的能力就愈大。電腦解決問題的速度也比人腦快。思想創造了自己的智慧，而電腦的智慧或許相當於思想所創造的智慧。就像電腦經過程式設定，在某種程度上，我們也經由程式設定，變成天主教徒、基督教徒、印度教徒、佛教徒等等。

那麼，什麼是眞正的智慧？有電腦的人造智慧，而且或許思想所創造的智慧也是人造的。所以，不屬於上述二者的智慧是什麼？如果電腦幾乎能夠做到所有思想能做的事，那麼人類怎麼辦？人類一直靠思想生活，創造了這個思想的世界，不是大自然世界，而是經濟的、社會的、宗教的世界，而且還創造了思想所製造、思想所無法解決的問題。思想也許可以解決經濟問題，也許可以解決我們的社會問題，但是我懷疑它是不是能夠解決心理問題。所以如果電腦取代了思想的活動，而電腦能夠判斷分析、自我修正、學習，並因此變得知識愈來愈淵博，同時靠知識運作，就像人類一樣，到時人類怎麼辦？這是個很實際的問題。人類一直靠記憶、經驗、知識生活，這些電腦都能夠擁有，因爲它可以學習、自我修正，並自行增加知識，或許還會發現新東西。所以人類怎麼辦？你們從這裡接下去討論。

博姆：也許我們應該先討論這情況是不是眞的。因爲並不是每一位和電腦一起工作的人都接受這樣的說法。例如，電腦似乎不會解決經濟或政治問題，因爲這些都和心理問題有關。我想毫無疑問的，電腦能夠做許多目前思想所做的事，而且還有許多事情可以做，但是它是不是有能力做思想所做的所有事情則不清楚。你可知道，就思想的本質而言，爲了執行一連串合乎邏輯的思想，它必須設定某些假設、範疇和原則等諸如此類的名詞，而數學家戈德爾（Goedel）更指出，不可能得到一組封閉的假設。如果你說假設是完整的，那麼假設就會經常不合乎一定的原則。爲求前後一致不矛盾，假設就必須不完整，所以假設愈來愈多。這套系統不封閉，它是公開的。問題在於，某一組假設在某種情況下可能合於一定的原則，但是如果你要電腦超越這個範疇，處理每一件事，那麼在你執行之前就必須改變原本的假設。

彰德瑪爾：戈德爾的理論是指電腦上的極限，而我的論點是，同樣的極限也適用於人腦上。

博姆：在人腦中，只要我們發現人腦無法運作，就可以改變假設。

彰德瑪爾：我會把我的意思解釋清楚。我不是說電腦有一天會變得全知全能或成為上帝，解決所有問題。我是說，只要人類思想能夠做到的，電腦也可以做到。而人類的思想本身有諸多限制。戈德爾的定理相當正確，它是任何邏輯系統的極限。

所以就產生了兩個問題：其一，人腦是否也是以同樣的方式運作，假設、推測，使用演繹、歸納的邏輯，因此，人腦的極限和戈德爾定理加諸在電腦上的極限一模一樣？這是第一個問題。第二個問題是，這些極限是在什麼情況下開始應用在超大型的電腦系統上？在這些極限開始應用之前，它們的表現已經到達了比人腦還要好許多的階段了嗎？另外一點是：基本上，我認為，戈德爾所說的是，完全靠自己運作的系統無法完整，也無法經常合於一定的原則，有限的系統並不存在。但是如果系統因為你陷入矛盾或不完整而無法解決某組問題的話，你還有其他電腦系統可以解決這些問題。

博姆：但是人腦會遇到同樣的問題。

彰德瑪爾：沒錯，是會遇到同樣的問題。但這是人類目前運作的方式。人腦有其極限。例如我對醫藥所知不多，我可以找個懂得許多醫藥的人腦，然後我們倆一起試著解決我的醫藥問題。但是他的腦子也有極限。所以，我要說的是，電腦的確有其極限，但是人腦也一樣。

博姆：我對這點質疑。我想人們也許碰巧採取了這樣的做法，但是他們不見得就該這麼做。人們可以根據既定的假設運作，但是撇開習慣或傳統不談，他們實在沒理由這麼做。你只要看到某項假設不運作，你就可以看到其中的矛盾。電腦是不是看得到其中的矛盾，我就不知道了。

彰德瑪爾：我認爲電腦可以做到。你可以把程式輸入電腦裡，然後證明其中並沒有自相矛盾的假設。但是你還會有另外一個問題，也就是不完整，但是這種前後不一致的問題是可以解決的。

博姆：嗯，不對，因爲你也知道永遠有新狀況產生，所以任何一組假設都無法經常合於一定的原則。你也知道，任何一組假設在某種有限的情況下是合於一定原則的，但是一旦遇上某些新情況，可能就不合乎這個原則了。

彰德瑪爾：你是說人腦不是這樣運作的？

博姆：沒錯，我認爲電腦是人腦的一種極端簡化，但是我認爲人腦是無限的，而電腦是有限的。

彰德瑪爾：我不太明白這點。人腦是被程式設定的。

博姆：有一部分是如此。

克：沒錯，是被程式設定的。

彰德瑪爾：你一出生就套上了一組程式，對嗎？遺傳的程式，例如，你的心臟開始運作。孩子顯然是被程式設定過，才懂得去學習。一個六個月大的嬰兒不會說英語，也不會玩西洋棋；二十年後，他會了。所以，顯然某些程式設計的流程發生作用了。

博姆：嗯，並不確定有什麼程式讓嬰兒懂得去學習。你看到的是一種假設。要證明這樣的事非常不容易。

克：你剛才說人腦是無限的，而我個人也這麼認爲。但是請等一下。爲了那個無限要活動、工作、生活，思想必須結束。

博姆：嗯，我們有必要探討這點，看看思想是什麼。你可以說有某種思想是經過程式設定的，但是可能有一種更開放的思想是未經過程式設定的。

彰德瑪爾：有這樣的事嗎？我質疑這點。

博姆：你怎麼證明有或是沒有？

克：我想他的意思是，因爲腦子是無限的……

彰德瑪爾：這也是一種假設，我們並不知道答案。

克：不，我不把它當作一種假設。我認爲我們可以證明。

彰德瑪爾：先別下定論，就把它當作一種假設吧！

克：此刻我們把它當作一種假設；而你說可能有一種不同的思想，並不是來自於知識。

博姆：而且，也不受知識的限制。

克：沒錯。

彰德瑪爾：如果有一個人說，可能有一種不受知識限制的思想，那麼他必須爲思想下定義。或者，腦子可能有一種不同的運作方式，不受思想限制。

克：我想介紹另外一個詞，「洞悉力」。對嗎，先生？洞悉力並不是思想的產物。

彰德瑪爾：在我們討論洞悉力之前，先這樣說好了：你們能夠接受「思想」以另外一種形式出現嗎？思想是知識，是記憶。我不太能夠接受其他含意，所以我們選擇了「洞悉力」這個詞。我覺得這點很重要。

克：是很重要。

彰德瑪爾：重點在於，思想跳脫了知識和記憶，就無法活動。因爲如果這樣的假設正確，那麼就意味著電腦也可以做到這點，而且做得更好。到時候人類怎麼辦？所以找出另外一件事就變得非常重要。

克：沒錯，現在請等一下。思想其實是記憶、知識、經驗結果的反應或回答。它是一種物質的過程。我們都同意這點。所以我們先討論智慧的問題，然後再回頭。阿希特和某些人都說，電腦有它自己的人造智慧，只要經過程式設定，就可以學習並自行發現原則等等。

博姆：我懷疑那叫不叫有智慧。

克：他們說有。

彰德瑪爾：現在電腦已經做了好幾件五年前沒有人能想像它會做的事。有不少例子令大部分的人都認爲，電腦發現或發明了新事物，或者認爲電腦能夠思考。電腦當然證明了它有辦法找到新證據，證明以前沒有人想到的各種定理。而我們可以把發現的過程定義成，某種沒有人教過你、沒有其他人想過而你想到的東西。這是個合理的好定義。

然後有所謂的杜林測試（Turing test），也就是：讓一個人和一台電腦終端機在一個房間裡，另外一個房間裡擺一台電腦；然後你在終端機上談話，並不知道是電腦還是人在回答；如果你分辨不出是誰在回答，那麼杜林（Turing）就證明，這是一項有確實根據的測試，證明電腦可以思考，而大多數人也都接受這樣的說法。有一個例子是這樣的：一位大師和電腦玩西洋棋，卻不知道自己的對手是電腦還是人，就他個人而言，這項測試已經通過了杜林測試。還有其他諸如此類的例子。這是幾年前的例子，而科技成長的比例如此驚人，所以現在一定有更多其他的例子了。不可避免的，到了本世紀末，你就會有一台能夠與你談天說地的電腦了，而且沒有人分辨得出其中的差異。

所以如果眞是這樣，電腦比人腦快多了，而且比人類擁有更多絕對正確的記憶，然後可能發生兩件事。其一，一般人可能會把更多更多的思考運作交給電腦，就像孩子用慣了電子計算機，卻忘了怎麼做乘法運算。這會使心智衰退嗎？一般人並不知道。如果會，那麼後果就非常危險。不過，即使電腦不會使人類的心智衰退，只要電腦的表現能夠比人腦更好，那麼人腦還有什麼事可做呢？我們眞的瀕臨絕種了嗎？截至目前爲止，我們一直靠使用並改善腦子而存活在這個世界上，但是現在有其他東西比腦子好許多，所以人類會滅絕嗎？

博姆：我想有兩個重點：第一，電腦會接管這一切思想中比較機械化的功能。我認爲正規的邏輯是機械式的，而電腦可以做得比人類好也不令我訝異，因爲任何形式的邏輯都包含制定某些假設和從假設中導引結果。只要設定好假設，那麼電腦或許就會做得比任何人類都好。

彰德瑪爾：沒錯，你同意只要輸入某些假設，電腦可能就可以針對某個狀況進行更精確的邏輯分析。所以問題在於，只有在不合理的地方，人腦才可能比電腦好嗎？請容我這麼說！

博姆：嗯，只有在假設沒被設定的時候。你也知道，只要能夠設定假設，電腦就會把所有結果找出來，但是一旦遇上某處的假設無法設定，我相信電腦就無法應付了。

彰德瑪爾：你所謂的假設無法設定是什麼意思？人類什麼時候改變假設？例如——且讓我舉個例，看看我是不是弄清楚了你的意思——我試圖從這裡跑到洛杉磯，但是我發現我做不到，所以我假設我無法從這裡跑到洛杉磯，然後我試著從這裡到洛杉磯，途中還搭了巴士。這算是一種假設的例子嗎？我們還能夠舉出更好的例子嗎？

博姆：我想現代數學有一種傾向，就是僅僅把數學看作正式的邏輯。我認爲這是一大退步，是機械化，也難怪到最後電腦會把這件事做得更好。我認爲數學不只是一種邏輯形式，更是一種藝術形式。基本上，在數學中有一種等式，你說A等於B，但是只有在A不等於B的時候才有意思。你主張不一樣的東西相等，這句話的意思是，只有在邏輯瓦解時，只有在這東西代表你所認知到但未講明的新結構時，這數學才有意思。所以我認爲數學有趣的地方並不是邏輯或證明，邏輯或證明永遠不完美，因爲你無法確定。但是你所指出的、數學家們經常進行的，以及許多人所做的，卻都是機械式的，而我早已準備要接納這點。

彰德瑪爾：那人類怎麼處置不是機械式的人腦？

博姆：嗯，我剛才說過，一旦邏輯瓦解，而你又發現某些新含意，這就是電腦無法發現的，除非有人告訴它應該尋找這類東西。

克：我要說，阿希特，洞悉力並不是機械式的。

彰德瑪爾：洞悉力是立即透析一個問題的能力或過程。所以並沒有涉及思想或邏輯的過程。

克：沒錯。

彰德瑪爾：它並不是直覺，而是洞悉力。

克：是的，是洞悉力。這不是以知識爲基礎，不是以經驗、記憶爲基礎，它不涉及時間。它是一種洞悉力，當下覺知、活動，不是機械式的。

彰德瑪爾：難道你是說，爲了產生洞悉力，所謂的機械式必須結束？

克：顯然必須如此。

博姆：嗯，你不能被機械化所支配。你也知道，電腦完全受機械化控制，雖然你可以使它變得愈來愈精密。

彰德瑪爾：但是克里希那吉的重點是，有一種叫作洞悉力的東西，與知識、記憶、經驗和思想無關。

博姆：我會把話說清楚的，我要說洞悉力並不是根據由思想製造出來的假設爲基礎。

克：一點也不錯。

彰德瑪爾：現在爲了讓洞悉力產生，我的問題是：這個過程必須結束嗎？

博姆：我認爲這種機械、邏輯的過程必須結束。

彰德瑪爾：它必須結束。現在，如果那是眞的智慧，爲什麼我們要繼續這種機械化的過程，爲什麼不把它結束？

克：那是一個完全不一樣的問題。

彰德瑪爾：的確是個不一樣的問題。這也是我對電腦這麼有興趣的原因。我們只在這裡頭運作，它不會結束。

博姆：除非你把插頭拔掉！

彰德瑪爾：且讓我釐清我的觀點。我們陷在這個過程裡，我們還沒掙脫它，還沒進入洞悉力。我們只知道這回事而已。

克：是的，我們被設定成這個樣。

彰德瑪爾：而電腦能夠做得比這更好。那我們還有什麼可做？

克：這就是我們正在問的，是同樣一回事。

博姆：比較具備機械特性的思想其實可以由電腦完成。

克：就是這樣。

博姆：而許多這樣的特性人們並不認爲是機械式的；許多數學是機械式的。你知道嗎？我認爲證明題是機械式的，它們不過是從假設導出結論罷了。

彰德瑪爾：難道你是說：愛因斯坦的相對論和孩子第一次證明一個定理是不同的？

博姆：那不是一種證明，你可知道，並沒有方法可以證明。那種覺察力，也就是洞悉相對的需要，是知覺的一種閃現，然後從那個點上開始把結果導出來。這其中許多是機械式的。

克：洞悉力存在，而導出結論是機械式的。

博姆：嗯，這是相對的。在你導出結論的時候，可能需要更多的洞悉力。

克：對極了。

彰德瑪爾：所以你是說相對論的概念是透過洞悉力產生的，一曲貝多芬的交響樂是透過洞悉力產生的。而其實，把曲子寫出來和演奏曲子則是機械式的。不過這種洞悉的過程存在。

克：你想要說什麼？阿希特？

彰德瑪爾：我的重點是，這種情況顯然極少發生。世界上有多少愛因斯坦或貝多芬？因爲大多數的我們都陷在一種電腦可以做得更好的過程裡。

博姆：我認爲這與所謂的極少發生無關。你要知道，剛好人們往往陷在機械式裡。但是事實是，極少發生並不表示比較不重要。

彰德瑪爾：沒錯，但是我要說的是，對世界上大部分的人來說，使他們眞正運作的唯一東西是他們的腦子。這是人類不同於其他動物、能夠統治地球的原因。就這方面而言，如果有另外一個物種擁有更好的腦子……

博姆：嗯，我不太確定是不是有這樣的物種。

克：那是一種假設。阿希特，我們舉個清楚又簡單的例子吧！就我所了解——有錯誤請指正——的腦子而言，思想是機械式的，以經驗、知識、記憶爲基礎。

博姆：還有邏輯。

克：還有邏輯。由此而有行動，由行動進而學習，也就是繼續同樣的過程。這就是機械化。而這一切機器可以做得比我們好許多。

彰德瑪爾：沒錯。

博姆：任何機械系統都是受限的，所以機械化有其極限。然而由於實相是無限的，必須由一位超越機械化的人類來進行某些檢驗，因爲在某種階段，電腦可能會做出某些損失慘重的事……

彰德瑪爾：唔！人類也一樣！

克：當然。

博姆：那是因爲人類模仿電腦！

彰德瑪爾：我要說的是，我一再重述：電腦不完美，但是人類也不完美。以愛因斯坦和貝多芬而言，我不認爲他們有洞悉力，他們是有局部的洞悉力。你看看他們的生活！

克：當然，這一點是可以理解的。

克：所以我們是說，思想之所以機械化，是因爲它的基礎就是機械化。是否有非機械化的思想呢？

博姆：也許有。

克：有，這就是我們要探究的。

博姆：也許思想之所以變得機械化，是因爲被誤用。

克：即使你用對了，它還是機械化。

博姆：沒錯，但是如果你緊握著絕對固定的假設，也就是使思想機械化的因素，那麼思想就像一部機器。人們對萬事萬物都製造了假設，並認爲這一切絕對屬實，是絕對固定的。這使得思想機械化。假使智力並不製造這樣固定的假設，只尋求字裡行間的意義，那麼智力就會從各處收集資訊，不限定在設定的範疇裡。思想之所以機械化，是因爲它把資訊放入事先預定、絕對固定的範疇裡。電腦所做的正是這種事。爲了將你的資訊分類，必須收集資訊，然後分成各範疇，好比分彼此，分現在未來，分前後，分裡外。如果假設是絕對固定的，那麼電腦就可以……

克：……做得更好。

博姆：……做得更好。但是你看發生了什麼事，在我看來，似乎人類變成了電腦……

克：變成了電腦了！

博姆：……然後人類又製造了另外一台電腦……

克：你明白他的話嗎？

彰德瑪爾：他的意思是，人類已經被遲鈍的電腦定了型。

克：因此他創造了一台不斷反覆假設、結論的電腦。

彰德瑪爾：但你不是也說，電腦無法在一個無結構的情況裡工作？

博姆：除非有某些預定的結構，否則它如何運作？

彰德瑪爾：這點我不太肯定。

博姆：我的意思是它能做什麼？必須有人下些指令給它。

克：它可以學習。

博姆：但是除非以前有人下過指令給它，不然它無從學起。

彰德瑪爾：但是這點和人類有差別嗎？

博姆：我認爲人類有洞悉力，能夠去除、分解及改變錯誤的結構。當然，如果你能夠製造一台具有洞悉力的電腦，那就太好了！

克：人類可能有洞悉的能力，而電腦沒有這種能力，因爲它基本上是透過人類的心智輸入設定程式，而心智本身是有限的。

博姆：而且處在機械式的結構中，它所能做的原本就有限。

彰德瑪爾：因爲它是一種機械化的過程，它是有限的。換句話說，問題在於，你能把洞悉力設定在程式裡嗎？我們假設此刻你沒辦法做到。再回頭談人類，一個人像一台電腦般運作，像電腦一樣經過程式設定，那麼我們會說他也有洞悉的能力嗎？

克：這種能力，是的，他可能有這股潛力。

彰德瑪爾：如果他沒有這種能力，他就是死路一條，你同意嗎？

克：當然同意。

彰德瑪爾：所以找尋這種能力就變得非常重要。

克：一點也不錯。

彰德瑪爾：要怎麼找？

克：現在我們正要進入一個相當不一樣的問題。

彰德瑪爾：沒錯，但這正是我們一直要接近的問題。尋找這種能力變得極爲重要，尤其目前電腦發展得如此快速，尋找這種能力就顯得更重要。也許兩百年前並沒有這麼重要的東西。

博姆：這很難說。一般人都不知道，每一種發展興起，成弧形向上攀升，然後落下。我認爲線形發展沒有永遠持續不墜的。電腦會風光好長一段時間，然後它可能會達到某個極限。

彰德瑪爾：此刻，它是一種指數的……

博姆：……上揚，但是有一天，它會往下走。

彰德瑪爾：但是如果不考慮時間，發現這種能力就變得非常重要，只要這能力存在。

克：沒錯，先生。所以我們怎麼辦？

彰德瑪爾：現在你正吩咐一台經過程式設定的遲鈍電腦去找尋洞悉力的過程！

克：很好，把這工作交給電腦。

彰德瑪爾：你是在告訴我，請找出這個過程。

博姆：你無法接受這點，就表示你沒有潛力。

彰德瑪爾：我有那股潛力，但是我怎麼尋找、怎麼表達那股潛力？你明白問題所在了嗎？

克：我明白。

彰德瑪爾：你其實是在要求一台電腦……

博姆：這不一樣，因爲如果你要求一台機械化的電腦有洞悉力，那是不可能的。

彰德瑪爾：是的，因爲它沒有潛力。

博姆：它是有限的。

彰德瑪爾：但是你問的是一個經過程式設定的系統……

克：不，和他一開始所說的一樣，我問的是：是不是有未經過程式設定的系統？

彰德瑪爾：也許有一套未經過程式設定的過程。

克：而這可能是洞悉力。你問的是：既然洞悉力這麼重要，它是怎麼產生的？

彰德瑪爾：在一個以這種方式運作的系統中，它要怎麼產生呢？

克：顯然，它無法產生。如果我的心智、我的腦子，被程式設定成以某種模式、某種範疇等方式運作，這一切就必須停止。印度教徒和冥想就是從這裡開始。我對這點非常確定。要停止整個思想的過程。

彰德瑪爾：我可以請教你一個問題嗎？你非常了解我。

克：我希望如此，我想是吧！

彰德瑪爾：你曾見過我的心智的運作方式，和一個被程式設定、局限的心智不一樣嗎？

克：見過。

彰德瑪爾：你見過？先生，我是很認眞地問這個問題。因爲，好吧！我換個方式來說：人們只以這種被程式設定、局限的心智模式運作。

克：不，我的說法不一樣。當你不是用感官的耳朵聽，而是在絕對寂靜的狀態下，以內在、完全的方式聽。只要絕對寂靜，洞悉力就可能產生。在這其中，覺察到並沒有「我」、覺察者和被覺察者的分別，對嗎？因此所有機械式的想法及其衝突，就結束了。

博姆：有個問題很有意思，你認爲電腦有思想者和思想的分別嗎？

克：當然沒有。這可以經由程式設定，說明觀察者就是被觀察者！

博姆：我認爲程式設計師其實是一名觀察者，不是嗎？

克：沒錯。

彰德瑪爾：我想談談這點。如果一台電腦通過杜林測試，怎麼能說這台電腦沒有意識？我的意思是，如果在另外一個房間裡有一台電腦和一個人，而我由這地方相互影響，不告訴任何人有人在電腦上作答，那麼肯定這台電腦的思考至少和人類一樣好。

克：沒錯，機械式的思考。

博姆：你與它之間必須有一種更爲精細的溝通，才能決定這台電腦是不是有洞悉力。

彰德瑪爾：但是你要怎麼發現我有沒有洞悉力？

博姆：嗯，這是個問題。

彰德瑪爾：你看！

克：嗯，沒錯，你可能有。

彰德瑪爾：怎麼發現，先生？如果你能夠發現我是不是有洞悉力……

克：嗯，不是你是不是有洞悉力，是你可以有這種潛力。

彰德瑪爾：你可以在和我談話的時候發現這點嗎？

克：嗯，可以。

彰德瑪爾：假設你正和一台電腦談話。

克：我知道你現在到達什麼樣的地步。

彰德瑪爾：例如，你可能會覺得電腦有一股潛力。我要說的是：意識是什麼？你爲什麼認爲電腦沒有意識？如果它印出「我有意識」這幾個字，你爲什麼說它沒有意識？爲什麼我們要假設，爲什麼我要假設有其他東西存在，而不是你做這個動作？

克：不，我不假設，因爲我有洞悉力，而且依洞悉力行事。

彰德瑪爾：但是我發現，我並沒有這些洞悉力。

克：爲什麼？

彰德瑪爾：你必須接受這點。

克：不，我爲什麼要接受？

彰德瑪爾：因爲你看到我生活的方式，先生。

克：不，你可能有局部的洞悉力。

彰德瑪爾：那不是洞悉力。

博姆：你爲什麼說它不是？我的意思是，應該有所差異，電腦不會有局部的洞悉力。

彰德瑪爾：我要說的是：如果電腦通過杜林測試，然後說：「我有意識。」你還有什麼理由說它沒有意識？如果它通過了杜林測試，它和人類到底有何不同？

博姆：假設你和這台電腦有過這類的討論……

克：剛才所討論的全都囊括在內嗎？

博姆：……問題是，這台電腦會得到什麼樣的答案？

彰德瑪爾：我假設這台電腦已經通過了杜林測試。

博姆：但是杜林測試不夠好，因為我們可以說充分測試人類的方法是：他有洞悉力嗎？

彰德瑪爾：但事實上，這就是我的問題。你要如何假設、如何界定洞悉力？

克：我不問一個人是不是有洞悉力。我認為那是個錯誤的問題。但是我會問：機械化的思考過程曾經停止過嗎？還是腦子永遠忙個不停？

彰德瑪爾：對大部分的人類來說，腦子永遠忙個不停。那麼，假設有個人說：好吧！腦子停下來，然後怎麼辦？

克：等一下。腦子可以停下來，因為它非常疲倦，或因為各式各樣的理由，缺氧等等。那不是洞悉力。

彰德瑪爾：電腦可以做到這點。

克：當然做得到。

彰德瑪爾：所以你要如何發現我是不是有洞悉力，先生？

克：但是你確定你要問的是這個問題嗎？

彰德瑪爾：我的問題是：你要如何知道一個人有洞悉力？你要怎麼發現？

克：你們兩位都說，貝多芬和愛因斯坦有局部的洞悉力。

彰德瑪爾：沒錯，但是我要堅持的是，他們的成就是前人不曾達到的，他們的成就相當罕見。我認爲，今天地球上有四十億人，從前也有許多古人，而愛因斯坦和貝多芬身上發生了某些事，我願意說的就這麼多。我甚至不願意說他們擁有局部的洞悉力，我不知道發生了什麼事。要如何知道呢？

克：我認爲一個人可以自我觀察。

彰德瑪爾：先生，我可以問你另外一個問題嗎？如果你了解某件事，你能夠把這件事教給另外一個人嗎？

克：如果其他的人願意聽我說。聆聽是關鍵。

彰德瑪爾：換句話說，如果貝多芬了解創作交響樂的過程，而愛因斯坦了解覺察力閃現的過程，那他們就有辦法把過程解釋給另外一個人聽？

克：我認爲是這樣。

彰德瑪爾：顯然他們無法做到這點，而且也沒有這麼做。

克：洞悉力不可能是某種完全不和諧的東西，不可能缺乏一致性，它必須是你整個生活方式、你的行爲，所有一切都必須是整體的。當這樣的整體產生時，洞悉力立刻存在。我認爲這是它運作的方式。你們同意這樣的說法嗎？

博姆：同意，所有一切都必須結合在一起。

克：啓動了！

彰德瑪爾：你是說它是一套整體的流程，它不是片段的。現在我要請問你，我們假設你有這種洞悉力……

克：那是另外一回事。

彰德瑪爾：如果你了解這過程……

克：過程不是問題！

彰德瑪爾：我想，如果我找到適當的字眼，我們就會把這點弄清楚。如果你找到洞悉力可以生存的環境。

博姆：環境並不存在。

彰德瑪爾：是的！

克：你看，你可以自行回答了。

彰德瑪爾：所以我會試著釐清這點。你是說它剛剛才發生？

克：不，並不是偶然發生的，也不是精打細算的結果。

彰德瑪爾：不是精打細算的結果，不是意識努力的結果。你在你的書中說的，它不請自來。

克：不請自來的意思是，如果有問題，而你不分析它，把它視爲一個整體，問題就會自行浮現。

彰德瑪爾：先生，我現在要對你說：先生，我無法把它視爲一個整體，請幫助我。你要怎麼做？

博姆：在此，我能不能請問你一個問題：這台電腦會說話嗎？

彰德瑪爾：會的，你看吧！（大笑）我正在要求你透過程式來設定我，讓我有洞悉力；我是在說話啊！

博姆：但是電腦不會做這件事。

克：我不知道，等電腦發展到顛峰的時候，也許它會做這件事。（大笑）

彰德瑪爾：我同意電腦沒辦法做到這件事，我願意接受這點。我的意思是，人類也無法做到這點！

克：我不確定，先生。

博姆：但是如果這台電腦這麼說，可能只是因爲程式的關係，對不對？

彰德瑪爾：我同意電腦做不到這點。

博姆：不，在這段陳述中，我還有另外一個問題。好比說，你看到我們現在正在進行杜林測試。你說你是一台電腦。所以由我們決定和這台電腦談話，看看它是否能夠回答問題。

彰德瑪爾：好的，我願意表明我並不是電腦，我是那股潛力。就這點而言，我虛懷若谷，因爲我想要洞悉力。我眞的想。而我現在要說的是，你能協助我嗎？能教導我嗎？能顯現給我看嗎？你有什麼方式可以做到這點？我要說的就是這些。

克：這麼說好了！對許多事情，你都有迅速的洞悉力，我來到你面前，說道：喂！我想擁有那種能力。我可能有這種潛力，但是我想把它發揮出來。我的問題何在？我想擁有它？當我開口問這個問題的時候，它就變得機械化了。我不知道你是不是明白我的意思？

彰德瑪爾：我明白。

克：所以不要問這個問題。當你問這個問題的時候，你是在要求一套系統，一種方法——等啊等的——等待某種資訊，讓你可以操控、可以組織、可以分類等等。那麼，如果要你問個不包含上述任何一項特質的問題，你會問嗎？

彰德瑪爾：會。

克：不，等一下！

彰德瑪爾：先生，我的問題非常簡單，給我洞悉力，讓我洞察片刻。就這樣而已。我不想要一套只能夠重複的系統。

克：我了解你的問題。

博姆：我認爲你正以電腦所採取的方式迫近這個問題。如果電腦想要洞悉力，它會問該如何做、怎麼做才能達到目標。這就是電腦問的問題！

克：你明白他的意思嗎？

彰德瑪爾：我完全明白。事實上，先生，這更確定我所說的話，我只能像電腦一樣運作。這是我的意思。

克：所以就不要像電腦一樣運作。（大笑）

彰德瑪爾：我的下一個問題是，顯現給我看。我只知道這件事，先生！

克：大衛，說正經的，你能教我嗎？你能教我一件你當下領會的事嗎？教我某件完整的事嗎？你能不能告訴我這件事，教導我，讓我可以學習這件事？

博姆：並不透過一連串的步驟。

克：你能把這件事傳達給我嗎？你已經把某件事看成一個整體，因此行事像個完全的人類，沒有任何衝突等等。你從「那裡」開始行動，而我來到你面前，做你的弟子，我說：請告訴我吧！告訴我，不論你用什麼字眼，我想攫取那種感覺，某種當下發生的事，對嗎？這是你要問的。

現在，請等一下，我們要探究這一點。問這個問題的時候，我的心智狀態如何？它正需要某種東西，它要抓住某種東西。它說：如果我擁有這東西，我的問題就得以解決。

彰德瑪爾：這是一種心態。但是我現在的心態不是這樣。要我把我目前的心態告訴你嗎？這裡有個多年來我每天都看見的人，長久以來，他一直在談這件事，顯然他擁有某種東西，而我想一窺究竟。不是因爲我的問題就可以迎刃而解，而是因爲我對這東西眞的相當有興趣，相當好奇，相當認眞。他談論這東西很久了，他在生活中表現它，實行它。它是什麼？我爲什麼得不到它？這是我目前的心態，我並不想要解決我的問題。

克：不，我再問一次，你問這個問題的時候，你的心態如何；當我去找大衛的時候，我的心態如何——我要去拜訪大衛，我有好長一段時間沒去拜訪大衛了——我去找大衛，並說：喂！你有這種洞悉力，你以整體的角度來看東西，我沒辦法。我要求洞悉力的目的並不是在解決我的問題，我對那沒有興趣。但是我想學習或領悟或感覺完整無破碎的心智優劣若何。你明白發生了什麼事情嗎？我自己本身達到了某種境界，才會問這個問題。我不知道我是不是把這點說清楚了？

彰德瑪爾：清楚了。

克：它不是機械式的。我已經捨棄機械式了，對嗎？我捨棄了它，因爲我對這點興致勃勃，機械式的東西暫且擱置。

彰德瑪爾：是的，我想就是這樣。我或許不會捨棄它，但是……

克：……它暫時被擱置，被擺在地下室裡，對嗎？

彰德瑪爾：這點我不太確定。

克：你明白我的意思嗎？在你問這個問題的時候，你的心智自由嗎？不是如機械般作用著嗎？

彰德瑪爾：我不太確定。

克：你是以機械式的方式問這個問題嗎？……

彰德瑪爾：不是。

克：……還是非機械式的方式？等一下，暫停。我走到他面前，說道：先生，我確定我不是以機械式的方式問這個問題。

彰德瑪爾：我無法做這樣的聲明。我眞的不知道我是不是以機械式的方式問話，我眞的不知道。

克：因爲我想要掌握這點。

彰德瑪爾：我想做到這點。

克：我想了解那是什麼東西，所以我的心智絕對不知道。

彰德瑪爾：沒錯。

克：不過——不知道、不期待、不欲求！

彰德瑪爾：你怎麼可以說不欲求、不期待？

克：當然。不期待由他身上得到任何東西。我來到他面前，說道：先生，我想了解這種可以改變一切的洞悉力。

彰德瑪爾：難道那不是期待、欲求嗎？

克：不，我想了解它、感覺它，它的輪廓，它的味道。

博姆：我認爲我們應該弄清楚，期待和你所說的話之間有所差異。你知道嗎？期待表示對它已經有某種感覺，對嗎？

克：當然，我不期待某種東西。

彰德瑪爾：好吧！就算我不期待。

克：我不知道它是什麼。

彰德瑪爾：我不知道，我眞的不知道。

克：所以，我不是在等待，就像他說的，不期待。

彰德瑪爾：當我來到你面前的時候，我不期待。

克：你是以機械化還是非機械化的方式前來？

彰德瑪爾：我不知道，先生。

克：先生，把答案找出來。你的問題是來自機械式的反應嗎？

彰德瑪爾：不是。

克：不是，所以我去找大衛，我對這一點非常清楚，我知道他擁有這種洞悉的特質，非常強烈。他做決定，他做事不需思想的運作干涉他的決定，對嗎？當他看到某種不是思想的產物時，他以非機械化的方式觀看，但是以機械化的方式表現出來。

彰德瑪爾：它可以由思想來支持。

克：由思想支持。所以我要問這個問題，要知道這一切，我說：這種洞悉力是什麼？我已經在和它溝通了。你了解嗎，先生？

博姆：你爲什麼說你已經在和它溝通了？

克：因爲我的心智已經超脫了機械式。

博姆：沒錯，這是洞悉力的精髓。你是說，如果心智是非機械式的，那麼洞悉力就是自然生成的。

克：它不是機械式的，不是來自於知識，不是來自於時間，是當下的覺知。而電腦無法做到這一點。我的腦子是機械式的，已經機械式了一百萬年，而大衛告訴我，你的腦子是無限的。我當下就明白了。大衛剛才說過這話。當他說這話的時候，我說：「天啊！就是這樣。」

彰德瑪爾：這是洞悉力。

克：和邏輯無關。

彰德瑪爾：是的，你看到它了。

克：不是看到它了。那無限的……

彰德瑪爾：它在一瞬間就發生了。

克：是的。

彰德瑪爾：我的反應是：我不知道，你爲什麼這麼說？證明給我看。

克：這是機械式的。

彰德瑪爾：沒錯，絕對是機械式的。

克：這句話是什麼意思呢？你用感官的耳朵聆聽，這是機械式的。

彰德瑪爾：沒錯。

博姆：感官的耳朵。

彰德瑪爾：先生，我是說我現在正在做這件事。而我看到別人有洞悉力，所以我說……

克：等一下。如果大衛告訴我，請冥想，如果他說讓心智安靜，如果他說爲了產生非機械式的洞悉力，請讓腦子絕對安靜，這一切都受到時間的限制。我不知道你是不是了解？

彰德瑪爾：我了解。

克：我捨棄這一切。然後他說「無限」，對嗎？

彰德瑪爾：對的，我看到你的雙眼亮了起來。但是你說你捨棄這一切。這絕對是洞悉的過程。

克：當他說「無限」的時候，你爲什麼不逃開？

彰德瑪爾：我解釋過爲什麼了。我的反應仍然是像那樣：如果你告訴我心智是無限的，我還是會問：你爲什麼這麼說，你可以證明給我看嗎？我沒看到它是無限的。

克：這是什麼意思？機械式的腦子相當活躍。

彰德瑪爾：沒錯。

克：爭論、邏輯、理由、相對立的意見等等。它在移動、移動。你正以這個程式運作。

彰德瑪爾：是的。

克：把插頭拔掉！

彰德瑪爾：你說得對，我們又回到這一點上。

克：我們當然又回到這點。大衛告訴我一件事：腦子是無限的。因爲它是無限的，它不是個人的。

彰德瑪爾：我理智地把這點收集起來。你有洞悉力，也就是說，你的腦子是無限的。某人說，腦子是無限的，你有洞悉力。然後你從這點開始移動，從洞悉力到洞悉力。你的過程——且讓我稱之爲過程——是由洞悉力移向洞悉力。

克：是的，先生。

彰德瑪爾：我的過程是從邏輯開始移動，它可能是壞邏輯或好邏輯、觀察等諸如此類的東西。現在我又說，這股潮流和那股潮流……

克：……無法結合在一起。絕對無法結合在一起。

彰德瑪爾：而且我可以看到這股潮流製造了許多問題。所以，顯然大多數時候，當我想要這種洞悉力的時候，它是沒問題的。你是在告訴我，你陷在這股潮流裡，跳出來吧！

克：你辦不到，你跳不出來。

彰德瑪爾：結束它。

克：嗄！

彰德瑪爾：這是你說的。

克：把插頭拔掉！

彰德瑪爾：我是說眞的，包括潛意識和意識的看法，我就是做不到。我只知道這件事。這幾乎等於自殺。

克：當然，當然，當然。

彰德瑪爾：你的意思是，捨棄你唯一知道的東西；而我的意思是，我想這麼做，但是我辦不到。

克：不，我們必須回頭。大衛告訴我，因爲腦子是無限的，它不是個人的，它不是你的腦子或我的腦子，這點非常清楚。它不是你的腦子，它不是我的腦子，對嗎？

彰德瑪爾：對的。

克：因此與個人無關。

彰德瑪爾：沒錯。

克：你把這點了解得很透徹了嗎？等一下，「立刻」了解吧！

彰德瑪爾：不，先生，差別在於——請容我解釋這點。我一開始就說，如果腦子是無限的，接下來就像你所說的那樣。鑑於你所說的話，顯然腦子是無限的，這點很明顯。

克：因爲他說這話的時候，我在聆聽他的話。我不爭論。我可以事後再爭論。在他說這段話的時候，我的立場超然。

彰德瑪爾：我知道。

克：爲什麼呢？請分析他的話。爲什麼呢？我在聆聽，我的心在聆聽，在發問，在觀看，而大衛丟了一塊石頭打斷我……！你不是在聆聽，你在爭論等等，是這樣嗎？

彰德瑪爾：當你說你在聆聽的時候，你檢查過這段話嗎？

克：沒有，我沒檢查，它就是這個樣。由這當兒開始，腦子就不是個人的。因爲它是無限的，腦子永遠不會是個人的。機械式的電腦說：這是我的腦子。

彰德瑪爾：我明白你的話，先生。你的意思是，洞悉力是沒有任何檢查、任何分析過程的覺知或聆聽。

克：當然。

彰德瑪爾：但是你怎麼知道它是這個樣的？

克：因爲由洞悉力出發，你可以以邏輯的方式爭辯。

彰德瑪爾：如果你無法以邏輯的方式爭辯，洞悉力還會存在嗎？

克：就什麼都沒有了。

彰德瑪爾：洞悉力不會存在嗎？

克：不會。

彰德瑪爾：所以你是說，你看到某樣東西，而你能夠以邏輯支持它。

克：是的。

彰德瑪爾：那麼爲什麼不透過「邏輯」來解釋它？

博姆：如果一開始就用「邏輯」來解釋，表示你以過去錯誤的假設做爲開始。你明白其中的難處吧！一旦你從洞悉力開始，你從某種嶄新的角度出發，一種新的覺知，由此開始，你可以繼續以這種新的覺知推論。但是如果你從邏輯開始，就必須由你已經知道的事物出發，這基本上是錯誤百出。

克：一點也不錯。

彰德瑪爾：我不會這麼容易就接受這點。

克：這道理很簡單。

博姆：嗯，那注定要錯到底。

克：你剛才說思想是有限的，思想是機械式的，邏輯是機械式的，對嗎？

彰德瑪爾：對的。

克：所以你無法藉邏輯走到另一頭。一旦你擁有洞悉力，思想就可以合乎邏輯地運作。

彰德瑪爾：我的論點是：你在山頂上，你可以爬下山來，我在山腳下。如果不是兩條平行線，完全沒有交集，就是你可以採取合乎邏輯的方式下山來，我可以採用合乎邏輯的方式爬上山。

克：這和邏輯無關，洞悉力和邏輯無關。

彰德瑪爾：但是你說你能夠藉邏輯支持它。

博姆：我想你可以說，爲了傳達，它能夠以邏輯的方式來表現。邏輯並不是眞正等於洞悉力。合乎邏輯的解釋是一種「有關」洞悉力的傳達方式。

克：是的，對極了！

彰德瑪爾：我是說——如果我說錯了，請糾正我——你無法以合乎邏輯的方式傳達洞悉力。

克：以邏輯的觀點來說，你無法傳達它，因爲邏輯就是思想。

博姆：我認爲洞悉力改變了你推論的基礎。一個人從錯誤的基礎上開始推論，這是正常的推論基礎；也就是說，你無法從你所在之處通到其他地方。沒有任何方式可以從我們所在的地方通到其他地方。但是如果你有洞悉力，就不會再陷入這樣的窠臼。你的推論過程是來自洞悉力，不是來自你已經知道的事物。

彰德瑪爾：事實上，如果你有洞悉力，就不需要推斷出結果，你有洞悉力了。推論的過程，只有在你試圖傳達某種有關洞悉力的訊息時才會出現。

博姆：也可以應用洞悉力。例如，如果你想應用你的洞悉力製作一台電腦。譬如，由洞悉力進入引力作用，那麼你可能會把推論運用到某種東西上。

克：所以我們一開始就說思想是機械式的。電腦是機械式的。就某一點而言，思想能夠做到的，電腦也做得到。但是由於思想是機械式的，所以永遠無法抓住非機械式的東西。而洞悉力是非機械式的，完全非機械式的。現在，請仔細聆聽，別再爭論了。你現在已經認知到思想是機械式的，電腦是機械式的；思想所能做到的，電腦在某種程度上也能做到，電腦有辦法學習、重複學習、調整，它能做各種思想可以做的事，以知識等東西爲基礎。我們都同意這一點。大衛告訴我，達到那一點是絕對正確的。但是他告訴我，這麼說並不能產生洞悉力。所以我說：好吧！我不說，那我該怎麼辦？而當我一說我該怎麼辦，那你就又回頭繞圈子了，對嗎？他告訴我這點。他說，把這點認知得清清楚楚，別離開這點。關於這種機械式的過程，我們已經討論得夠多了。我們可以更深入討論細節等等，但是我們已經掌握到原則了。對嗎？就是這樣。別離開那裡。別說洞悉力是什麼？如果你不動，它就在那裡。我不知道我是不是已經把意思傳達清楚了。

彰德瑪爾：現在我開始了解你所說的。你是說，觀看心智的機械式過程，而且只要看著它就好了，不要離開它，對嗎？

克：觀看它，看個透徹。你可以在這裡和那裡各加一點，但是你明白思想是機械式的。你一離開它，它就變得機械式。如果你觀看到這點，就此停下來。

彰德瑪爾：是的，任何離開它的活動是……

克：你可知道，活動是時間，我們已經討論過這點。活動是時間。如果沒有知識的活動——畢竟，古代的印度人有這種吠壇多的觀念。吠壇多的意思是結束知識。但是我們說，我要如何結束它，而且我要練習這，做這做那，還是同樣的輪子不停地轉圈圈。

（停頓良久）我認為這正是我弟弟（註一）去世時所發生的事，絕對沒有離開這上頭。

彰德瑪爾：離開那種悲傷？

克：離開那種悲傷、那種震驚、那種感覺。意思是，克並未隨慰藉而行，並未隨轉世而行，並未隨大師而行。我不知道你是不是明白我的意思？

彰德瑪爾：我明白，先生。

克：事實就是這樣。

彰德瑪爾：那麼，心智和事實同在。

克：沒錯，試試看，如果你和事實同在，和生命力同在，結果如何？

註一：這裡指的是克里希那穆提的悲傷，他摯愛的弟弟尼亞死於一九二五年。

（一九八一年四月一日於美國加州歐亥）

心智有東西方之別嗎？

◆普普·賈亞卡(Pupul Jayakar)　作家兼英迪拉·甘地(Indira Gandhi，即甘地夫人)的前文化顧問。

賈亞卡：克里希那吉，今天世界上有一種奇怪的現象，東方到西方找尋營養品，而西方到東方尋找智慧，以塡補某種存在的空虛。你覺得，是否有一種印度人的心智，它可能擁有和西方人的心智同樣的方向，或同樣的悲傷、貪婪、憤怒等元素，只是發源地不一樣罷了？

克：你是在問：是否東方的思想、東方的文化、東方的生活方式，和西方的不一樣？

賈亞卡：顯然印度的生活方式和西方不同，因爲這兩者的背景不一樣。不過就某方面而言，它們是互補的。

克：哪方面？

賈亞卡：比如東方，尤其是印度，也許缺乏把抽象概念轉變成具體行動的精確性。

克：你是說印度人比較生活在抽象概念裡？

賈亞卡：是的，他們不太關心周遭環境的行爲，或諸如此類的行爲。

克：你認為他們關心什麼？

賈亞卡：當然，目前正值巨變時期，很難說印度人的心智是什麼。因為就某種層面而言，印度人的心智正在尋求同樣的物質慰藉……

克：……科技世界在進步，而且應用在日常生活裡。

賈亞卡：是的，科技的進步和消費主義。這已經深深滲入印度人的心靈。

克：所以到底印度人的心智、印度文化，與西方文化間有何差異？

賈亞卡：或許，除開這種物質的寓意，還是有某種線索可以探究這個過程，請容我這樣說——鑽研自我，鑽研內在，洞悉事情。幾世紀以來，印度人的心智是以這種感覺為立足點而發展茁壯的。而西方從希臘人的時代開始，就由內朝外，把重點擺在周遭環境上。

克：我了解。但是前幾天，我在電視上聽見一位知名的印度人說，如今印度的科技正使印度人的心智人性化。我懷疑他所謂的「人性化」是什麼意思？不再生活在抽象概念、理論、錯綜複雜的觀念裡，科技正引領印度人回到現實嗎？

賈亞卡：也許多少有其必要。

克：顯然是有必要。

賈亞卡：所以如果這兩種心智擁有不同的本質……

克：我相當質疑這點，不論思想是東方或西方。思想就是思想，沒有所謂的東方思想或西方思想。思想的表達在印度和西方也許不一樣，但是它還是思想的過程。

賈亞卡：西方人談腦細胞的內容，東方人談也許幾世紀的知識和所謂的智慧使腦子有內容，難道東西方各以這種不同方式覺知的說法也是不眞實的？

克：我懷疑你說的話是否正確，請容我質疑這點。我發現，不論我到哪裡，現在都比以往充斥著更多的物質主義——更關心金錢、地位、權力等諸如此類的東西。當然，還有人口過剩和現代文明的複雜性等問題。你是不是說，印度人的心智是否比西方人更傾向於向內追求？

賈亞卡：我會這麼說。好比西方人的心智關心……

克：……科技……

賈亞卡：……不只科技，還有環境……

克：沒錯，環境、經濟等等，還有生態。

賈亞卡：所謂的外在。有內在環境和外在環境。我會說，外在環境一直是西方所關心的，而內在環境則一直是東方、印度所關心的。

克：但是只有極少數人關心。

賈亞卡：但是創造文化的就是這僅有的少數人。文化是怎麼產生的？

克：這是個我們應該討論的問題。不過在討論之前，我們先談談東方思想和西方思想眞的有差異嗎？我想確立這點。還是這世界就是有這種分裂成東方和西方的特殊現象？

賈亞卡：但是什麼把世界分裂成這個樣？

克：首先是地理，然後是政治、經濟。印度的文明——如果我可以使用這個詞的話——比西方文明古老許多。這一切都是印度人的心智——如果你可以用「心智」這個詞代表這一切。依我所見，也許我有所誤解，西方世界比較關懷世事。

賈亞卡：但是什麼使它朝這個方向發展？

克：是寒冷得多的氣候，還有一切的發明，所有現代科技都來自世界的北方，來自北方人。

賈亞卡：沒錯，但是如果只是氣候，那麼非洲、赤道非洲應該都擁有相同的心智。

克：當然不只是氣候。整個西方所謂的宗教式生活和東方大相逕庭。

賈亞卡：這就是我要說的。源自同一種族的人們似乎是分裂的。

克：分裂的，是的，從蘇美人（譯註：西元前三三〇至一八〇〇年，美索不達米亞平原上一個文明高度發展的國家）以降。

賈亞卡：西方人轉而發現與大自然對談，從其中產生了科技，所有偉大的科學眞理。印度人也和大自然對談，但是形式不一樣。

克：所以你是說，東方人的心智、印度人的心智比西方人更關心宗教？就這點而言，西方顯然相當膚淺，不過他們認爲自己極有深度。而在印度，傳統、文學及所有東西都說，世界的重要性不如了解自我、宇宙、最高法則、婆羅門。

的。

賈亞卡：心智向內探究的敏銳度也許不同於西方，因爲東西方的探究和洞悉的方向是不一樣的。

克：當然，不過在西方，絕不容許不信任、懷疑和質疑宗教事宜。在這裡，信仰是最重要的。在印度宗教、佛教等世界裡，懷疑、質疑、探究反倒是最重要的。

賈亞卡：所以由此可見，今天這兩種文化其實都面臨了危機。

克：沒錯，當然。你說的不只是文化吧？而是整個人類的意識都產生了危機？

賈亞卡：你認爲人類的意識和文化有分別嗎？在某方面而言，它們是相同的。

克：基本上，它們是同一回事。

賈亞卡：所以危機深植於人類的內心，而這正促使東方和西方朝外探究。人類因爲感到不妥，才轉向另外一個文化。這種現象目前正在兩者身上發酵。

克：但是普普吉，我要問：他們的探尋是否脫離了自己原本的唯物觀——如果我可以使用「唯物」這個詞的話——有沒有陷入各種迷信、浪漫、玄奧的念頭和對上師的崇拜，以及諸如此類的事？我想尋找的答案是：這種人類意識上的危機，可不可以在沒有戰爭摧毀人類的情況下加以解決？還有，人類可不可以超越自己的極限？我不知道我是不是把我的意思解釋清楚了。

賈亞卡：先生，我可以這樣說嗎？外在和內在就像物質取向和內心探尋，這兩個方向是一體的兩面，而人類一直游移其間。眞正的問題是，如果人類必須生存下去，這兩者就必須……

克：……它們就必須共存。

賈亞卡：不是共存，而是人類的文化必須包含兩者才能生存。

克：你所謂的「文化」是什麼意思？

賈亞卡：文化不就是腦子包含的所有東西嗎？

克：難道你是說腦子的訓練和淨化？包括行爲、舉止、關係的互動，以及一種探究過程，能夠引領我們進入超越思想的境界？我認爲這就是文化。

賈亞卡：你認爲探究屬於文化的領域嗎？

克：當然。

賈亞卡：文化難道不是一個封閉的系統嗎？

克：你可以把它變成一個封閉的系統，也可以打破它，並超越它。

賈亞卡：就現存的情況來看，克里希那吉，文化是我們的覺知，我們觀察事物的方式，我們的思想、感覺、態度，我們的感官運作，還有許多許多。

克：包括宗教、信仰、信念、迷信。

賈亞卡：不斷成長的外在和內在。它可能會成長，但是僅限於某個範圍內。而當你談到一種無法和這一切聯想在一起的探尋時，難道你會把這樣的探尋、探究、觀察，納入文化的領域嗎？

克：當然。你的意思是不是——我只是想釐清這件事——文化的整個活動就像潮起潮落，像浪來浪去？人類的努力就是這種進出的過程，而從不探究這過程是否可以停止？我的意思是，我們有行動、有反應。這是人類的本質，行動和反應，就像潮起潮落。我有所反應，然後從反應中有所行動，然後從行動中再有所反應，周而復始。現在我要問的是：這種獎勵和懲罰的反應能否停止，來個全然不同的轉向？我們運作，我們生活，我們的反應都是植基在獎勵和懲罰上的。生理上、心理上、任何方面都是如此。我們對這一切了解得相當透徹。現在我要問的是：是不是有另外一種行動並不以這種行動和反應爲基礎？

賈亞卡：有的，而這種行動和反應是腦細胞的一種衝動。

克：這是我們的局限。

賈亞卡：它是腦細胞的一種反應方式，以及腦細胞透過感官接受的方式。

克：我們的問題其實是：什麼是文化？

賈亞卡：什麼是文化，我們進入主題了。你可以把範圍擴充得更大更遠，但是它指的仍舊是同樣的領域。

克：同樣的領域，但是你可以把範圍擴大。

賈亞卡：那麼你是說，文化是包含在腦細胞裡了？

克：當然，包括所有我們過去的記憶。

賈亞卡：還有其他東西嗎？

克：這是個難題，因為必須非常小心。如果有其他東西，那麼那個其他東西就可以在受限的腦細胞上運作，對嗎？如果腦中有其他東西，那麼腦子的活動就可以從這個陝隘、受限的文化中解脫出來。但是腦子裡有其他東西嗎？

賈亞卡：不過，甚至在生理學上，他們也說目前腦細胞的運作只利用到極小部分的腦子。

克：我知道。為什麼？

賈亞卡：因為所處的情況限制了它，而且它從不曾從限制它的過程中解脫。

克：這就表示，思想是有限的。

賈亞卡：沒錯，它把所有的雞蛋都放在同一個籃子裡。

克：思想是有限的。而我們都在這種限制中運作，因為經驗、知識、記憶一直是有限的。所以思想是有限的。

賈亞卡：在這樣的認知過程中，感官的地位何在？

克：這又引出了另外一個問題，那就是：感官能夠在沒有思想干擾的情況下運作嗎？

賈亞卡：就像感官今天的運作方式，克里希那吉，它們似乎有根源。感官的活動就是思想的活動。

克：因此它是有限的。

賈亞卡：所以你問：它有沒有可能在沒有思想干擾的情況下運作？面對這樣的問題，該怎麼辦？

克：我正在探究，懷著大疑之心，腦子已經演化了千萬年，經歷過無可言喻的悲傷、寂寞、絕望和其他諸如此類的情節，並經過千萬年的探尋，想透過各種宗教的修行，來逃避自己的恐懼，這樣的腦細胞能不能改變？能不能自行產生突變？否則我們永遠無法建立一個嶄新的文化。

賈亞卡：如果腦細胞本身並沒有產生突變，而且也沒有其他東西……這實在是個矛盾。

克：我了解你的問題。這也是個永無止境的問題。我的意思是，很久之前，許多世紀之前，印度人就提出了這個問題，你可能比我知道得更多。他們提出的問題是，有一股外在力量，也就是上帝、最高法則等等。姑且不論這力量是否可以在這個受限的腦子上運作。

賈亞卡：或者它可以使腦子覺醒？有兩種可能。一是依靠一股正在運作的外在力量或能量；二是，腦子內部，腦細胞未開發的部分，有沒有一種轉變的自覺？

克：我們一起探究、一起好好討論吧！是否有股外在的力量——我們先這樣稱呼它——能夠使受限的腦細胞產生突變？

賈亞卡：問題是，那能量其實從來沒有碰觸到腦細胞。人類建造了許許多多的障礙，結果，大自然的能量流似乎永遠無法觸及腦細胞，永遠無法創造。

克：我們現在討論什麼？

賈亞卡：我們在探討人類文化的可能性。這文化既不是印度的，也不是西方的，它包含所有人類，如果我可以這麼說的話。

克：不是西方或東方的人類。

賈亞卡：外在和內在的分界何在？洞悉力就是洞悉力，無所謂外在或內在。現在要有洞悉力，腦子就必須產生突變。

克：是的，我說這可能發生。假使沒有外在力量的念頭，沒有發明一股外在力量——大部分宗教都曾經這麼做過，那麼多少會滌淨這個受限的腦子。相反的，受限的腦子是否能夠覺悟到自己受限的情況，並因此覺察到自己的極限，然後安住在這個狀態片刻？我不知道我是否把我的重點說清楚了。你瞧，我們總是設法依據假設而行事，總以爲行爲者不同於所爲之事。例如，假設我了解我的腦子是受限的，這麼一來，我所有的活動、感覺，以及與他人的關係也都是受限的。我了解這點。然後我說，這道極限必須打破，所以我在這個極限上運作。但是這個「我」也是有限的，這個「我」和其他並無分別。我們可否克服這層障礙，看看這個「我」是否和它正試圖打破的極限無所分別？自我的極限和所處情況的極限是相類似的，無分別的。這個「我」和它自己的特質是無分別的。

賈亞卡：它以什麼來觀察自己。

克：以自己的一部分觀察另外一部分。

賈亞卡：你說我們一直在試圖做某事……

克：以便在另一事物上運作。除開科技世界，我們的整個生活就是這樣。我是這個，我必須改變那個。所以腦子現在因爲區別行爲者和行爲的不同而受限。所以這種受限的情況持續不斷。但是一旦了解行爲者就是此人的行爲，那麼整個景象就改觀了。我們再回到主題上。普普吉，我們要問的是，使人腦產生改變的是什麼？

賈亞卡：這點其實很重要。什麼東西能停止這種分裂？

克：沒錯，我們再更深入些。人類已經在這個地球上生存了約一百萬年。在心理上，我們還是和從前一樣原始。基本上，我們並沒有改變多少，我們仍然自相殘殺，追求權力、地位。在心理上，放眼人類今天在世界上所做的一切，我們實在腐敗。到底什麼能使人類改變？

賈亞卡：卓越的洞悉力。

克：等一下。洞悉力。現在的情況是，所謂的文化抑制了這一切，你了解我的問題嗎？就拿印度文化來說，少數人，也就是印度偉大的思想家，曾經談過這個問題。另外大部分的人，只是重複、重複、再重複。它只是傳統，一個僵死的東西。印度人是和一個僵死的東西生活一起。而在英國，傳統也有極大的權威……

賈亞卡：沒錯，因爲它是另外一種方式——有些人擁有探究科學的卓越洞悉力。

克：所以看看這一切，人類要如何才能突變？文化企圖改變人類的行爲，宗教制訂教條，強調戒殺，而人類仍舊殺生；要人們像兄弟般友愛，但是人們並不友愛；要人們互愛，而人們並沒有這麼做。宗教有各種赦令和懲戒，而我們仍然反其道而行。

賈亞卡：其實文化已經瓦解了。

克：這正是我想弄清楚的。文化是否已經崩潰，是否不再有任何價值，所以人類現在徬徨不知所從？例如，如果你到美國，那裡沒有傳統。每個人做著自己想做的事，他正在做他的事！而在印度，人們也以不同的方式做著同樣的事。所以，到底什麼會使人類的腦細胞產生突變？

賈亞卡：你的意思是，印度的源流和西方的源流相不相同並沒有什麼關係，人腦的突變才是問題的癥結。

克：沒錯，就是這樣。我們就針對這點討論。我的意思是，畢竟，印度人，即使是貧窮的印度人，他們所受的苦——寂寞、絕望、悲傷等等——和西方人所受的苦是一樣的。因此讓我們忘掉東方和西方之分，而只探尋什麼東西阻礙這個突變的發生。

賈亞卡：先生，除了覺知眞相外，還有其他的途徑嗎？

克：這就是我們六十年來一直強調的，就是所謂的「本來面目」，這種眞相比理想更爲重要。理想、概念及結論沒有任何價值，因爲你已經脫離了事實，脫離了目前的一切。顯然要做到這點相當困難，因爲我們陷在重重的念頭裡。

賈亞卡：但是在覺知眞相的過程中，腦中並沒有活動。

克：我說的就是這個。如果一個人非常仔細地觀察，發生在他身上的事實就會產生改變。我不知道我是不是把這點說清楚了？人類的悲傷並不是西方的悲傷或東方的悲傷，它是人類的悲傷，而我們一直想脫離悲傷。但是我們能不能深入了解悲傷的意義？不只是頭腦的理解，而是實際鑽研悲傷的本質，而悲傷並不是你的或我的。所以，阻礙人腦深入探究的到底是什麼？

賈亞卡：先生，我想請問一件事：你常用「鑽研」、「探究」等詞來探討自身——這兩個詞都和腦子的活動有關。但是你又說要如如不動……

克：當然。腦子的活動就是時間和思想，因此這些活動都必須停止，但是這些活動眞能停止嗎？還是我們認爲它能夠停止？畢竟，不論古人或今人，都曾經或多或少探討過這類事情，而他們總是把這存有區分成探究者和被探究者。這是我反對的理由。我認爲這是最大的障礙。

賈亞卡：所以你所謂的「探究」，是不是覺知之意？

克：覺知、觀察、注視。我們等會兒就要探討這點。但是如果可以的話，我想先回頭討論：什麼能使人類改變？只要改變人類的行爲就行了嗎？什麼能改變這一切令人髮指的殘暴行爲？誰能改變它？不是政客，不是神職人員，不是討論環境的生態學家等等。他們不是在改變人類。誰能改變這一切呢？如果人類自己不改變，有誰能改變這一切？教會曾試圖改變人類，一直沒成功。全世界的宗教曾試圖教化人類，或使人類更聰明、更體貼、更有愛心等等，他們都沒有成功。文化沒成功。

賈亞卡：這些我們都知道，克里希那吉，但光是知道並不能使人覺知到眞相。

克：所以，什麼東西能讓人類擁有這份覺察力？假設，你和另外一個人有這種覺察力，我沒有，那麼你的覺察力對我會產生什麼影響？再者，如果你有覺察力和權威、地位，我要不就是崇拜你，要不就是殺了你，對嗎？所以我現在要問一個更深入的問題：爲什麼經過了千萬年，人類還是沒有改變？還是像這樣——某個團體對抗另外一個團體，某一個部落對抗另外一個部落，某一個國家對抗另外一個國家。這樣的戰慄持續不斷。新的文化會不會帶來改變？人類想不想改變？還是人類覺得：「一切都沒關係，船到橋頭自然直。人類有一天會演化到某種境界。」

賈亞卡：大部分的人都覺得是這樣。

克：沒錯，這是它令人害怕的原因。再給我另一個一千年，我們終究會變成卓越的人類，這實在荒謬。而同時，我們自相毀滅。

賈亞卡：先生，我可以問你一件事嗎？面對眞相、面對事實的那一刻到底是什麼？

克：普普，什麼是事實？前幾天我們在這裡和一群人討論過，事實是做過、變成記憶，而且現在已經完成的事。現在已經完成，目前正在進行，以及昨天已經發生過的事，而且這則事實變成了記憶。

賈亞卡：甚至興起一股害怕、恐懼之情。

克：等一下。當你說「什麼是事實」的時候，我們要搞清楚是怎麼一回事。昨天的事實，或上週的事件，已經過去了，但是我記得它。記得發生過愉快或不愉快的事，事實存在腦子裡。而現在的所作所爲也是由過去所渲染、由過去所控制、由過去所塑造的事實。所以我能不能如實地觀察這些活動？

賈亞卡：如實地看它……

克：整個活動，包括未來、現在、過去。

賈亞卡：如實地看它就是，看而不添加任何陳腔濫調。

克：沒有陳腔濫調、沒有偏見、沒有成見。

賈亞卡：除了事實外，周圍不環繞任何東西。

克：一點也不錯。這意味著什麼？

賈亞卡：首先，否定從心中生起的所有反應。

克：否定回憶。暫且保持這樣的狀態。

賈亞卡：否定從那些反應中生起的回憶……

克：……上週快樂或痛苦、獎勵或懲罰的事實，現在有可能否定嗎？

賈亞卡：有可能，因爲全神貫注的本身……

克：……能夠驅散記憶。這意謂著：腦子是否有辦法注意到上週所發生的事件結束了？是否有辦法不再記著這件事？我的兒子死了，我受了苦。但是對兒子的記憶如此強烈地烙印在我的腦子裡，我因此不斷憶起這件事。所以，腦子是否能說：是的，我的兒子死了。這件事就這樣結束了？再說得更深入點兒：我的兒子死了，我記得所有事情等等。鋼琴或壁爐上有他的照片，這份記憶持續不斷——進進出出。

賈亞卡：但是否定和解決這份痛苦，對腦子有沒有直接的影響？

克：這正是我要說的。這是什麼意思呢？我的兒子死了，這是一個事實，我無法改變事實，他走了。談這件事似乎很殘忍，但是他已經走了。可是我一直記得他，對嗎？腦子的記憶裡有他，老在那兒提醒我，我一直帶著這份記憶。我從不說，他已經走了，這是個事實。但是我總是活在記憶中，記憶是僵死的東西。記憶並不是眞相。而我現在說：讓事實停止吧！我的兒子走了，這並不意味我失去了愛或任何東西。我的兒子走了，那是個事實。

賈亞卡：一旦覺知了事實，還剩下什麼？

克：我可不可以說一句話，希望你不要吃驚？答案是：一無所有。我的兒子或我的兄弟、我的妻子，或任何人走了。這並不是一則殘忍的聲明，或否定我的情、我的愛。不是否定我對兒子的愛，而是把愛和我的兒子視爲同一。我不知道你是不是了解其中的差異。

賈亞卡：你好像畫分了我對兒子的愛和愛的本身……

克：我愛我的兒子，這句話的最深含意就是：我愛全人類。我不只愛我的兒子，我愛整個人類的世界、地球、樹木、整個宇宙。但這又是另外一回事。

所以你問了一個眞正的好問題，那就是：在你單純覺知事實，沒有任何成見、任何逃避的時候，會發生什麼事？徹底認清事實，可能嗎？當我在爲我兒子的死亡悲傷時，我迷失了，這是極大的震驚，是某件可怕的事情發生了。而在這當兒，你無法向這人說任何話。等他從這種混亂、寂寞、絕望和悲傷中覺醒時，也許他會敏感到足以覺知到這個事實。

賈亞卡：我免不了又回頭談這個問題：這種對事實的覺察力，難道不需要……

克：……相當的貫注？

賈亞卡：……許多的觀察？

克：觀察，當然。

賈亞卡：你無法告訴一個剛迷失的人……

克：是的，那很殘忍。但是有個人說：我的兒子死了。對全人類來說，死亡是稀鬆平常的，死亡到底是什麼……？一個敏感的人，發問、探究，他是覺醒的，他想爲這一切找尋答案。

賈亞卡：先生，在某一層次上，要做到這點似乎很簡單。

克：我認爲我必須讓它保持簡單，不要帶進許多知性的理論和觀念。

賈亞卡：那麼我們爲什麼——心智爲什麼害怕簡單？

克：不，我認爲我們的智慧很高，害怕簡單一直是我們的教育、文化的一部分。觀念相當重要，概念是不可或缺的，這是我們的文化。某甲說：拜託，觀念不很重要，事實才重要，他必定是十分簡單。

賈亞卡：先生，你說的是：在整個印度文化的領域裡，最高點就是自我寂滅。而你談到事實的寂滅，這基本上就是自我的寂滅。

克：沒錯，但是自我的寂滅變成一種概念。而我們正在崇拜一種概念，而且全世界的人都在做這件事。概念是藉由思想或透過分析等等發明的，人們得到一種概念，死守著那概念，把它當作一種最特別的東西。

所以回到討論的重點：要怎樣才能使全世界的人類行為端正？所謂「行為端正」，並不是依照我的方式或你的方式，而是不殺生、不恐懼、心懷大情大愛等等。要怎樣才能得到這樣的結果？截至目前為止，沒有任何方法成功過。知識幫不了人類，對嗎？

賈亞卡：是不是因為恐懼的陰影籠罩著人類？

克：恐懼，還有我們想知道未來的情況。

賈亞卡：這也是恐懼的一部分。

克：是的，我們想知道未來，因為——很簡單——我們一直在許多東西上尋求保障，但是都失敗了。現在我們說，保障必定存在某個地方。而我質疑保障是否存在，即使是上帝，也不過是人類自身恐懼的一種投射作用。

賈亞卡：在腦細胞上，在腦子本身，這種寂滅的行為何在？

克：我用「洞悉力」這個詞來形容。洞悉力並不是記憶、知識和時間等思想的產物。所以我說，洞悉力完全缺乏如時間和回憶等整個思想的活動。所以有直接的覺察力。好比過去一萬年來，我一直朝北走，我的腦子習慣朝北走，現在有個人前來告訴我，朝北走是一無所成，朝東走吧！當我調轉方向，朝東走時，腦細胞已經改變了。因爲我洞悉到朝北走會一無所成。

等一下，我要換一個方式說。整個有限的思想活動目前正在全世界發酵。它是最重要的行爲，我們都受思想的驅動。但是除科技問題外，思想解決不了我們的任何問題。如果我認清這點，我已經停止朝北走。我認爲隨著某個方向的結束，隨著某種持續了千萬年的活動的結束，霎時就有一種洞悉力，它使腦細胞產生一種改變，一種突變。

有個人把這點看得非常清楚，但是卻問道：什麼會使人類改變？什麼會使我的兒子、我的女兒改變？他們聽到這一切，他們從生物學家、心理學家等處閱讀到有關這一切的文章，而他們繼續循舊法前行。過去的傳統這麼強烈嗎？過去一千年來，我一直在自我檢討，如今我還在自我檢討——「我必須發揮自己的潛力，我必須崇高偉大，我必須功成名就。」這是我的局限，這是我的傳統。過去的的影響果眞強烈到這種地步嗎？而過去的一切一直在重生。繼續活在局限中是不是我們文化的一部分？

賈亞卡：我會說這就是文化的一部分。

克：仔細審視這點。我一直非常嚴肅地觀察這件事，傳統的束縛多麼大啊！我不是指迷信的傳統，我不是談這個，而是指過往業力的延續。過去夾帶著它自己的動力。而我們就是那動力。文化可能是我們的一部分阻礙，宗教概念可能是我們的阻礙。所以腦子該怎麼做？有人說：既然腦子的一部分是舊的，另外一部分是全新的，如果我們能夠開啓通往新腦子的那扇門，就可能會有所改變。

因爲根據專家的說法，我們目前只使用到腦子中非常小的一部分。

賈亞卡：顯然，一旦全神貫注，分裂就止息了。

克：沒錯，就是這樣。我們可以像這樣談論下去，詢問什麼是全神貫注，深入討論這點，然後到最後，有一位聽者說：「好的，我了解這一切了，但是我就是我。在理智上、言詞上，我都了解這點，但是它還沒觸碰到我的生命深處。」

賈亞卡：這個問題是不是指心智第一次與思想接觸？我有一種感覺，先生，我們現在討論的是觀察思想。這和全神貫注的實際狀況是截然不同的。

克：我了解這一點，但是人類卻離問題中心愈來愈遠了。這世界變得愈來愈膚淺，愈來愈強調金錢、權力、地位、滿足、身分、我、我、我。這一切都受到你周遭每一件事物的鼓舞。現在曾遊歷過、看過這一切的你，會如何處理這些事？世界上有相當有才智、相當聰明的人，而大部分人卻是愚笨、神經過敏的，這些人妄下定論，而且從不曾懷疑這樣的結論。好比共產黨，極權主義世界就是如此；他們已經下了定論，而這定論就是終點。

賈亞卡：但是那些都是你無法接觸到的束縛。你只能接觸到那些不受束縛的人。

克：不受束縛的人是誰？

賈亞卡：我認爲就今天而言，這是健康的標誌。

克：他們是年輕人嗎？

賈亞卡：今天的確有不受任何東西束縛的人，這是過去二、三十年來沒有過的現象。

克：我質疑這點，我眞的要質疑這點。

賈亞卡：眞的，先生，我眞的這麼認爲。一方面，你看到一切都這樣驚人地惡化，另外一方面，這種活動遠離束縛。他們可能不知道在哪裡轉彎，他們可能沒有方向，他們可能……

克：但是不屬於任何東西。

賈亞卡：他們不屬於任何東西。

克：有這樣的人，我知道。他們變得相當茫然，相當惶惑。

賈亞卡：是的，因爲這一切變成了概念。把你的話轉變成概念是很容易的。

克：當然。當然。

賈亞卡：而且把你說的話變成一套套原則。但是一個文化之所以活潑生動，是因爲它只依賴洞悉力而生……

克：我不採用「文化」這個字。

賈亞卡：但是我現在想到一種人類文化，這種人類文化也許會是棲身在洞悉力中的心智文化。在這樣的狀態下，我禁不住要問：這世界曾經出現過的所有文明現在變成什麼樣了？

克：不見了，像埃及文明。

賈亞卡：它們可能不見了，但是仍舊涵括在人類當中。

克：是的，當然，這是一樣的。

賈亞卡：但是當你抹去……

克：其實，換句話說，普普吉，什麼是自由？我們有沒有覺察到，我們就是自己的幻覺、想像力、結論和念頭的囚犯，我們有沒有覺察到這一切？

賈亞卡：我認為我們覺察到了。

克：普普，如果我們覺察到了，全神貫注於這一切，這東西就會被燒毀！

賈亞卡：這是，當然，就某一點而言，我們無法……因為你不承認有一種居間的狀態。

克：不，那是不可能的。

賈亞卡：這就是整個問題的所在。

克：就像一個暴力的人試圖變得不暴力，在這種居間的狀態裡，他還是暴力的。

賈亞卡：不盡然。這不也是這整個時間活動的問題嗎？

克：時間和思想等等，這是什麼？受限制的狀態。如果我們先承認，或先認清，思想在任何方向、任何領域——外科醫學、科技、電腦等等——都是受限的，而且以思想探究思想本身也是受限的，因為思想是有限的，你的探究也就非常、非常有限。

賈亞卡：先生，差別在於，我也許會認清這點，但是在我清醒的時候，並沒有那份使它保持活躍的貫注力。是這份貫注力的定量、能量、力量……

克：你怎麼有那股熱情？你怎麼有那股持續的能量活動？能量怎麼沒被思想或各種活動所耗盡？我認爲只有在你了解悲傷和悲傷的止息時，這股熱情才會到來，然後才有慈悲和愛。那份智慧是沒有低潮的能量。

賈亞卡：你是說它既不升起也不落下？

克：不，怎麼可能呢？你必須覺察到它的起落。只有當事人覺察得到。

賈亞卡：但是有可能一整天都保持這樣……

克：它就是存在。你掌握不住它，它就像香氣一樣存在。這就是爲什麼我認爲我們應該了解意識的整個局限。我認爲這是眞正的研究、眞正的探究，探尋這種全人類共同的意識。而我們從不探究這點；我的意思不是像教授或心理學家一樣探究，而是我們從不曾說：好的，我要去研究、考查這個意識，這個意識就是我。

賈亞卡：不，有人這麼說。我相信一定有人這麼說。

克：但是沒有人這麼做。

賈亞卡：一定有。

克：做了一部分。

賈亞卡：我不接受這樣的說法，先生。有人做，有人全神貫注，有人探究。

克：所以那又怎麼樣？你得到結論了嗎？

賈亞卡：突然，這人發現他一直不能全神貫注。

克：不，我不認爲不能全神貫注有什麼關係。你可能累了，因爲你的腦子今天探究夠了、夠了。這並沒有什麼不對。你明白了吧？我爲什麼反對這個能不能全神貫注的問題。

賈亞卡：但這是大部分人心中的基本問題。

克：我不這麼認爲。我認爲，一旦完全結束，就會有一個自有其動力的全新開始。這與「我」沒有任何關係。這表示，一個人必須完全解脫自我。而解脫自我是最難的一件事，因爲自我隱藏在各種岩石下，各種樹木、各種活動的後方。

（一九八三年六月二十四日於英國布洛伍德公園）

恐懼有可能止息嗎？

◆隆納德・艾爾(Ronald Eyre)　作家兼電視製作人。

艾爾：我想請教你「嬉戲」的意義，這對我來說愈來愈重要。我知道如果我以相當嚴肅的態度處理一件工作，事情多少會自我毀滅；可是如果我抱著幾分嬉戲的態度進行這件工作，讓它自然而然……

克：我不太明白你所謂的「嬉戲」是什麼意思。

艾爾：就是說，你有一個構想，你想實現它，所以一開始你就設定了結果，你知道事情會怎麼進行。我所謂的「嬉戲」，意思是：允許你不曾期待的東西——思想或觀念——進來。

克：你的意思是不是：工作時，你很專注，一旦專注力不再那麼集中，其他的靈感就會進來？

艾爾：沒錯，我和許多人一樣，在極端嚴謹的教育環境下長大，總以爲努力是一件好事。我相信我現在必須學習努力有正、反兩面，而且努力可能太過嚴肅，它可能把你推向結論，使你看不見、聽不到所有原本該看見和聽到的東西。我覺得我必須停下來，多「玩玩」。這樣有道理嗎？

克：讓其他思想進來，而不是不斷努力和思考。

艾爾：讓事情轉變，也許讓事情在一個你不曾料想過的方向自然成形。

克：你是說，分心是有必要的？

艾爾：是分心，可以這麼說。或許可以稱之爲有覺知的分心，但它不只是開放心胸，接納任何事物。

克：不是心不在焉。

艾爾：一點也不錯。

克：所以是專注再加上幾分你所謂的分心。

艾爾：這似乎很重要。

克：可是一旦你知道這是分心，那還算分心嗎？

艾爾：也許那是非常微細的專注。我還發現只要有一絲一毫的恐懼——你可能會出錯，也可能發生某件不愉快的事，接著這份感覺就會使你動彈不得。你以爲自己正在專心，但事實上，你是把自己關了起來。你認爲這麼說正確嗎？

克：只對了一部分。我們可以先討論什麼是專注，然後再討論別的嗎？當我們說「專注」時，是什麼意思？是集中一個人的思緒嗎？

艾爾：「集中」讓人覺得你似乎太有目的了。

克：沒錯，你只專注於自己正在做的事，而不讓其他任何事物進來。

艾爾：換句話說，就是將自己的效用充分發揮在眼前的工作。

克：沒錯，好吧！當一個人如此心神集中，會發生什麼事情呢？你是不是正把其他任何形式的思緒、任何形式的分心全排拒在外？所以你在自己的周圍築了一道牆，並說：「拜託！別想其他事，讓我們只思考這件事吧！」

艾爾：當你在這麼說的時候，你似乎在暗示：請別煩我，我正專注於這件事情上。雖然我經常這麼做，但對我而言，這其中似乎存在著恐懼，反倒不如開放自己的心給某樣東西。

克：我不太確定。

艾爾：多告訴我一些吧！

克：我們能不能先討論，使我們專注的是什麼？有某一動機、方向、目的、強化過的欲望，也就是意志，而這告訴我們：「我必須做這件事，這是必須的。」我專注，因此把其他進來的思想擱在一旁。所以當時我在自己周圍築了一道牆，那是一種對抗的形式。也許我可以換個說法，那種形式以自我爲中心，企圖掌握某種東西，也因此變得恐懼。

艾爾：沒錯，顯然這麼做是失敗的開端。事情還沒做，就預設了結果。所以我有興趣探討超越這情況之後的狀態，這時候，你是眞正——姑且再說「專注」吧！不過也許有另外一個詞可以形容，就是：自在地開放，隨時接納進來的事物。

克：有另外一個詞可以形容，就是「全神貫注」。

艾爾：全神貫注，是比較好，沒錯。

克：但是這要複雜多了。不只有效用，而且要隨時注意周遭的一切。

艾爾：在全神貫注中，你允許自己被其他的事物意外地打擾嗎？

克：我想稍微討論一下這點。「全神貫注」的意思是：釋出你所有的能量、靈敏度、整套神經組織，如此一來，不僅你的聽力、你的視覺，而是你的一切都處於極爲活躍的狀態。在這種全神貫注的狀態下，沒有「我」這樣的中心參與其中。因此，這當中沒有恐懼。我不知道我是不是把話說清楚了。

艾爾：是的，我了解。

克：我們從小就被訓練成要專心。老師說：「專心，不要看窗外。」但是這裡有矛盾，我想看看窗外的情景，於是，恐懼和努力因此產生。

艾爾：所以，我才想討論嬉戲的意義。我有興趣聆聽你所談的這種非常必要且無恐懼的全神貫注，它既不失莊重，又不嚴肅。

克：全神貫注就是全神貫注。

艾爾：全神貫注就是全神貫注的樣子。我有興趣探討「嬉戲」這個詞，因爲從小開始，在職業上，我從不曾厭倦過故事。這一直是我的負擔和我的快樂，所以我很自然地從事戲劇的工作，說故事或寫故事給別人和自己聽。然後，「嬉戲」這個詞，正巧可以詮釋這些活動，而當我在印度拍攝某些影片時……

克：你看過濕婆起舞的雕塑嗎？

艾爾：當然看過。我希望你告訴我這點，因爲「嬉戲」似乎應該是用來描述事物的適當詞彙。

克：可是跳舞、踢足球、打高爾夫等等，爲什麼這些事現在變得重要了？嬉戲就是嬉戲。但嬉戲是一種釋放，一種遠離專注的狀態。而我們現在做的是——整天在辦公室裡工作，朝九晚五，然後上酒吧，透過電影尋找娛樂，或這，或那，或另外一種方式，這中間有極大的矛盾。

艾爾：沒有一樣是嬉戲。

克：沒有一樣是嬉戲，它是分心。但假設我們這時候不「分心」，不「嬉戲」，那會發生什麼事？

艾爾：怎麼說呢？

克：我一直在一家工廠工作，這是一份極沈悶、骯髒、嘈雜、難聞的工作。我回家或上酒吧，在那裡，我放鬆心情，喝杯酒等等。我懷著這種放鬆的心情回家，然後我的妻子開始喋喋不休，我氣極了，而我們之間繼續維持著這樣的狀態。這中間還有性和其他，而我繼續以同樣的方式過日子。所以性也變成了一種分心。你懂我的意思嗎？這份工作，這整件事迫使我分心，上夜總會等等。

艾爾：是的，我以爲自己非常自由，因爲我經常換工作。但是換個角度來看，我從分心移轉至分心，其實是移轉到另外一個情況尋找安慰——如果你接受了一份新工作，暫時會覺得舒服，然後它終究會變成緊身夾克，拘禁你，而你必須離開這牢房。因此我不是很清楚——不過，我知道應該有變通的方法！

克：你在這一切中看到了恐懼的成分。我並沒把工作做好，我喝太多的酒，或做太多的愛，我迷失了方向。因此恐懼不斷循環。

艾爾：此時此刻，這循環不是想打破就可以打破的，對不對？

克：這兒又產生了另外一個問題。我們所做的是不是我們愛做的事？

艾爾：如果是的話，也實在不多。（笑聲）

克：就假設是吧！一個人因爲環境的關係，被迫成爲一名木匠、一位科學家或一位作家。因此，頭腦本身逐漸變得狹窄且有限。而這種限制本身變成一種令人厭煩的事。我們想突破它，所以我們放任嬉戲，啤酒、性、夜總會、高爾夫球和足球也應運而生。

艾爾：這些事情中，每一件幾乎都有一個過程。在改變的那一剎那，幾乎就像你獲得了一陣氧氣，一種特殊的能量。可是一旦進入下一個分心、啤酒、性等諸如此類的階段，這一切便逐漸消散，氧氣也因此流失掉。

克：所以，有一種完全不浪費的能量嗎？而且因此沒有恐懼嗎？

艾爾：還有，這種能量能夠一直持續嗎？

克：這種能量就在眼前。

艾爾：眞的嗎？

克：當然。可是我們錯用了它，我做了某件我討厭做的事。像這麼一個可愛的早晨，我想去散步，可是我的妻子說：我們上教堂去吧！

艾爾：是的，一點也不錯。所以，這時候，我們怕什麼？

克：這正是我想問的。我們現在不是在談論嬉戲，也不是在嬉戲，而是在討論恐懼的止息，並進而探討活著，對不對？

艾爾：我們是不是認爲，如果沒有下一次的娛樂，我們就會死？

克：當然，當然，有這種怕死的恐懼。

艾爾：以許多微妙的形式呈現。

克：先生，我不知道你是不是想把這一切探討得清清楚楚。

艾爾：沒錯，我是這麼想，請繼續下去。

克：你曉得嗎？這涉及一種「變成」的問題，不僅是一種生理上的轉變：我虛弱，但我會變強壯，我並不常跑步，但我一定會保持強健的體格。我極力朝這個方向努力。今天，大家都這麼做，這是一種時尚。現在，這觀念是否已滲透到心理層面了？我不知道我是不是把這點表達清楚了。

艾爾：很清楚，我了解。你的意思是，我們並不是在討論死亡的恐懼，我們是在討論如何避免生命的循環。

克：是的，所以整個活著的方式已經變成一種恐懼的活動——死亡的恐懼、失業的恐懼、對妻子或丈夫的恐懼、未能功成名就的恐懼。你了解嗎？這整個活著的方式已經變成一種過程，一步一步邁向其根本，也就是恐懼死亡。

艾爾：沒錯，說得好。所有恐懼的根源都在於恐懼死亡。假使恐懼全然不存在，這就是戰勝死亡。

克：不，重點在於了解活著，了解活著的意義，而不是這種永恆的戰役、掙扎、衝突。我必須擁有更多，必須更好，如此不斷拿自己和別人比較。他有名，所以我必須成名，他上電視，我怎麼沒上電視呢！這是一種可怕的貧乏感；在企圖變富有時，就有恐懼的負擔。我恐怕永遠成不了有錢人，因爲總有人比我更有錢。

艾爾：所以，我多少有點兒看到我們居住的這一座座小監獄，看到這些小小的分心是不完整的，我們其實曉得這麼做不見得有用，這是大痛苦的由來。我的意思是，如果你進入了一個你認爲可能不錯的地方，直到這地方變得可鄙可憎，你才發現是自欺欺人！我們的內心深處其實曉得這麼做並沒有用。

克：我知道這麼做沒有用，但我們還是繼續這麼做。

艾爾：這不是很奇怪嗎？

克：就像戰爭，我們知道它很可怕、浪費資源、具毀滅性。前幾天，我聽到衆人慶祝聯軍登陸諾曼第日。當年，有兩萬名年輕人在第一波的攻擊行動中喪生。兩萬人呢！但政治家們卻忽略這個數字。

艾爾：問題是，例如，假使你說你不看諾曼第登陸紀念慶典，或對這類紀念日嗤之以鼻，別人就認爲你對這些死者不敬。但事實正好相反。我的意思是，這令人憤怒！你的感覺是，因爲我在乎那些死者，所以我不想和這些毒草有關。當我拍攝宗教影片時，我發現，宗教顯然常被當作死亡的避風港。但人總不能一直停留在這樣的狀態，因爲以同樣的角度來看，任何東西，房子、工作或娛樂，都可能是一種宗教，所以世界不是那麼有條不紊的，不是嗎？如果我們說只有宗教在做這件事，我們會覺得自由。但事實並非如此。

克：所以我們在討論什麼？

艾爾：嗯，我覺得是對死亡的恐懼。因爲我覺得它無孔不入，而我不明白爲什麼在我的生命中，無時無刻沒有某種檢察官或法官……

克：你是說死亡含有嬉戲的意味？

艾爾：正是，好死多少有點兒嬉戲的意味。

克：你所謂的「好死」是什麼意思？

艾爾：嗯，或許就像攀上某樣東西，可能你跌了下來，卻不在乎。我所謂的「好死」就是指這個。

克：例如，一個非常富有的人，他一生中什麼都有了，他寫書，書的最後說：「我的一生愉快美好！」然後他死了。而世上有人癱瘓或殘廢，或面對著世界上不斷發生的可怕事情。對這些無藥可救的病人而言，死亡可能是一件特別的大事。難道我們討論的是「對死亡的恐懼」，以及因恐懼死亡而產生的「對生命的恐懼」？

艾爾：這麼說比較正確。

克：那我們爲什麼害怕生命？原因何在？理由何在？何以一個人害怕活著？

艾爾：如果我知道就好了！

克：我們來討論這點吧！其中一個理由是，從小，我就被迫學習、記憶，並被訓練成要面對問題。從小到念大學，人腦就被局限在解決數學等等的問題。因此，頭腦被局限在問題上；而當人腦面對問題時，它解決問題的意圖使問題變得更爲複雜，它解決問題的方法引出另外十個不同的問題。政治家們現在做的就是這些。

艾爾：沒錯，就如你所說，我們的教育似乎是一連串解決問題的試驗。然而一旦眞正的問題發生時，卻永遠和你所做過的試驗不一樣。

克：不一樣，所以會發生什麼事呢？

艾爾：你把學過的規則拿來運用，希望能解決問題。

克：根本沒有用。

艾爾：是沒有用。

克：所以這是人類眞正的問題之一，以完全沒有問題的角度去接觸問題。

艾爾：很好。事實上，我認爲，你受教的方式已經替你爲所面對的問題下了定義。但問題可能完全不一樣。所以你只能解決你學過如何解決的問題，你只能發現你學過其解決之道的問題。然而，可能有更嚴重的問題和更令人膽戰心驚的事。

克：因此，你以被訓練來解決問題的腦子去面對問題。例如，世界上的信徒大部分相信上帝，而且他們相信，要達到神性，必須自我磨練、力行齋戒、斷絕各種欲念——沒有性行爲、不環顧周遭、無感無覺、控制自己的欲望。我們被局限在這樣的條件下。所以，我要經歷過這一切，才能接觸到上帝，然後變成聖人！

艾爾：一想到這點，就令人覺得瘋狂。例如，在基督教的經文裡，提過不少次異教徒、妓女等等，一個人的宗教訓練愈是堅實，這些觀念就愈強。

克：確實是瘋狂，所以讓我們來探討一下！我們害怕活著，於是起而尋找生命的意義；由於找不到任何意義，因此，哲學家、專家、心理學家就發明了一堆東西；而這些發明變成了我們的保障。然後我謹守著它、爲它而戰、爲它殺戮。

艾爾：它就像是毒藥，不是嗎？

克：正是，目前的世界就是這樣，先生。

艾爾：我要告訴你一則小故事。當我第一次來到這裡時，我等了兩個小時，別人安排我在一個房間裡看你談話的錄影帶。兩個小時後，我非常不喜歡你。

克：不喜歡，很好。

艾爾：非常不喜歡。然後，我懷著滿心的不喜歡去吃午餐，聽見我身後有個聲音說：「你應該試試胡蘿蔔泥，這東西很不錯！」出聲的那個人就是你，而我對你的不喜歡從此消失。現在，奇怪的是，我顯然在杜撰、在預測你的模樣。我不斷吸收各式觀念，而這些觀念的效果令人相當失望，但是胡蘿蔔和你的出現卻很好，我很自然地接受它！

克：所以我們正在討論爲什麼生命變得如此沒有意義，對不對？樹或老虎不會問這個問題，它們說：「我活著啊！」如果一個人的生命裡沒有衝突，一點兒也沒有衝突，那麼這個人永遠不會問這樣的問題。

艾爾：不會問生命有沒有意義。

克：不會問生命的意義何在。

艾爾：因爲這問題中蘊含著某種你應該擁有的完美觀念，也就是另外一種想像。所以我們盲目地瞎闖亂撞，從想像至想像。

克：從幻相至幻相，夢幻至夢幻等等。是什麼促使人類問這個問題的呢？是因爲他們自己的生命沒有意義——朝九晚五上班，直到六十歲，肩負著所有責任，包括房子、抵押、保險和各種關係的衝突等等。然後六十五歲、七十歲、八十歲，你會突然死去！然後你問：這有什麼意義？下一步驟就是死亡。所以你說：「我要死了，我希望我還有下輩子。」這整個循環於是開始：希望、絕望、沮喪、恐懼。這一生我已經歷了這麼多，來到生命的盡頭，有何意義？有人告訴我，有一個人相當富有，他的碗櫥裡都是金子、各類紙幣，尤其瑞士法郎更是多不勝數。他快死了，他說：「我帶不走這一切，把所有碗櫥打開吧！這樣快死的我就可以看著這一切。」仔細想想這故事！

艾爾：這想法眞絕！我覺得當我們談論死亡時——我們知道這麼做是種褻瀆，這是那種你不可以談論的事，在上個世紀，不可以談論的是性愛，在本世紀，我們不可以談論死亡——我覺得，沒有眞正和死亡活在一起、坐在一起，只是使我們的處境變得如此不可能。

克：我不確定是否就是這樣，先生。畢竟，死亡意味完全的結束——所有記憶，所有經驗、知識、執著、恐懼、悲傷、焦慮。結束就像某人把你所收集的線全部切成一段一段。我們應該討論結束是什麼。我們曾經結束過嗎？還是在結束的當兒有另一種連續性？結束是什麼？就是死亡。我也許相信我還有來生。我想相信這種說法，因爲這麼說令人安慰。這給我很大的安慰，至少我有另一次機會。

艾爾：我懂你的意思。

克：整個亞洲世界都相信靈魂轉世。而現在，西方也有人接受這樣的觀念，人們寫了有關於轉世的書籍，人們說：我相信轉世。

艾爾：沒錯，傳統上，這個國家裡的人一般都相信來世。

克：在基督教的世界裡，他們以另外一種形式相信來世、復活等等。

艾爾：這是一種微妙的方法，讓你對現在所進行的一切保持緘默。

克：沒錯，因此有死亡、結束和活著。活著已經變得這麼——我們不必再深入討論這點，我們已經相當了解它。然而有死亡在一旁等待，不是等待，它就在那裡，我們都會突然死亡。這就是問題所在。時間的差距是存在的，可能是五年、五十年或一百年。而在這段時間裡，我活著，有行動，受著苦，其中有絕望等等一切。我還沒有解決因爲這種活著的方式而引出的問題，還沒有找出是否有另外一種沒有痛苦、不必受苦的方式。然後死亡來臨了，也就是這一切的結束。所以，如果沒有這段時間，一切就會隨風而逝。也就意味著結束每一件事、每一天，包括你的執著：這是「我的」學校，這是「我的」，那是「我的」。你了解我的意思嗎？這使得腦子變得如此小，如此有限。

艾爾：可是我們所謂的執著，意義非常特別。例如，一個人可能因爲擺脫了甲執著而恭喜自己，然而從乙執著到癸，執著正排隊等著接手呢！

克：沒錯，先生。

艾爾：這眞是一個巨大的致命的問題。

克：所以，有可能活著而沒有執著嗎？

艾爾：你認爲呢？

克：嗯，我認為有可能。這是活著的唯一方式，否則你就下地獄。唯一的方式是活著，所以生命包含死亡，所以活著就是死亡。所以你把每一天收集來的東西儲蓄起來。如果我執著於這棟房子，我知道死亡會來臨，於是自言自語：「老兄，你不能這樣，這是你的結束。」所以我說：「好吧！我不會執著於這棟房子。」一切莫執著。

艾爾：不執著，但卻使用這棟房子。這裡有個問題，因為不執著常會以反抗的形式顯現。

克：你完全不執著。意思是，我住在這棟房子裡，我對這棟房子負責，對發生在這裡的一切負責，可是我也會死。但是只要我活著一天，我就完全負責。

艾爾：我們身體裡一定有某種東西認為，如果我們活著，生命就會受傷。似乎心智會說：「是的，我知道不論相信什麼，感情、喝酒或工作，以其做為避難所，都是愚笨的想法。」心智裡必定有一種微妙、平靜的聲音說：「但是另外那樣東西更可怕。」

克：沒錯。這就是一個人必須開口發問的原因，所以我們必須要探索到底。有沒有所謂的「變成」，如果有，那麼停止變成就是恐懼。

艾爾：使變成止息就等於恐懼，沒錯。

克：到底有沒有心理上的變成呢？世界上有一種變成是，一個人當了木匠大師的徒弟，天天和大師一起工作，直到你做得和大師一樣好。但是同樣的態度運用在心理層面上——我「必須變成某某」。如果我沒做到，我就迷失了，我是個失敗者，我心情沮喪。瞧！你已經變成某某了，而我什麼都不是。

艾爾：這多少意味著，後者的舞台好過前者，大師勝過學徒。我有一種感覺，我所崇拜的人都已經蓋棺論定，我眞正喜歡的人已經成就了那番令人有點兒訝異的奇事。我總是有點兒懷疑成就某事或成爲某種身分的想法。而且不論一個人嘗試以何種方式突破他的小牢房，都會產生恐懼，因爲這只是一個念頭。

克：對極了，所以念頭變成恐懼。

艾爾：一點也不錯。所以想要解脫的概念就是恐懼。所以我們等待。

克：不對。

艾爾：那我們做什麼？

克：我們去弄清楚是不是有可能結束恐懼。

艾爾：結束恐懼。

克：不是某一種特定的恐懼，而是所有的恐懼。我們正企圖砍掉恐懼。

艾爾：砍掉恐懼的斧頭是什麼？你如何拿到這把斧頭？

克：我們會探討這點。時間是什麼？不是根據手錶、時鐘、日出、日落。

艾爾：我想，我只能從某件已逝去的東西來了解時間。

克：先生，你曾經說過這點。所以時間是昨天發生的事。

艾爾：這給了我時間的觀念。

克：是的，昨天，或一千個昨天，或人類在地球上的四萬五千年期間所發生的事，也就是現在。

艾爾：我們的思想存在於現在，我們所了解過去的一切存在於現在。

克：沒錯，所有的一切都存在於現在。未來就是現在。

艾爾：我們假定將有所謂的衆生一體，而我們把它當作一種投射。

克：投射成未來和明天。而過去是此刻，是現在。

艾爾：是的，我們必須接受這點。

克：正是如此，這是一個事實。我記得去年遇見你，因此有一段時間，以及這份認知。如果我認得你，那麼未來和現在是一樣的，因爲明年我會再度遇見你，並說：「嗨！老兄！」所以，未來也是現在。現在包括過去、現在和未來。因此沒有未來。我不知道你是否了解這一點。

艾爾：是的，我了解你的意思。

克：未來就是你現在的模樣。

艾爾：沒錯，我們怎麼安頓這個未來，這個我們發明的未來，實在是件令人驚訝的事。

克：所以未來就是現在。如果現在的「我」沒有崩潰，明天的我應該是一樣的。因此我質問：到底有沒有心理上的進化？

艾爾：沒錯，我也這麼認爲。

克：沒有任何的心理進化。

艾爾：除開某人發明的想像外，似乎沒有心理上的進化。

克：所以我明白，對我而言，沒有所謂的「更多」或「更好」。更好是未來，是測度，我應該是什麼面目。其實，「我的應有面目」源自於逃避「我的本來面目」。因此產生了衝突。如果我實際認清楚，不是理論上或感情上認清，事實是：整個時間是現在，因此沒有變成，沒有預備達成的理想……

艾爾：這是種非常激進的想法。感覺上曾經聽說過，很熟悉，但在挑戰一個人賴以維生的一切上又異常不熟悉。也請告訴我這把斧頭是什麼模樣。

克：我就要談到這點了。

艾爾：因爲我想帶走它！

克：先生，什麼是改變？如果我根據未來的理想改變，這個理想是由思想所設計的，其中也囊括了時間，思想就是時間。所以假使一個人眞的掌握到這段敍述的深意，或感受到「所有的時間就是現在」，就不會認爲明天我要成爲某某身分，衝突也就因而止息。

艾爾：沒錯。

克：這是相當重要的因素。我們已經接受衝突是一種生活方式，但現在完全沒有衝突了。也就是說，我必須了解改變：我是這個樣，但是如果我不改變，明天我將和現在完全一樣。所以我要問：

到底有沒有心理上的改變？還是只有「本來面目」，而把注意力擺在「本來面目」上就是使「本來面目」止息？可是，當你有理想時，你無法把全部的注意力都擺在「本來面目」上。

艾爾：一點也不錯。

克：我曾經應邀在聯合國上演講。首先，「聯合國」這個名詞就是一個矛盾。聯合國的理想是，我們必須團結在一起，成爲朋友等等陳腔濫調，而這理想從不曾實現。因爲該組織的原則錯誤，我的國家和你的國家，我的上帝和你的上帝。俄國人有他們的理想，其他國家的人也有他們的理想。所以，如果一個人眞正了解、感受到這層深意：所有時間都是現在，那麼它就像閃電一樣，立刻改變。

艾爾：當你說「所有時間就是現在」，難道「現在」永遠快樂嗎？

克：爲什麼現在應該快樂？

艾爾：沒錯，這是我的觀點。

克：爲什麼現在應該是某某模樣？你知道嗎？這裡有種我們應該深入討論的問題。「空無」是什麼？因爲我們想成爲某種東西。這種想望就是一種匱乏之感。我沒有一棟好房子，我要一棟更好的房子。我不知道書中所有的知識，我必須讀書。因此，有這麼多的渴望。而渴望的到底是什麼？我們想要和平，我們渴望和平，而我們卻以暴力的方式生活著。

艾爾：我們總是在自己身外找尋暴力的來源。

克：正是這樣，因此我們說非暴力。人類是暴力的，以暴力的方式生活著，打鬥、吵架、衝突，而同時又為了和平而工作！

艾爾：我會告訴你我的「快樂」從哪裡來——我不用「快樂」兩字，因為我認為這會產生問題。只是我記得在奧林匹亞有一場大型展覽：身、心、靈之類的東西；那兒有許多宗教教派的小攤位，而所有攤位上的人都面帶微笑。他們都在銷售這種微笑，一副「散發祝福」的氣質。而我渴望找到一個每個人看起來都頭痛欲裂的攤位！

克：對的！所以，先生，「改變」這兩個字意味著我是這個，我必須是那個。我們從小就被局限成這個樣。

艾爾：就期望如此。

克：所以我們受到嚴重的局限。我看見一輛小車，我必須有一輛比較大的車。我看見你上電視，為什麼我沒上電視呢！你明白的確有這樣大的渴望，不只是為了出風頭，而是內在渴望上帝，渴望啓蒙，渴望正當的生活，認為我們必須在一起。為什麼我們有如此的渴望？

艾爾：我不知道。對於這點，有極大不被愛的成分，覺得你不是眞正被愛。很可能比較大的車子會讓你比較有安全感，這是小一點的車子辦不到的，它補償了小車的缺點！我想過，它是一種缺乏情愛的補償感。

克：一部分是。是指一個人本身的不足嗎？我不被愛。

艾爾：對我而言，那種感覺非常眞實。

克：我不被愛。我不被那個女人或男人愛，而我必須被那個女人或男人愛啊！這兒又產生了另外一個非常複雜的問題：愛是什麼？

艾爾：我通常會說，占有欲。

克：當然是。占有欲、執著、嫉妒、性愛的歡愉、想要更多。

艾爾：這也是自戀。

克：我們稱這些都是「愛」。有人對我說：愛裡怎麼可能沒有嫉妒？意思是怎麼可能沒有恨！身而爲人還必須問：愛與死之間有何關係？因此產生了兩個問題：愛是什麼？以及愛與死的狀態如何？一般所謂的「愛」有任何關係存在嗎？如果有關係，又如何彰顯愛的本身？

艾爾：原本注定倒閉的保險公司，因爲一連串不完美的死亡保險計畫起死回生，你明知這類保險計畫不完美，但還是投了保。我在這樣的日常瑣事中看到愛。

克：首先，我們從沒問過這個問題。

艾爾：死亡與愛之間的關聯，我們從沒問過。當我們一頭栽進愛裡時，當然不懂得問這個問題。

克：現在，如果可以的話，我要問你這個問題，你會怎麼回答？它們之間的關係是什麼？有任何關係存在嗎？如果有，它的特性是什麼？

艾爾：嗯，以占有的角度來詮釋愛，感覺就像企圖避開死亡，不讓它發生。我們所談論的占有，是企圖在不可能有永恆的地方保有永恆。所以是企圖反駁東西會死亡的事實。

克：就是這樣。死亡是非永恆。

艾爾：死亡是非永恆，以一個永恆的詞去描述一個非永恆的事件。

克：死亡是非永恆，而占有是冀望永恆。

艾爾：正是，企圖讓它永遠持續下去。奇怪的是，廉價的情詩總是說從此愉快地生活，而好情詩談的往往是頹廢消沈。

克：那麼，其間的關係何在？黑暗和光明之間有何關係？也就是說，當沒有月光、沒有星星、一無所有時，森林裡一片漆黑。我曾經處在那樣的情況下，一片漆黑，絕對伸手不見五指的黑。而太陽出來，一切變得光明。這兩者之間有何關係？

艾爾：你告訴我吧！

克：我不認爲其間有何關係。光明就是光明。換句話說，好與壞之間有何關係？到底有沒有關係呢？

艾爾：在談到好與壞之前，先談談黑暗和光明吧！如果要我描述某樣東西，我必定需要一樣東西存在，才有辦法描述另一樣東西。例如，如果我正在描述這座我看不見任何一棵樹的森林，我說這就是黑暗，然後陽光一出現，當然就看得見樹了。

克：所以你是根據你的覺察力來判斷光明與黑暗。

艾爾：是的，一點也不錯。

克：顯然是這樣，但是再更進一步、更深入討論。好、善和所謂的惡或壞之間有何關係？好是由壞中產生的嗎？因爲我知道什麼是壞，或因爲我經歷過痛苦和諸如此類的情緒，我要離開壞，或想辦法離開壞，走向好。

艾爾：我會用好或壞來描述非常暫時的效果。

克：不對，好是暫時的嗎？好的，美的，並不是暫時的。

艾爾：爲什麼不是？

克：我們來看一下第一個問題。如果好，或諸如此類的字眼，是壞的結果，好根源於壞，那麼它就不是好，就是壞的一部分。這麼說來，每一樣東西都根源於與自己相對立的事物嘍！

艾爾：是的，我懂。

克：所以，有沒有一種好並不是源自於壞？

艾爾：談到「好」，我不會想到這些，因爲我們已經習慣了「好」字的特定用法。

克：那就另外選一個字吧！沒關係。這些都是不錯的古字，眞、善、美。現在我要問：這些到底有沒有相對立的特性？

艾爾：只針對「好」而言，還是指任何相對立的事物？

克：指任何相對立的事物。當然，世上有男人、女人，有高、矮，不過我談的不是這些。

艾爾：創造這些詞是爲了方便區分。

克：是的，除了方便外，有沒有某種東西是絕對的，和「相對」無關？

艾爾：討論這類事情，我總是很傳統。不管怎樣，我就是找不出答案。找得出答案的人總令我非常訝異，因爲他們變成了兇手。

克：不，正好相反。

艾爾：你的意思是什麼？

克：我的意思是，從「好」中產生的自由，而不是誤用自由。今天的世界就是誤用自由。但是自由是好的，其中有好的特質。我不喜歡以道德的角度來運用「自由」這個詞，那沒意義，但是其中自有其道德深度。

艾爾：我們似乎又要探討到恐懼，「好」中應該是沒有恐懼的！

克：當然。所以我們說，有可能完全免於恐懼嗎？這種恐懼不只包括內心可能害怕即將發生的事，或者所害怕的事已經發生了，還包括過去和未來這兩種元素所組成的「現在」。所以，「現在」，也就是恐懼，可能被完全抹煞掉嗎？

艾爾：當你面對這個問題時，這個「現在」的存在，幾乎是依賴一個人對過去和未來的想像。

克：一點也不錯。

艾爾：所以甚至談到「現在」也有風險。

克：可是不得不用這個詞。你正坐在那裡，我正坐在這裡，這就是現在。

艾爾：但是你必須更進一步探討這點。

克：當然。我的意思是，在這點上你必須有些敏銳度！

艾爾：是的，一點也不錯。但是在尙未深入探討之前，恐懼仍舊存在。

克：當然。所以恐懼是什麼？不是理論上的恐懼，而是人心中眞正的恐懼。在人的腦子裡，恐懼是什麼？它是怎麼來的？其來源、根源和起點爲何？

艾爾：大體說來，在我的頭頂上有一種感覺，覺得並沒有安住在正確的地方，覺得你不是處在你應該在的地方。所謂的「應該」就涉及恐懼。

克：我們曾經說過這種「應該」，「我應該怎樣」。但是其根源何在？我們說恐懼就像一棵大樹。這裡有一棵神奇的樹，一棵橡樹，它遮住了一英畝的地面。我們的恐懼就像這樣，但是橡樹的根源就在那裡，在樹的中心，雖然橡樹的樹枝繁茂。

艾爾：根源是什麼？你會怎麼描述其根源？還是你要我描述它？

克：不是要描述它。它的事實是時間和思想。時間和思想是恐懼的根源。我們正試圖了解是否有可能在心理上完全免於恐懼。而其根源，也就是橡樹開始生長、變得強壯茂盛的地方，是時間和思想——隨著時間的流逝，我將成爲某某，如果我沒達到目標，我惶恐難安。思想說：「我曾經做到什麼樣的地步，天啊！我希望將來成爲某某。」

艾爾：有沒有一種恐懼與思想無關？還是所有恐懼都和思想有關？

克：全都和思想有關。

艾爾：如果你突然發生某事，使這個有機的組織體感到恐懼……

克：在那一秒鐘裡並沒有恐懼，然後思想進來……

艾爾：沒錯，思想迅速介入，比光還快，於是就有了反應式的恐懼。

克：然後問題來了。思想可不可能在特定區域裡活躍，例如，寫信、談話，在那裡完全活躍，而在另外一個區域，也就是心理世界，卻一點兒也不活躍？

艾爾：對於推論的思想，我一點兒也不了解。我甚至從來沒有感受到該如何把句子串連在一起。我一直覺得，對我有意義的事情總是如靈光乍現。

克：我們的思想是直線式的。

艾爾：嗯，我們被訓練成直線的思考方式，但是我從不喜歡這樣的方式。這就是學校教育，不是嗎？你因此通過考試或被當掉。

克：思考是一連串的連接與聯結。

艾爾：所以，你準備在布洛伍德這裡辦一所以停止思想爲基礎的學校嗎？

克：不，在某些領域裡，思想是絕對必要的，在這些區域裡還需要許多專注、知識、能力、技巧、才智和發明。但問題是，同類的活動是否已經擴展到另外一個領域？

艾爾：很好，好極了！去了解思想用在哪裡，把它當作一種有用的工具。

克：當然。假使我了解，眞正看到思想的深度和嚴重性，那我會質問：爲什麼在心理世界裡移動、活躍的是思想？這個心理世界是「我」，我的意識、我的失敗、我的成功、我的名聲、我的「我必須是」、我的「我絕不可以」、我的信念、我的信仰、我的信條、我的宗教態度、政治、恐懼、疼痛、歡樂、受苦，所有這一切都是「我」。所有這一切都是記憶，這個「我」是記憶。

艾爾：就是這個「我」，如果你長大的環境像這個國家中的許多人一樣……

克：……像全世界的人一樣。

艾爾：……也許像全世界的人一樣，在一種把持自己的班揚（Bunyan）傳統裡長大，你對自己負責。我的意思是，這其中又有一種有意義的元素，也有一種非常具破壞性的元素。

克：所以，思想和時間是恐懼的根源。然後有人問：爲什麼思想進入這樣的區域？進入到心智的領域裡？

艾爾：我不太明白。思想的出現是爲了阻止危險。一旦有了某種思想，就像石綿捧著某種熱東西，你幻想著思想能讓你控制某種東西，而這種東西若不加以控制，恐怕一發不可收拾。

克：所以，存在的有這位捧著某種熱東西的思考者，以及說「別捧著它」的思想。

艾爾：沒錯，要警醒。

克：所以有兩個獨立的實體。思考者和思考的目標。那麼，思考者是什麼？

艾爾：一種思想。

克：對極了！但是思想說：「我是獨立的思考者。」

艾爾：沒錯。

克：要了解觀察者、思考者、經驗者，與所觀之物、思想、經驗其實是一體的，分不開的。先生，這話意謂著一場巨大的心理革命，也就是說，沒有分裂，就沒有衝突。然後等你留意到這個事實，事實就消失了。但是思想會留住一切，告訴你去種樹，讓這樣的花朵盎然盛開。

艾爾：是的，這樣說有道理。

克：所以，如果你留意到這點，就永遠不會製造問題。

艾爾：是的，我了解。我們現在所說的一切，就是把某樣東西帶到一個交叉點。因爲我們無法想像它，對我們來說，一想到必須捨棄各種向來面對這世界的方式，就令人渾身不對勁。

克：幾天前，某人說：「你必須燒毀心中的偶像。」

艾爾：燒毀心中的偶像，的確。是的，那令人不舒服，而且無法忘掉這件事。

克：所以當你燒毀心中的偶像時，死亡就來臨了——你了解嗎？

艾爾：了解。

克：還有，我不知道你是否深思過這點，不是理論上，而是實際上深思過，然後創作了什麼？不是發明了什麼，我現在談的不是發明。發明源自於知識，科學家們會發明更多的原子彈，或某些新東西，但發明總是源自於知識。

艾爾：創作，那麼，指的是什麼意義？

克：創作並不是源自於知識。因爲知識是有限的。

艾爾：當然，不論我以我平凡的方式做任何事，都有不尋常的時刻，例如，寫作某種當然不是知識創造的東西。我的界限似乎不存在，我並不因爲某種理由而遭局限，然後某種別的東西注入了，因此，你的作品中帶有某種不是你的東西。

克：不，我們把這點講清楚。總是有必要把創作表達出來嗎？總是有必要把創作攏入文章中，或以雕刻、繪畫的形式表現嗎？

艾爾：不，我不明白爲什麼必須把創作表達出來。

克：所以，如果我們倆都了解創作無法源自於知識的事實……

艾爾：沒錯，確實如此。

克：發明有各式各樣、各種層次等等，都源自於知識。但是有沒有一種腦子或心智的狀態，其中知識並不存在？

艾爾：那麼創作在哪裡？嗯，我認爲一定有創作，我相信一定有。

克：首先，曾經寫作或發明的我，稱這種東西爲「創作」。或許達文西畫了某樣東西，而我說：「多神奇的一幅創作啊！」我們用「創作」這個詞涵蓋了發明，而且……

艾爾：……指一項產品。於是，例如，當你拿到一幅大師的草圖、一件未完成的作品時，不知怎地令你興奮莫名，而這種感覺可能是拿到成品所無法激發出來的。

克：當然。

艾爾：付錢買這幅畫的贊助人，經常是在畫即將完成時看到它。不過這股在創作這幅畫的過程中所持續進行的活力，未必需要把畫推至結尾，只要存在在早期階段即可。

克：你知道嗎？這又回到最原始的問題之一：是否有某種心智或腦子的狀態，知識得以在其間止息？知識在其他方面有用，但是我們別把事情攪亂。只有知識完全止息，才有某種新東西產生。而這就是創作。

艾爾：知識的止息本身就是創作，沒錯。

克：這並不需要一套前後一致的原則，而需要極大的機敏，一種深奧的警覺感，這樣知識就不會溜進來。

艾爾：然後你必須捨棄一切，你不會是你。這是一種驚人的思想。

克：我們現在最好停止。

（一九八四年六月二十四日於英國布洛伍德公園）

無衝突的祕密何在？

◆伯納·雷文（Bernard Levin）　作家、新聞記者、廣播人員。

雷文：克里希那吉，可否告訴我們你的祕密？你知道了什麼我們其他人所不知道的事？

克：喔，關於這點，我一無所知！

雷文：但是你必定知道某種東西。你看你——平靜、領悟、知足、沒有衝突——你是如何做到的？你的祕訣是什麼？

克：我一生中從來沒有衝突。

雷文：沒有衝突？如果這樣的話，你幾乎可以說是人類中獨一無二的。

克：這並不是因爲環境、因爲我受保護、因爲任何使我安全的外在影響。我想，這是因爲了解衝突不僅摧毀心智，還摧毀了整個覺知的靈敏度。所以我從不曾有衝突；這對我來說似乎很自然，我並沒有努力逃開衝突的情境。

雷文：嗯，對大多數人來說，它是努力的成果，所以我們要如何征服這點？

克：我認為，只要你直接認知到衝突摧毀人類的尊嚴、人類的深奧感，這種不努力就會眞正到來。如果你眞的看透這一點，衝突就會立刻停止——對我而言是如此。

雷文：那對我們來說又怎麼樣呢？

克：嗯，對每一個人來說都是如此。

雷文：對每一個人嗎？那麼我們如何獲得這種能力？它幾乎就像尋找涅槃（Nirvana，指解脫），尋找終極目標，對不對？

克：不對，如果你尋找的是終極目標，那麼你找的是一種完全神聖、完全未被思想汚染的東西。

雷文：那麼思想是汚染源了？

克：沒錯。

雷文：可是，對大多數人來說，這是個非常奇怪的觀念。

克：它不是觀念，它是個事實。你爲什麼把它簡化成一個觀念？

雷文：嗯，因爲這是我們的思考方式。我們從學習中以爲，思想本身是我們所擁有最重要、最強而有力的方法。

克：當然。

雷文：難道不是這樣嗎？

克：但是思想非常有限。

雷文：爲什麼呢？請講下去。

克：因爲它源自於知識，源自於記憶、經驗，所以不論談到什麼事，知識永遠不完整。

雷文：但是有什麼比知識更完整呢？你說思想源自於經驗、記憶、知識；當然是，但是我們怎麼能夠超越這些呢？

克：我認爲，只要你把思想放對了地方，便能夠超越。你需要思想，才能夠來到這裡，你需要思想，才能夠操作這些燈光和照相機等等。你也需要思想，才能夠建造原子彈和巡弋飛彈。但是思想是有限的，它被知識所局限，而知識在任何情況下從沒有完整過。所以當一個人了解到這一點，那麼思想就擺對了地方，然後在心理上，你不會塑造一個自己或任何東西的意象。你看到的就是事物的眞面目。

雷文：我們認爲我們一直都這麼做。

克：沒錯，但是就拿所有宗教爲例吧！不論是基督教、印度教、佛教或回教，全都是以思想爲基礎。不論思想曾經創造過什麼，它都不是神聖的。所有宗教儀式，所有以上帝的名義進行的事情，都不是神聖的。

雷文：你談到宗教的儀式，談到宗教的組織、教會的階級制度，但是你沒談到最初的教誨？例如，你不談基督或佛祖的教誨，對不對？

克：我談這些。因爲它們已經被翻印成書，並由人類以自己的角度詮釋，在基督教裡稱作「天啓」，而在佛教裡，佛陀透過門徒傳下來某些明確的東西。但是這仍然不是一種直接的覺知，直接的了解，直接而深刻地洞悉永恆。

雷文：但是，這類教誨要如何以別的方式傳達——畢竟，你也寫書，也上電視？

克：沒錯，眞是不幸。

雷文：我的意思是，這就是這些事情傳達的方式——還有什麼別的方式可以傳達它們？

克：例如，假使你能了解文字並非這東西，不論書上印了什麼，都不是眞正的這東西，文字只是認知到某種東西的人所採用的一種溝通方法，想藉此把這東西傳達給其他人。

雷文：當然。

克：在溝通當中，原意被曲解了，那人，而不是他所說的話，變得格外重要。

雷文：唔，這就是我所謂教會的重要時期。教會收容了這位偉大的導師、偉大的領導人、偉大的先知，然後如你所說，曲解了先知的原意，但是這並不影響先知的教誨。畢竟，舉個我們都熟悉的例子吧——登山訓衆（the Sermon on the Mount）——基督說的那些話已經被記錄下來了，現在，我們可以自己讀到這些話。它們還是基督說的話，不是嗎？

克：我們可以把整件事換一種說法嗎？一個人必須是自己的明燈。

雷文：嗯，請繼續。

克：你無法依賴任何人，你無法從他人處得到光明，不論是什麼人——上帝、救世主或佛陀

——你無法將這光明交給別人，一個人必須完完全全是自己的明燈。這並不表示自私，不代表以自我爲中心的活動。相反的，成爲自己的明燈意味相當了解自己，因爲了解，並不會曲解自己的本來面目。

雷文：那麼你的意思是，我們沒有人需要這種留傳下來的教誨，我們可以自己發現這些事情？

克：每個人都是人類的故事，這一點非常明顯。如果一個人知道如何解讀自己，解讀自己的那些相當複雜且需要全神貫注的故事，如果一個人有一種不曲解事實的心智，不曲解實際看到的一切，懷有如此專注、敏銳的覺知——這與努力無關——就可以在沒有幻相的情況下解讀自己。

雷文：但是我認爲，有一種好方法，可以將你所說的專注，和我們大多時候只專注在自己身上的做法區分開來。

克：那不過是一種以自我爲中心的活動。

雷文：嗯，的確，當然是這樣，但是這時候，我們是以自我爲中心。

克：因爲我們以自我爲中心，所以造成了世界的混亂，我們爲什麼不了解我們所帶來的災害？

雷文：這是我該問你的問題——我們爲什麼不了解這點？

克：我們不是完全不關心世界上所發生的事，但就是太過關心自己的欲望和快樂，關心到只要自己滿足了，世界上發生什麼事都無所謂。

雷文：難道我們甚至不尋找快樂嗎？

克：快樂是一種副作用，它本身不是一種結果。

雷文：不，我的意思是，我們可以尋找不是建立在他人痛苦上的快樂，可以說沒有其他人受害，爲自己或爲我們所愛的人尋找快樂難道錯了嗎？

克：你所謂的「快樂」是什麼意思？

雷文：嗯，一般認爲這個詞的意思是無邪的歡樂，可以這麼說。

克：就是這樣。只要一個人擁有歡樂，你就稱之爲快樂。歡樂是愛嗎？愛是欲望嗎？

雷文：嗯，顯然有一部分是。

克：不，不是。

雷文：我的意思是，就我們生活的當下，這個詞的意思是如此。

克：沒錯，我們接受這樣的用法，這是我們人類所處的情況，而我們似乎從不曾打算突破這點。所以，什麼力量會讓全世界的人類突破這點，結束這一切？

雷文：但是我們爲什麼要這麼做？畢竟愛是最——我的意思是，我想知道你對這一點的想法，我不是在告訴你愛是什麼——可是，難道愛不是人類最有益的特質之一嗎？

克：愛是人類最有益的特質之一，但是它不等於欲望、歡樂、性、滿足、在生活中的一種有趣感。這一切都被稱作愛，但我認爲這不是愛。

雷文：那什麼是愛？

克：我認爲，只要發現非愛的面貌——愛當然不是野心，就可以了解愛和慈悲，也就是智慧的眞實面貌。

雷文：以自私的野心、運用權力駕馭人們的野心而言，我可以了解這句話恆眞。但是行善、幫助人的野心又怎麼說呢？

克：你行善，但你並不是那麼一心一意要行善，這就變成了自私，一種以自我爲中心的活動。你如果眞的行善，做完了就算了。

雷文：但是我們生活在一個以這些事爲基礎的世界裡，不是嗎？

克：我們生活在一個思想創造的世界裡，我們生活在一個賦予思想相當重要性的世界裡，而思想製造了所有這一切問題：原子彈、戰爭和戰爭用的工具、國家分裂、宗教分裂。

雷文：它的確製造了這些東西，但是它不也同時在這世界上製造了好東西嗎？

克：我正要說——手術、醫藥。

雷文：還有藝術。

克：當然，藝術和其他東西。但是思想最具摧毀性的部分在於，我們生活在其下，與不斷的戰爭爲伴。而且因爲商業主義和其他因素，似乎沒有人能夠停止它，沒有人想去停止它。

雷文：那麼我們要怎麼樣才能夠停止戰爭？我想，我們最好由自己開始。

克：是的，就是這樣。

雷文：我們要怎麼做？

克：畢竟，人類的意識是全人類的意識。不是我的意識或你的意識，是全人類的意識。而意識的內容，是由思想、貪婪、嫉妒、野心、所有衝突、不幸、苦難、一種特別的孤獨感、寂寞、絕望、焦慮所造成，這一切都存在於我們的意識裡。信仰——我相信上帝，我相信信仰，也相信腦子的機能會衰退。

雷文：但是你否定信仰本身？

克：沒錯。

雷文：你眞的否定信仰？

克：完全否定。

雷文：你沒給自己留多少餘地，對不對，克里希那吉？

克：當然沒有，所以我說，一個人必須超脫所有思想所製造的幻相，去看看眞正神聖的東西，看看透過正確的冥想所產生的東西。

雷文：什麼是「正確」的冥想？你是說還有錯誤的冥想。

克：喔，所有冥想和目前由上師推動的所有這類東西都是胡扯。（大笑）

雷文：爲什麼？

克：因爲你必須先把房子收拾整齊。

雷文：但是難道這不是把房子收拾整齊的方式嗎？

克：唉，你看，這是不對的。他們認爲，透過冥想，你把房子收拾整齊了。

雷文：不是這樣嗎？

克：不是，相反地，你必須先把房子收拾整齊，否則就變成一種逃避。

雷文：但是我們的確需要逃避這個意識的自我、逃避自我、逃避這些欲望、逃避我們本身的需求。冥想時的寂靜當然是通往那目的的一條有效途徑，不是嗎？

克：你知道嗎？這個問題非常複雜。把房子收拾整齊意謂沒有恐懼，了解歡樂，止息悲痛。由此生起慈悲、智慧，而這個過程——我們稱之爲當下的過程——是冥想的一部分，然後由此發現思想是否可以停止，意思是時間必須停止。然後從其中產生了莫大的寂靜，也就是在這寂靜中可以找到神聖的東西。

雷文：唔，以我而言，而且我相信大部分的人也都一樣，停止思想，關閉心智，是生命中最困難的事。

克：這裡又顯得相當複雜了。關閉心智的是誰？

雷文：我想我應該說，是心智本身。

克：是心智本身。

雷文：我認爲這是不可能的。

克：不，當一個人了解觀察者就是所觀之物，控制者就是所控制之物，經驗者就是經驗；當一個人不是理智上或言詞上，而是實際、深刻地了解到這點，那麼這股非常的覺察力就會使思想停止。那就像看到了危險。如果你看到了危險，你會避開它。例如，一個終生處於衝突中的人可以「冥想」，可以做各種事，但是衝突仍舊繼續；但是當他看到心理上的危險，衝突的弊端，他就會停止衝突，衝突也就因此結束了。

雷文：但是對我而言，你所說的話似乎沒有路可以通到那裡。

克：喔，不對。

雷文：我們如何到達那裡呢？我的意思是，要到達一個沒有路通達的地方，似乎的確是一個困難重重的念頭。

克：你瞧，這些路徑是由思想所鋪設的，有整個印度教進展的觀念，佛教、基督教的方式，但是眞理並非固定不動。所以你沒辦法找到一條通往眞理的路徑。

雷文：可是一定有一條途徑，或者說，我希望有一條途徑，能通往衝突的止息。

克：沒有一條途徑是可行的。不過，一旦一個人了解了，衝突、悲傷和所有一切便得以止息。不，我們這麼說好了，一旦在沒有任何曲解的情況下，眞切敏銳地覺察到一個人的本來面目，在沒有任何選擇的情況下覺察到它，所有一切的混亂便得以結束。

雷文：嗯，你說只有覺察到一個人的本來面目，在沒有選擇、沒有幻相的情況下完全覺察，聽起來好像我們都必須坐著不動，等待立即的啓示。

克：喔，那麼你可以坐著不動等上一百萬年！

雷文：正是如此。

克：我們一直在做這樣的事。

雷文：我們的確是這麼做。

克：然後我們必須找出該採取什麼樣的行爲。有沒有一種行爲不會製造衝突，在這種行爲中沒有後悔，不論生活在貧苦或富裕的社會裡，不論處在什麼樣的環境下，這種行爲永遠都是正確的？要找出這樣的行爲，必須探究我們現在的行爲。我們現在的行爲若不是和未來有關的理想主義的行爲，就是以過去的記憶，也就是知識，爲基礎的行爲。那麼，有一種脫離未來、脫離時間而獨立的行爲嗎？這是整個重點所在，不是嗎？

雷文：我們無法叫時間停止前進，它繼續運行。

克：以手錶、日子計算的時間繼續前進，但是有心理、內在的時間嗎？其實沒有這樣的時間，但是我們卻製造這樣的時間。

雷文：所以，似乎不論這東西是什麼，它是完整和瞬息的，並不是某種你一層一層建立起來的東西。

克：一點也不錯。並沒有一種漸進的過程，那麼它並非啓蒙，因爲啓蒙允許時間進入，讓它逐漸變成某樣東西。

雷文：你可知道，在這樣的情況下，我想請教你某件事。你在這裡有一所學校，你拿什麼教學校裡的孩子？如果我假設你沒辦法為他們、為我們之中的任何人，不論年長或年輕，將這個建立起來，那麼你教些什麼？

克：人文學科。

雷文：沒錯，但是在這些領域……

克：當然，而且還要指出這一切：如何正確地生活，以及這句話的意義。

雷文：各個年代的哲學家們都曾討論過這一點，如何正確地生活，也就是蘇格拉底所說的——活得好。

克：沒錯，活得好。

雷文：你能教這個嗎？

克：你可以指出來。你可以說不要成為社會的奴隸，不要這樣，不要那樣，但是你必須表現給學生看，告訴他們何謂正確地生活，然後就看學生的造化了。

雷文：但是生活在必須趕火車、上班、到店裡買麵包的真實世界裡，我們做得到嗎……？

克：做得到，這些我都做過。

雷文：我們要如何把周遭俗世的壓力都結合在一起？

克：我在壓力下不做任何事。

雷文：你不會做任何事——但願我和你一樣。

克：不，不論在理智上或心理上，我都拒絕處在壓力下。我不在乎餓死、我不在乎沒工作，但是我拒絕被擺到那樣的情境裡。

雷文：你可知道，當我問你的祕密是什麼時，我眞正要問的是這個。因爲你說你永遠不會處在壓力之下，而我的確能夠認清及了解這點，一個人只要看著你，閱讀你或聆聽你的教誨，就能夠曉得這點，但是我們其他人怎麼辦？我們要如何從這負擔中解脫出來。

克：如果我們每一個人都說我們不會處在壓力下……

雷文：我們一直都處在壓力下。

克：不，我們不會。

雷文：我們要怎麼拒絕這點？我們要怎樣才能夠在這個眞實的世界裡生活？這份工作正等著我們，我們就要來不及了，我們有這一份職責。

克：等一下，這又引出了社會是否可以改變的課題。共產黨員和社會黨員曾經試過，各個制度都正在嘗試改變社會。究竟，社會是什麼呢？它是個由我們的個人關係中所產生的抽象概念。如果我們的個人關係徹底改變，社會就會改變。但是我們不願意改變，我們認可戰爭，我們接受這一切可怕的生存情況。

雷文：沒錯，我們是如此。我們要如何阻止這種情況？

克：反抗它。不是藉變成一名共產黨員或這類成員來反抗，而是在心理上反抗。

雷文：但是那可能必須由每一個個人完成。這並不是能夠集體完成的事。

克：那麼，你所謂的由「個人」是什麼意思？

雷文：嗯，我們都是獨立、個別的人格。

克：是嗎？

雷文：難道不是嗎？

克：我懷疑這點。我們並不是個體，我們是集合了一百萬年集體的經驗、記憶等一切的結果。我們認爲我們是個體，我們認爲我們是自由的，其實並非如此。對我們而言，自由意即選擇。選擇意即混亂，如果你頭腦清楚，你就不選擇了。

雷文：你曾經說過，我記得你最引人注意的其中一句話是：你的目的是要讓人類自由。

克：沒錯，聽起來……（大笑）

雷文：畢竟，這是世界上最重要的事，但是你要如何著手？我們要如何讓自己自由，因爲我們必須讓自己自由可能是你的意思。我們要如何讓自己自由？

克：要覺察到我們受局限的情況。何謂我們受局限的情況？

雷文：嗯，這當然因人而異。

克：我懷疑這點。我們被恐懼所局限，被歡樂所局限，這些是全人類共同的。我們被自己的焦慮、寂寞、極度的不確定所局限，這一切都是局限心智的元素。

雷文：我們可以把這些都擱在一旁就好了嗎？

克：不行，你問錯問題了；如果一個人看到那結果、那疼痛，看到這種受局限的情況所衍生出來的每一樣東西，它自然就停止了。這是智慧，並沒有哪個存有說我必須停止。

雷文：那麼我們就自由了？

克：你所謂的「自由」是什麼意思？

雷文：我的意思是，免於這些恐懼、焦慮、這些不可能的欲望、徒然的渴望。

克：是的，這是自由。

雷文：對我來說，似乎當然是如此。

克：除非有那種自由，否則你無法成爲自己的明燈；除非有那種自由，否則冥想就無意義。

雷文：你知道嗎？每一個人都認爲這是另外一種處世的方式，而你和常人的看法剛好相反，對不對？

克：這是事實。

雷文：我們把制度、信仰、信念、作品，當作達到這種自由狀態的方式，但是你以自由的狀態做爲開始。

克：信仰使腦子的機能衰退。如果你繼續反覆、再反覆，和大家一樣，那你的腦子就會萎縮。

雷文：那麼，我們有辦法只跳一大步就跨進自由嗎？

克：是的，這就是藉洞悉力洞察這一切。

雷文：當下嗎？而且每個人都能做到嗎？

克：是的，只要專注、探索、研究的人，只要這人企圖了解這種人生中可怕的混亂。

雷文：任何年齡層均可嗎？

克：不，當然不是，嬰兒、小孩做不到！

雷文：但是我們不需要花費一輩子的時間練習它嗎？

克：當然不需要。死亡正在等著你。

雷文：它在等著我們大家。

克：是在等著我們大家。

雷文：非常謝謝你，克里希那穆提。

（一九八一年五月二十五日於英國布洛伍德公園）

身處這混亂的世界，可能有清晰的頭腦嗎？

◆休斯頓・史密斯(Huston Smith)　麻省理工學院哲學教授。

史密斯：克里希那穆提，也許我只有一個問題，但是我會以不同的方式反覆發問。像我們生活在這麼一個混亂而困惑的世界裡，被外在衝突的聲音和內在衝突的緊張關係所折磨，內心交錯複雜，而緊張永遠揮之不去，在這樣的生活、這樣的世界裡，有可能頭腦清晰地生活嗎？如果可以，要怎麼做？

克：先生，我不明白你所謂的「頭腦清晰」是什麼意思，你是不是指頭腦清楚？

史密斯：第一個想到的當然是頭腦清楚。

克：這個頭腦清晰是指智力上的覺察呢？還是這種覺察不僅只是生命的片段，而是整個生命的覺察？

史密斯：當然指的是後者。

克：它並不是片段的，也因此不是智力的、情緒化的、或感情的。所以它有可能在這個混亂的世界裡，與如此多的矛盾同時存在嗎？不僅外在與不幸和飢餓等共存，同時在許多富有的社會裡，內在也有許多心理上的不足。一個活在這個世界裡的人，能夠在自己身上找到一種持續不變的清楚嗎？也就是眞正沒有矛盾感？人類有可能找到這個嗎？

史密斯：這就是我的問題。

克：我不了解爲什麼眞正重視這點的人沒有找到它。大部分的我們一點兒也不重視這點，我們希望有人款待我們，有人告訴我們該做什麼，我們希望別人告訴我們如何生活，這頭腦清楚是什麼，眞理是什麼，上帝是什麼，正當的行爲是什麼等等。如果一個人能夠完全摒棄所有心理專家及宗教專家的權威，如果一個人能夠眞正否定任何形式的權威，那麼這個人就可以完全依賴自己。

史密斯：嗯，我現在要問的話也許偏離了主題，和你要說的相矛盾。因爲你已經說過，這對你而言似乎是可能的，所以我馬上有股衝動想問你：該怎麼做？

克：等一下，先生。

史密斯：不過你會說我依賴權威。

克：重要的是擺脫權威，而不是「怎麼做」。這個「怎麼做」包括方法、系統，是別人踩踏出來的路，而且要別人告訴你：這麼做，你就會找到它。

史密斯：那麼，你的意思是，問你要如何達到頭腦清晰是個不適當的問題？

克：不，一點兒也沒有這個意思。但是「怎麼做」包括方法、系統。一旦你擁有了系統和方法，你就變得機械化，只做被告知的事。這並不是頭腦清楚。就像一個孩子，由他父母告訴他從早到晚該做些什麼事，因此他依賴母親或父親。所以要頭腦清楚，第一要件就是自由，擺脫權威。

史密斯：在此，我覺得有種束縛。因爲這自由是吸引人的，而我想朝它走去，但是我也想了解你的心智，請教你如何著手？難道只要我問了這個問題，就表示我離自由愈來愈遠了嗎？

克：不是的，但是我要指出其困難處，指出「怎麼做」的含意。本質上它包含了一個「請告訴我怎麼做」的心智。

史密斯：沒錯，但是我再問一次，這是個錯誤的問題嗎？

克：我想是的。如果你問：阻礙頭腦清楚的東西和障礙物是什麼？那麼我們就可以討論這點。但是如果你一開始就說，方法是什麼——嗯，有許多方法，而它們全都失敗了，它們並沒有在人類的身上產生頭腦清楚、教化或一種和平的狀態。相反地，這些方法分裂了人類，你有你的方法，別人有別人的方法，而這些方法間永無止境地爭執。

史密斯：你是說，一旦你摘要了某些原則，並把它們公式化成某種方法，要這來配合錯綜複雜的事，未免太粗糙了？

克：一點也不錯，包括錯綜複雜的事，以及頭腦清楚的複雜性和生活品質。

史密斯：因此「怎麼做」必須永遠是當下的，一個人由此屹立，成爲特別的個體。

克：我永遠不會把「怎麼做」放進來，內心永遠不會想到「怎麼做」。

史密斯：嗯，這是一則嚴厲的教誨。它或許是眞實的，而我正在追尋它，但是我不知道這是否有可能——我不覺得有可能完全放棄「怎麼做」這個問題。

克：先生，我認爲如果我們能夠進行得慢一點兒，就能夠相互了解，要討論的不是「怎麼做」，而是阻礙頭腦清楚的東西。透過否定達到頭腦清楚，而不是透過遵循某一系統而行的肯定方法。

史密斯：好吧！否定的接觸，這不錯。

克：我認爲這是唯一的方法。「怎麼做」這個肯定的方法，已經引導人類走向分裂自己，分裂人類的忠誠、人類的追求；你有你「怎麼做」的方式，別人有別人「怎麼做」的方式，有這和那的方法，然後我們全都迷失了。所以如果我們現在能夠把「怎麼做」這個問題放在一邊，也許你以後就永遠不會處理這個問題。我希望你不再需要處理這個問題。

史密斯：嗯，以後就知道了。

克：所以重要的是找出什麼是障礙、阻礙，這些使人類無法清楚覺察到人類的焦慮、恐懼、悲傷、寂寞之痛，以及完全缺乏愛等等。

史密斯：我們來仔細探究否定的好處吧！有什麼好處呢？

克：我覺得，首先必須有自由，必須擺脫權威。

史密斯：我們能花些時間探討權威這回事嗎？當你說我們應該放棄所有的權威時，對我而言，似乎完全自由和獨立自主的目標是可行的，然而我覺得沿用此方法，在特定領域裡，似乎我們依賴、而且應該依賴所有權威。當我來到一個新地方，停下來問加油站的人我應該走哪一條路，我接受他的權威，因爲他知道的比我多。

克：顯然，專家知道的比一般人多些。不論手術或科技方面的專家，知道的當然比對那項技術不熟的人多。但是我們考慮的並不是像這類的專業權威，而是整個權威的問題。

史密斯：我們必須了解何處有特殊的權威，哪一種權威我們應該接受，而何處……

克：……權威是有害的，具破壞性的。因此在這個權威的問題裡包含了兩個問題：專家的權威——姑且這樣稱呼吧——這是必須的，但是也有這種屬於人的權威，例如：「我知道在心理上，你不是這樣的」。

史密斯：是的，我了解。

克：這是眞的，這是假的，你必須做這個，你不可以做那個。

史密斯：所以一個人永遠不該把生活交給……

克：……交給任何人。因爲全世界各宗教都說：把你的生命交給我們，我們會指引、塑造它，我們會告訴你們該做什麼。這麼做，跟隨救世主，跟隨教會，你就會獲得和平。但是相反的，教會和各種宗教製造了可怕的戰爭，導致心智破碎。所以問題在於，並沒有擺脫某一個特定的權威，而是整個在觀念上接受權威。

史密斯：是的，我能了解一個人不應該永遠放棄他的良知。

克：不，在此我要談的並不是良知。

史密斯：嗯，我之所以想到良知，是以我該如何過生活的角度。

克：但是我們一開始就問：為什麼人類活了兩百多萬年，卻還無法擁有清楚的覺知和行動？這才是問題。

史密斯：沒錯，而你的第一個重點是，因為人類不接受全部的責任……

克：我還沒談到那裡。我現在說的是，我們必須以否定的態度來接近這個問題，意思是我們必須找出阻塞物是什麼。

史密斯：障礙物。

克：妨礙覺察的障礙物。而其中一大障礙或阻礙，就是像這樣完全接受權威。

史密斯：因此要好自為之。

克：一點也不錯，你必須是自己的明燈。要成為自己的明燈，你必須否定其他燈光，不論那燈光有多偉大，不論是佛陀之光，或某某之光。

史密斯：也許在某方面接受這樣的說法，但是儘管如此，你並沒有說出哪一點可能行得通。

克：不，因為這是我自己的權威。我有什麼權威呢？我的權威就是社會的權威。我被局限在必須接受權威，而當我拒絕外在的權威時，我接受了內在的權威。而我的內在權威是我的教養環境塑造出來的。

史密斯：好的。我不太確定的只有一點，就是：對我來說，在假設、接受、確認和保持自己的自由……

克：唉！你做不到的。先生，除開意識形態上或理論上的接受，一個囚犯怎麼可能接受他是自由的說法？他在牢裡，而這就是我們必須更動的事實。

史密斯：我懂了。

克：不是接受、遵守一個意識形態上想像出來的自由，這種自由並不存在。存在的是人類已經順從了這整個權威。

史密斯：沒錯，而這就是我們必須了解和消除的第一件事。

克：完全正確。對認眞的人，對想找出眞理、想把事情看得一清二楚的人來說，必須完全奉行這點。這是要點之一。這也表示自由不僅源自於權威，也源自於使他接受權威的恐懼。

史密斯：是的，這似乎是眞的。在渴望權威的背後，是我們期望權威能夠免除的恐懼。

克：一點也不錯。恐懼使人類變得暴力；人類不僅參與了領土的暴力，也參與了性和其他形式的暴力。所以擺脫權威意味著免於恐懼，也就包括停止每一種形式的暴力。

史密斯：如果我們停止暴力，我們的恐懼就會減少嗎？

克：我們換一種說法吧！人類在心理上、語言上是暴力的；在日常生活裡是暴力的，這點最後導致戰爭。人類已經接受戰爭是一種生活方式，不論在辦公室、在家或在遊樂場都一樣。不論身在何處，他都已經接受戰爭是一種生活的方式，這就是暴力、侵略等等一切相關的本質。因此，只要人類接受暴力，以暴力的方式生活，他心中的恐懼就永遠不滅，並因此更爲暴力，這麼做的結果也就接受了權威。

史密斯：沒錯，所以這三者是一種惡性循環，彼此間息息相關。

克：教會說，和平地生活，要仁慈，愛你的鄰居，這全都是無意義的廢話。這只是一種口頭主張，完全沒有意義。那只是個構想，因爲社會道德，也就是教會的道德，是不道德的。

史密斯：因此，在試圖認清橫阻在我們和頭腦清晰及自由之間的事物時，我們發現權威、恐懼和暴力一起阻礙我們。由此我們要如何前進？

克：這條路並不通往某處，只是了解這則事實：我們大部分生活在這樣的氣氛下，生活在這個權威、恐懼和暴力交織而成的牢籠裡。一個人無法掙脫這牢籠，除非超脫了它。不是在智力上或理論上的超脫，而是眞正超脫各種形式的權威；不是超脫專家的權威，而是超脫依賴權威的感覺。既然如此，人類有可能完全免除恐懼嗎？不僅就一個人的意識這樣表面的層次而言，更深入到所謂的無意識層。

史密斯：有可能嗎？

克：這就是問題所在，否則你就被迫接受某人的權威，可能是擁有一丁點兒知識、一丁點兒巧妙解釋或某種知性公式的張三、李四或王五，你就被迫臣服其下。所以問題在於，一個受教會、社會、道德等等宣傳所重重局限的人，是否能夠眞正免於恐懼。這是最基本的問題。

史密斯：這就是我等著要聽的。

克：我說有可能，不是抽象的有可能，而是眞正有可能。

史密斯：我又有一股衝動要問——怎麼做？

克：你知道嗎？你一說「怎麼做」，就停止學習、終止學習了。因爲我們正在學習：學習人類恐懼的本質和架構。我們學習的層面包括最深層和最表層。當你在學習的時候，你不可能突然問：我要怎麼學？如果你有興趣，就沒有所謂的「怎麼做」。如果問題極重要、強度夠，如果必須解決這問題才能夠和平生活，那就沒有所謂的「怎麼做」，你自然而然就學了起來。所以，你一把「怎麼做」這個問題帶進來，就偏離了學習的中心事實。

史密斯：讓我們繼續在學習這點的途徑上行進。

克：所以，學習是什麼意思呢？

史密斯：意思是在一個指定的範圍裡覺察一個人應該怎麼前進。

克：不，先生，肯定不是。這裡有一個「恐懼」的問題。我想學習這問題。首先，我不可以譴責它，我不可以說：眞可怕，然後逃避它。

史密斯：聽起來好像你已經以某方式譴責過它了。

克：不，我想學習。當我想要學習某樣東西，我就觀看，完全沒有譴責的成分。

史密斯：嗯，我們正透過一種否定的路徑達到這目標。

克：這就是我正在做的事。

史密斯：恐懼是一種阻礙。

克：我要學的就是這個。因此我不會譴責它。

史密斯：嗯，這東西並不好，你不是在提倡這點。

克：並不是提不提倡的問題。這裡有一則恐懼的事實。我想學習它。我一學習某樣東西，就不受這東西的束縛。以這樣的態度學習事情，學習中包括了什麼呢？首先，學習某樣東西必須完全終止譴責或辯護。

史密斯：沒錯，我可以明白這點。如果我們想了解某樣東西，就必須不讓情緒涉入其間。

克：如果我想了解那台照相機，我一開始觀看它，打開它，研究它。所以，要學習恐懼，必須不譴責恐懼，不為恐懼辯護，因此口頭上沒有逃離恐懼的事實。但傾向於否定恐懼。

史密斯：否定事實。

克：恐懼的事實，恐懼的事實引發所有這些事。因為否定，便說：我必須發展勇氣。我們正要探究恐懼這個問題，因為它真的是一個非常重要的問題：是否人類的心可以免於恐懼？

史密斯：當然可以。

克：也就是說，不論這個心是否有能力觀看恐懼，都不把它當作一種抽象概念，而是真正看著恐懼發生。

史密斯：面對恐懼。是的，我們應該這麼做，而且我同意你的說法，我們不可以不面對恐懼。

克：面對它，覺察恐懼。若要學習恐懼，必須沒有譴責或辯護。這是一則事實。所以，心智能夠觀看恐懼嗎？恐懼是什麼？恐懼有許多種：恐懼黑暗、恐懼妻子、恐懼丈夫、恐懼戰爭、恐懼暴風雨，許多心理上的恐懼。而你不可能有時間分析這一切，那要花上一輩子的時間，而且即使花了一輩子時間，還是不了解它們的。

史密斯：因此，這是恐懼本身的現象，不是任何……

克：……任何特別的恐懼。

史密斯：沒錯，那麼我們該學什麼？

克：等一下，慢慢來。既然要學習某樣東西，就必須與它全面接觸。我想學習恐懼，因此，我必須觀看恐懼，我必須面對它。然而面對它包含了一顆不想解決恐懼這個問題的心智。

史密斯：要觀看恐懼……

克：……不是去解決恐懼這個問題。了解這點非常重要，因為我想解決恐懼，所以我比較關心恐懼的「解法」，而較不在意「面對」恐懼這個問題。如果我說，我必須解決恐懼，那表示，我已經脫離原問題，並沒有觀看恐懼。

史密斯：你是說如果我們正在解決恐懼的問題，我們就不是真正面對它？

克：對極了，先生。你可知道，如果要面對恐懼，心智必須完全專注在面對恐懼上，如果你把一部分的注意力放在恐懼上，也就是說，我想解決恐懼並擺脫它，那你就不是完全專注於面對恐懼上。這其中涉及幾個問題。我們通常把恐懼當作某種身外之物，因此有觀察者和所觀之物的問題。觀察者說：我害怕，而他把恐懼當作某種與他有所距離的東西。

史密斯：我不太確定。當我覺得害怕時，就是害怕，我深深感覺到它就在這裡。

克：在這裡，但是當你觀看它時，就不一樣了。

史密斯：當我觀看著恐懼時……

克：……然後我把恐懼顯現出來。

史密斯：不，這樣又好像不對。

克：好的，在恐懼的當時是沒有觀察者，也沒有所觀之物。

史密斯：這一點倒是事實。

克：這就是我要說的。逢危機時，在眞正恐懼的那一刻，是沒有觀察者的。

史密斯：當時眼前只有恐懼。

克：那麼，一旦你開始觀看恐懼，面對恐懼，就產生了這種分裂。

史密斯：介於恐懼的自我和……

克：……和非恐懼的自我之間的分裂。所以，在試圖學習恐懼的過程中，觀察者和所觀之物間存在著這種分裂。那麼，有可能在沒有觀察者的情況下觀看恐懼嗎？這是個相當複雜難懂的問題，因此必須非常深入地探討。只要有一名準備學習恐懼的觀察者，就有分裂存在。

史密斯：這是眞的，我們尚未與恐懼完全接觸。

克：因此在這分裂中，存在著試圖去除恐懼或爲恐懼辯護的衝突。所以，有可能在沒有觀察者的情況下觀看恐懼嗎？如此一來，你就無時無刻都完全與恐懼在一起。

史密斯：嗯，那你正在經驗恐懼。

克：我不喜歡用「經驗」這個詞，因爲經驗意味著穿透某種東西。

史密斯：沒錯。但它似乎比「觀看」好，因爲在觀察者和所觀之物間似乎隱含了分裂。

克：我們可以使用「觀察」這個詞或毫無選擇地覺知恐懼，因爲選擇包括觀察者，選擇我喜歡的或不喜歡的。因此當觀察者不存在時，就存在著毫無選擇地覺知恐懼。那麼會發生什麼事？這是問題所在。觀察者在他自己和所觀之物間製造了語言的差異。語言進來了，這個詞使人無法完全接觸到恐懼。

史密斯：是的，字詞可以變成一張帷幕。

克：這就是我們所說的。所以不可以涉及文字。

史密斯：我們必須超越這一點。

克：但是有可能超越這個詞嗎？理論上我們說有可能，但是我們卻是文字的奴隸。

史密斯：沒錯，受到極深的影響。

克：心智必須覺知到自己受文字的牽絆，從而了解文字和東西是兩回事。因此心智就在擺脫文字的情況下「觀看」。這句話蘊含了一切。先生，我的意思是，包括兩人之間，丈夫和妻子間的關係，都是形象的關係。

史密斯：顯然是如此。

克：你有屬於你的她的形象，而她有屬於她的你的形象。這關係存在於兩個形象間。所以，真正的人類關係是當這些形象不存在的時候。同樣地，當文字不存在時，觀察者和所觀之物間的關係才終止。如此，一個人才是直接和恐懼接觸。

史密斯：我們通過了那張帷幕。

克：是的，現在恐懼存在於意識層，也就是能夠相當迅速了解的一個層次。但是還有更深層的恐懼，坐落在所謂心智隱藏的部分。那麼有可能不經分析就覺知到它嗎？分析需要時間。

史密斯：當然有可能。

克：你說有可能，有可能嗎？有滿懷的恐懼，包括整個無意識層的內容，它的內容是無意識的。那麼，要覺知這一切，不透過夢想，又得花太長的時間。

史密斯：難道你是問：我們是否能夠明確地覺知到整個心智？

克：沒錯，整個內容，心智的整個情況：包括意識層的和更深的層次，也就是意識的全部。

史密斯：我們能夠明確地覺知到這一切嗎？我不太確定。

克：我認爲有可能。只有在你覺知到自己白天說的話、用的字、談話的表情動作和方式、走路的方式、自己的思想，只有在你徹底覺知到這一切時才有可能。

史密斯：你認爲在你徹底覺知之前，有可能做到這一切嗎？

克：當然，先生，絕對可以。一旦沒有譴責，沒有辯護，當你直接和它接觸時就可以。

史密斯：對我而言，心智就像一座冰山，它的全貌……

克：如果你有一顆相當敏感的心智，白天，你覺知到你的思想、你的感覺、你的動機，你就有可能看到全貌。

史密斯：我們當然能夠覺知到許多，比我們平常覺知到的多許多。當你說我們能夠覺知……

克：全部，是的，先生。

史密斯：……所有心理上的元素……

克：我正在告訴你，正在讓你知道。如果你否定它，如果你說，這不可能，那麼它就是不可能。

史密斯：不，我想相信這點。

克：它不是相不相信的問題。我不必相信我所見到的。唯有在我沒看見時，我才相信上帝，相信這或那。

史密斯：對我而言，這是信仰的問題，或許對你而言不是，因爲你……

克：信仰是生活中最具摧毀性的事。我爲什麼應該「相信」太陽昇起？我眼睜睜地看到了太陽昇起。因爲我不知道愛是什麼，所以我才相信愛。

史密斯：就像有許多次，當我聽你的演講時，對我而言，似乎半個眞理被描述成整個眞理。我不曉得是不是爲了強調什麼，還是你眞的想要堅持到底。

克：不，先生，對我而言，我眞的想要堅持到底。

史密斯：我們談過阻礙我們的要素，那些阻礙我們過頭腦淸楚的生活的東西，還談過自由、權威、暴力、恐懼。我不想把所有時間花在討論這些障礙上。關於這情況，有沒有任何肯定面可談呢？

克：先生，肯定面指的是權威。只有專橫的心智才說：「我們來確定吧！」這和否定是相對立的。但是我們所談的否定是沒有對立的。

史密斯：嗯，當我向你要求一個肯定的敍述時，我似乎不是祈求權威。我只是想聽聽你是否有些有趣的東西可說，然後我能夠下判斷。

克：和哪方面有關？

史密斯：例如，是不是談到我的處境，以及生活情況。在我看來，似乎我們正摸索著如何以我們的語言描述生活情況。

克：先生，難道你在暗示生活只存在於現在？還是生活被分成過去、現在和未來，因此變得片段不完整？抑或是對生活有一種徹底的覺察？

史密斯：嗯，我的答案似乎還是兩者皆是。在某種意義上，它是一體的，它是現在，而現在就是我們僅有的。但是就如常人所說，人類是一種受時間束縛的動物，總是瞻前顧後。

克：所以，人類是時間的產物，不僅從進化的角度看，以編年和心理的角度探討，亦復如是。人類是時間的產物：過去、現在和未來。而且，人類大部分活在過去。

史密斯：沒錯，大部分如此。

克：他就是過去。因爲他活在記憶裡，所以他就是過去。

史密斯：不全然是。

克：等一下，先生。請一步步隨著這點討論下去。他活在過去，因此他從過去的背景思考、檢視、觀看。

史密斯：這有好也有壞。

克：不，這無關過去的好或壞。他活在過去，由過去檢視一切，由過去計畫未來。所以他活在過去，他就是過去。當他思考未來或現在時，他是以過去的角度思考。

史密斯：對我而言，似乎大多數時候，這點恆眞，但是有新的覺知、新的經驗，能夠突破整個過去。

克：只有在過去不存在時，新經驗才會出頭。

史密斯：嗯，對我來說，這就像混合了我們不得不由過去帶來的東西，而且把這東西帶來把玩現在的新奇事物。它是兩者的混合。

克：但是如果我想了解某種新東西，我必須以淸澈的雙眼注視它。我不能把過去所有的認知過程、過去所有的記憶都帶進來，然後轉換成我現在看到的新東西。當然，發明噴射引擎的人必定已經忘了推進器，或對推進器十分熟悉，然後當時缺乏他所發現的新知識。這是人生運作的唯一方式。也就是說，我必須徹底覺知過去，但是不在過去的影響下觀看新事物或接觸新事物。

史密斯：在此我勉爲其難地承認，因爲我認爲我明白你所說的話，我認爲我同意你所下的結論。但是一個人以其所有的信條運作也沒有錯，這和從頭開始並不一樣。

克：但是我們必須從頭開始，因爲生活需要，因爲我們已經以這樣的方式生活了。接受戰爭、仇恨、殘酷、競爭、焦慮、罪行，這一切我們全盤接受，我們以這樣的方式生活著。我要說的是，要產生一種不同的品質，一種不同的生活方式，過去必須消失。

史密斯：我們必須開放心胸，接納新事物。

克：沒錯，因此過去必定沒有意義。

史密斯：這樣我沒辦法繼續前進。

克：這是和整個世界背道而馳的。已經建立的秩序說：我不能放手任新事物發展！而全世界的年輕人說：我們來反抗舊事物吧！但是他們不了解整個事情的複雜性。所以他們說：除開考試、工作和不斷重複舊模式，也就是戰爭，你們喜愛的戰爭外，你們給了我們什麼？

史密斯：嗯，對我來說，你正指出不要成爲過去的奴隸有多重要，而這點非常眞實。

克：過去是傳統，過去是道德模式，也就是社會道德，也就是不道德。

史密斯：但同時，只有一代，也就是我們自己，把未來和石器時代的穴居人分隔開。

克：我同意這個說法。

史密斯：如果穴居人完全被否定，我們就會立刻開始。

克：喔，不，要突破過去需要大智慧，需要對過去極爲敏感。你不能只是掙脫過去。

史密斯：好的，我相信。

克：所以問題其實是：我們能夠以一種不同的方式生活嗎？在這種方式中，沒有戰爭、仇恨。在這種方式中，人愛人，沒有競爭，沒有分裂，不說你是基督徒，你是天主教徒，你是清教徒，你是這個等等。那些全是不成熟的想法，沒有意義。那是一種知性、世故的分裂，那根本不是一種宗教的心智，那不是宗教。宗教的心智是沒有憎恨，完全無恐懼地生活著，沒有焦慮，沒有絲毫的敵對。因此一顆愛人的心，是共同生活的另一種次元。然而，沒有人想要這樣。

史密斯：也可以說，每個人都想要這樣。

克：但是人們不會追求它。人們因爲這麼多其他的東西而分心，他們被所保有的過去重重局限。

史密斯：但是我認爲有某些人會追求這點。

克：等一下，先生，那少之又少。

史密斯：數量並不重要。

克：極少數往往是最重要的。

史密斯：克里希那穆提，當我聆聽你的話，並嘗試透過語言聆聽你所說的話時，我所聽到的似乎是：第一，我應該努力達成自己的拯救，我們每一個人都應該努力達成自己的拯救，而不是依賴外在的權威。第二，不要讓文字形成一層薄膜，阻隔在我們和實際經驗之間，別弄巧成拙。第三，不要因為回應過去的狀態，而讓過去吞掉了現在，占據了現在，要永遠開放，迎接新事物、新奇事、新鮮事。還有最後，對我來說，你所說的話似乎目的在積極反轉我們的觀點。彷彿我們是囚犯，靠在欄杆上尋求燈光，尋找外頭剎那閃現的燈光，心想不知道能否離開牢房，朝燈光行去；而事實上，牢房的門就開在我們身後，只要我們轉個身，就可以走進自由。對我來說，這就是你所說的。對嗎？

克：有一點對，先生。

史密斯：好的，那還有什麼？

克：當然還有，先生，事實是，人類陷在永久的掙扎、衝突中，陷在自己的局限裡，然後拚命努力、掙扎，打破頭要自由。而我們從宗教和其他類似的組織中接受努力是必需的觀念，認為努力是生活的一部分。對我而言，這是盲目的最高形式，是限制人類的最高形式，認為必須永遠生活在努力中。但是要活得毫不費力，需要最大的敏感度和最高形式的智慧；這並不表示我不奮鬥，我會變得像頭牛一樣。一個人必須了解衝突是如何產生的，了解我們體內的二元性，了解「本來面目」

和「應有面目」之間的衝突。如果沒有「應有面目」，它是意識形態造成的，是不眞實、虛假的，而你看到「本來面目」並面對它，在沒有「應有面目」的情況下和它安住在一起，就完全沒有衝突了。只有在你以「應有面目」比較、評估，然後以「應有面目」觀看「本來面目」時，衝突才會產生。

史密斯：這理想和現實之間應該是沒有張力的。

克：我完全沒有理想。爲什麼我們該有理想呢？理想是最愚蠢的觀念形式，爲什麼我該有理想？事實就擺在眼前，爲什麼我該有個什麼樣的理想呢？

史密斯：嗯，你現在又以同樣的口吻說話。對我而言，似乎你把這問題分成不是這樣就是那樣。不是理想，就是現實。但是不知怎地，我總認爲這兩者都是眞理。

克：眞理並不是理想和「本來面目」的混合，如此你製造了某個雜亂的混合物。存在的只有「本來面目」。舉一個非常簡單的例子：我們人類是暴力的，爲什麼我該有非暴力的理想？爲什麼我不能面對有暴力、沒有非暴力的事實？理想是個抽象的概念，是轉移你的注意力。事實是，我是暴力的，人類是暴力的。讓我們面對這點吧！讓我們掌握這點吧！看看沒有暴力的話，我們能不能活下去。這其中沒有二元的過程，只有我是暴力的、人類是暴力的事實，而且有可能擺脫這個事實。爲什麼我該引進理想主義之類的無聊想法？

史密斯：沒有二元性，你說，沒有分裂，而在你的觀念裡眞的沒有分裂嗎？

克：絕對沒有。

史密斯：你和我之間有分裂嗎？

克：生理上有。你穿一套黑西裝，長得比我漂亮等等。

史密斯：但是你沒有感覺到二元性。

克：如果我感覺到二元性，我就不會坐下來和你討論，那麼我們只是在玩益智遊戲罷了。

（一九六八年十一月於美國加州克雷里蒙學院）

你的教誨爲何如此難以實行？

◆瑞尼．韋伯(Renée Weber)　拉特格斯大學(Rutgers University)哲學教授。

韋伯：我的問題可能和你所說的息息相關，也可能沒有一點兒關係。就拿教誨和教育爲例吧！你似乎說過，一位沒有完全超越恐懼、悲傷和所有人類問題的教師，無法成爲一位眞正的教師。這讓人覺得，一個人若不是完美，就是沒有用。

克：我想這裡一定有所誤解。

韋伯：希望是。

克：因爲如果等到一個人臻於完美，或諸如此類的境界，並超越了某些心智狀態，才能夠教學，那實在是個不可能的狀況，不是嗎？

韋伯：沒錯。

克：學生，或向你求教的任何人，會迷失。所以教學者有可能說：我不自由，你不自由，我們倆都被局限了，我們有各種形式的局限，就談談這個吧！讓我們看看是不是能夠超越它，看看有什麼方式瓦解它。

韋伯：難道你不認爲至少教學者比學生要了解這個過程嗎？

克：或許他在這方面看得比較多，研究得多一點兒。

韋伯：但是他未必知道如何把這件事做得好一點兒。

克：因此在和學生溝通，或和自己溝通時，教學者了解他自己同時是教師也是學生。不是因爲他把所學的傳授出去，而是因爲他同時扮演施教者與受教者的角色。他同時做兩件事。

韋伯：你是說他並不是一位傳道的先知。如果他開放，他其實同時在學習和教學。

克：那是一位眞正好的教學者，他不是只會說：「我知道，我會把所知道的全告訴你們。」

韋伯：我想，這樣的人一定不會犯如驕傲等過錯。

克：這是很顯然的。假設我是一位教學者，自負、虛榮、有野心等等，一般人類所有的愚昧行爲我都有。在和學生或某人談話時，我是在認識，認識我很自大，而和我談話的學生也以他的方式認識自大，因此我們開始探討這件事。如果一個人不但誠實，而且眞正能自我評鑑、眞正自知，像這樣的一段討論的確很有可能發生。

韋伯：難道你是說，即使教師和學生都不完美，這個過程也可能在他們之間發生？

克：我不會使用「完美」這個詞。我不知道什麼是完美，那我們就別談完美，談其他事吧！如果我們可以與談話的學生或對象建立一層關係，在這層關係中展開一段公開的對話、一段自由、自我評鑑、自知的對話，其中帶有質疑、懷疑和詢問，那麼我們彼此都在學習，溝通彼此的觀點、彼此的困難。在這種方式下，如果一個人眞想非常深入地討論這件事，你們其實是相互幫助的。

韋伯：這未必是我的看法，假設某人說：這引出一個問題，這可能會使學生覺得，這位教師懂得不見得比他們多，可能會降低他對這位教師的信任度。

克：我會告訴學生，我所研究的比你多。例如，我已經探討過各種印度教、佛教的哲學，我已經研究過，關於這點，我知道的多一點兒。

韋伯：正是。

克：這並不表示我是個獨特的怪物。

韋伯：所以你覺得如果這位教師非常誠實地……

克：那是他的職責。

韋伯：……講到強勢和弱點：「我懂的比較多，但是我並不是每件事都懂。」

克：例如，我正在討論佛學、亞里斯多德或柏拉圖，就拿柏拉圖來說吧！你研究的比我多。我完全沒有研究過柏拉圖，但是你研究過。所以你自然說：瞧！我懂的多些，否則我不會是你的教授。

韋伯：正是，否則我就不該是你的教授，否則那就是不誠實。

克：但是雖然我沒有讀過柏拉圖或亞里斯多德或這些人的言論，可是我會說：儘管我沒有讀過他們的言論，但是我願意非常徹底地研究這一切。不從任何特別的觀點出發，不從亞里斯多德、柏拉圖或佛陀的觀點，而是從一個人類研究另外一個人類的觀點。讓我們一塊兒來討論這些事：生命是什麼，為何生存，世界上是否有公平或沒有公平等等。

韋伯：我想這麼一來，意思便明確許多。因為至少在這種環境下，滿心關懷和能自我評鑑的成人會覺得，他們可以教其他人。如果他本身必須完美，那誰有資格教人呢？

克：但是對己誠實且能自我評鑑的人少之又少，難得有人知道自己的想法，曉得自己是否把自己的思想經由言詞適當地表達出來等等。我的意思是，在這一切事情上，都必須非常誠實。

韋伯：你認為是什麼促使某人而不是另外一個人能夠做到這點？你說完全誠實的人少之又少，為什麼這樣呢？

克：這是事實，有些人認眞嚴肅，有些人不然。

韋伯：對自己非常誠實的人必須具備哪些特質？

克：不害怕發現自己的本來面目，不覺得羞恥，不害怕發現。能夠直截了當地說，這就是我：我是許多言詞串成的，許多其他人的構想串成的，我沒有能力自己想出東西來，我總是在引用別人說過的話，我依賴環境和壓力，依賴這，依賴那。除非一個人有自知之明且能自我評鑑，否則你最後會像……

韋伯：所以至少需要這種覺知和表達這一切的勇氣。

克：我不喜歡用「勇氣」這個詞。

韋伯：你會用哪一個詞？

克：一個眞正嚴肅、想探查這一切的人，自然是無所畏懼，他會說：好吧！如果我丟了工作，就丟了工作吧！

韋伯：但是，假設即使沒有外來的批判，例如一份工作等，難道你不認爲許多人覺得，或害怕：如果我直接面對這一切，即使是爲我自己，那會使問題更糟糕，而不是更好？這是一般人害怕的。

克：那會帶來更大的不確定。

韋伯：一點也不錯，而且因此……

克：面對那不確定。反而說：嗯，這麼做會帶給我更大的不確定、更多的問題，所以我什麼也不做——這可眞是一種毫無感覺的存在。

韋伯：你可能會說，這是一種逃避。

克：沒錯，一部分是躲避。

韋伯：他們可能會辯解道——我曾聽人們這麼說——另外一樣東西會使我瓦解，我會無法像健全的人一樣運作。

克：你所謂的健全很可能是不健全。在這個極不健全的世界裡，到底發生了什麼事？如果你想配合這種不健全，好吧，就成爲不健全的一員吧！但是假設你不想成爲不健全，那麼你說：抱歉，我反對這股潮流，我不同流合污。

韋伯：這又產生了第二個問題，這個問題已經被討論過許多許多次；這和第一個問題有關，但是包含更廣。在這裡和在印度，令包括我在內的大部分人都感困惑和混淆的是，我們覺得你談論的是某種整合、健全或諸如此類的狀態，你甚至使用「光」這個字，而我們之中好幾個人說：是的，我偶爾領悟到這一點，我多少知道一點兒。

克：大部分人都這麼說。

韋伯：正是。然後我們說：它似乎消失，或不知怎地漏掉了，它變薄了。

克：它溜掉了。

韋伯：你曾經說過：如果它曾經溜掉過，就表示你一開始就沒有體驗過它，因爲它不是那種來了又走了的東西。你可以澄清這一點嗎？它使人們困惑不已，令他們非常不高興。

克：問題何在？問題是，我經驗了某件事，頭腦清楚或一種整體感，一種圓融的生活方式，我曾經瞥見了這情狀，然後它就消失了。它可能持續了一天或一個星期，但是它已經消失了。而我記得它，它留下了一塊印記，它留下了一段回憶，而我想要它再回來。我想要它繼續下去，或一直和它安住在一起，使它成爲我生命的一部分，或找到一種與它同在的方式。所以問題是：這情狀，人一生中難得發生的這種事，是請來、求來的？還是它來得自然，出人意料，不需準備，不必練習？它自然而來，它在你不設防、沒問題的時候前來，它在那時候來。而現在它已經走了，你又回到你舊時的心智狀態，而你想要它回來。你想知道爲什麼無法和它常相廝守。

韋伯：沒錯，可是你希望它回來不是因爲……

克：你想和它安住在一起。

韋伯：這似乎是最好的應對方式，你覺得一切都理智地出現了。

克：是的，你曾經有過一種自然發生的經驗或心智狀態，它不請自來，發生在你沒有想到自己的時候。

韋伯：是的，你突然有一體的感覺。

克：你並不是老關心著自己，就在你心不在己時，這情況發生了。然後你說：在那種狀態下，我可以把一切看得非常清楚。

韋伯：正是。

克：沒有我應付不了的問題，什麼也沒，沒有反抗，沒有阻礙，什麼也沒。

韋伯：一點也不錯。

克：所以我該怎麼做呢？

韋伯：正是如此。

克：眞正的問題是：當自我不在，當一個人的自我、性格、問題、混亂、野心、貪婪等等暫時中止時，這種心智狀態就發生了。這就是它發生的時候。

韋伯：這是我的第一個問題。自我不在。現在你說「暫時中止」，意思是它剛移入幕後，它離開了舞台的中心。

克：或許是，我是這麼說的。

韋伯：還是它就消失了？

克：不，當然不是。如果它消失，那麼其他東西就無法存活。

韋伯：正是，所以它多少有點兒被推……

克：不，它發生了。你沿著一條滿是樹木和美景的小徑前行，你正觀賞著小徑所有的美，然後你突然說：「天啊！看看那個！」那一刻，滿懷所有可怕問題的自我並不存在。

韋伯：沒有錯。

克：滿懷著歡樂和喜悅等諸如此類的情緒。然後等這情緒消失了，你又回復原本的自我。那麼問題在於，有可能超脫這個自我嗎？不是怎麼把那種心智狀態找回來或如何與它安住在一起，或者藉某種訓練或冥想抓住它。所有方法都是自我激勵的產物。

韋伯：沒有錯。所以我們能夠暫且回到那個狀態嗎？在那種狀態裡，因爲假設我完全和……

克：你並不存在。

韋伯：你怎麼解釋這點？

克：我會說，那種狀態帶來一種感覺，讓你把一切看得非常清楚。

韋伯：沒錯。

克：包括你的問題在內，一切都非常清楚。

韋伯：沒錯，其中沒有東西擋路，沒有東西絆腳，它是無阻礙的。那麼，是什麼將它帶來？又是什麼將它帶走的？

克：是什麼帶它來的？這非常簡單。當沒有自我的時候。

韋伯：但是導火線為何？為什麼突然沒有自我？

克：因為你不在意自己的問題，你正注視著那些橘子樹，注視那些花的美。在那一秒之中，你並不存在。

韋伯：而下一秒你又回來了。

克：然後你說：現在我回來了，天哪！但願我還處在那個狀態。人不了解自己有多需要它……

韋伯：……卻阻擋它。

克：不僅阻擋它，還強調自我。

韋伯：因為想要它的是「我」。

克：當然。這又回到原本的反抗問題上。所以我說，一個人在這上面需要相當的謙虛和誠實，驕傲自己多有知識等等是行不通的。那否定了另一方。

韋伯：但是難道你認為——我會告訴你為什麼這個問題對人們來說很重要——如果一個人瞥了這個一眼，對這現象有沒有幫助？

克：我們必須小心些。你所謂的「這個」是什麼意思？這並不是什麼神祕、詭異的事，並不是某種經由假冥想等諸如此類的活動帶來的東西。

韋伯：我不是那個意思；所謂的「這個」，我是指……

克：假設：那種狀態。

韋伯：瞥見那種狀態一眼，沒錯。

克：我是說，那種狀態並不是什麼神祕之事，並不是某種你必須通過許多過程才獲得的東西。

韋伯：我了解，但是你也同意它很罕見。

克：因爲人類那麼自私，他們大多時候都以不同的方式關心著自己。

韋伯：沒錯，細微處或顯而易見之處。

克：是的，細微處不太容易看到，但還是同一回事。

韋伯：好的，假設你曾經瞥見存在的狀態……

克：不是存在。

韋伯：……是運作的狀態。你會如何稱呼這狀態？

克：一種自我不存在的狀態。自我意即時間，自我意即進化，自我意即記憶、問題和所有可怕事情的累積，藉由這些，自我得以彰顯。

韋伯：沒有錯。

克：權力、地位、依賴他人。這東西若有一秒鐘不存在，另一樣東西便趁虛而入。另一種東西並不奇特。

韋伯：並不奇特，也不浪漫。

克：顯然是。

韋伯：沒錯，然後問題接踵而來，記得在印度，馬德拉斯，問題出現了。你在那裡的所有朋友都問到這個問題：如果那個狀態曾經存在，爲什麼它來了又走？爲什麼對某些人來說，那狀態是一種生活方式，但對其他人而言，卻只是非常偶發的一瞥？

克：這很簡單。與它同在的人不自私。你們似乎並不重視沒有自我的心智狀態。

韋伯：這是什麼意思？

克：身處所有錯綜複雜的狀態卻不自私。

韋伯：就這點而言，你所指的不見得是利他主義？你根本不是那個意思。

克：那是社會工作。

韋伯：好的，所以不要自私……

克：不要變成僧侶或隱士，或試圖變成某種東西。

韋伯：好的。那麼不要自私是什麼意思？我是我——一般人都這麼說，我是我，我必須自己下決定，我必須……

克：自私是什麼意思？在不同處、明顯處或細微處，或最精確處關心自我，以協助他人的名義，以上師的名義，隱藏自己。自私無所不在，你很容易就可以看見它。

韋伯：我了解。那麼，要領悟你的話……

克：不是我的話，是事實。

韋伯：好的，如果有人說，如果不是知識分子，不是冥想者，不是向上師請益的人，只是沒替自己想太多的普通人，他們怎麼辦？你不會置這些人於不顧吧！

克：當然不會。首先，思想是全人類共有的，是每個人共享的。從頂尖的科學家、最貧窮的人，到未受教育者，即使沒教養的粗人也有思想，因此它是全人類共享的。

韋伯：沒錯。

克：它是全人類所共享的，所以並不是我的思想，不是個人的思想。思想是你、我、他、由人們共享的。但是我們先前說過，「我的」思想。

韋伯：你覺得它是共享的，是一種集體的過程？

克：不是集體的，只是共享的。我不需要和思想一起過集體或非集體的生活，思想就是思想。陽光是全人類所共享的，不是「我的」陽光。

韋伯：是這意思嗎？

克：當然是。

韋伯：有人會說：可是我只知道我的想法，我並不知道你的想法，我不知道他的想法。

克：不，我們說的是「思想」，我爲什麼要知道你的想法？

韋伯：思想和想法不一樣。

克：當然。思想的表達可能相當多變化，科學會以最複雜的科學方式表達，而可憐的村民，可憐的未受過教育者說：「我想要這個。」但是思想由全人類共享。

韋伯：是的，就像一種功能。

克：你可能會以不同的方式表達，因爲你讀過柏拉圖，而我沒讀過。所以我可能以比較簡單的語言來描述它。

韋伯：可是，你知道，我們正在探尋大部分人類的自私情況……

克：我會告訴你的。所以當我說：這是我的思想，不是你的思想，我知道表達的方式有所不同，對嗎？你是柏拉圖主義者，我不是，你是佛教徒，我不是，如果你是基督教徒，你以某種特定的方式表達你的思想……

韋伯：……信條。

克：……信條、專門術語和其他諸如此類的東西。對你來說，救世主很重要，但是對我而言則不然，我不相信那些。因此你的表達方式和我的表達方式不同，而我們認爲，這些因人而異的表達方式有其個體性。

韋伯：我了解。

克：但是思想並不是如此。思想是我們大家共享的，並不是你的或我的。

韋伯：你是說，思想本身的活動是共享的，它是中心，不是結果或內容。

克：一點也不錯。

韋伯：但是我們緊抱著結果和內容。

克：我畫畫，我是個藝術家。身爲藝術家，我覺得自己比其他人好、優秀等等。所以我從不明白我的思想和你的思想是一樣的，因爲我在畫布上表達出來的思想是不同的。這讓我覺得自己與衆不同。你不會畫，但我會。可是想想美的觀念，我們都共同享有太陽、陽光。你或許會建造一棟不同凡響的房子來保護自己，免受太陽的酷曬，我也許住在一間茅舍或小木屋裡，但是我們共享同一樣東西。但是一旦我把自己與自己的表現視爲一體，以爲自己是位畫家，把大房子和自己視爲一體，其間的差異就產生了。所以認同是自私的要素之一，然後執著於這種認同，緊握著自己的主張。我說我十分信仰耶穌，假設你不信，那麼我絕對是信徒，我和你是不一樣的。

韋伯：對極了。

克：但是你還是相信其他東西。

韋伯：假設另一個人相信，有信仰的人既容易受騙又愚蠢，那這人的優越感就存在，他認爲自己什麼也不相信。

克：一旦你認同了自己的優越感，你就認爲自己不一樣了。

韋伯：對極了，我是現代人，我什麼也不相信。

克：一旦你認同了這點，你就沒什麼兩樣了。而自私有它聰明的方式，它可以隱藏在所有最殘忍的事情和最難以捉摸的表達方式後面，同時製造出不斷改良的自我，使自我愈來愈自私。

韋伯：「無私的」自我是最危險的。因爲它其實是在愚弄自己！

克：對極了。所以我說，相當的謙虛感和誠實是必須的，而不是任何事情都要說兩次。當一個人想要這樣的生活方式，他會生活得非常誠實，非常嚴謹，而且如果你誠實，那麼你自然很淸楚自己行事謙恭。然後這就不需要進化了。

韋伯：這種對自己絕對誠實和有自信或缺乏自信有什麼關係？

克：我們爲什麼要有自信？

韋伯：假設信任你自己的覺察力。

克：爲什麼你該有自信呢？

韋伯：我可以給你一個明確的答案嗎？我認爲沒有自信的人是最自我中心的，他們總是沒有安全感，老是在擔心。

克：大部分的人都神經質。

韋伯：好的，這是非常普遍的。但是我的意思是，你並沒有感受到你講的這種無保護的情況，這種寬大的無私……

克：我們對於所謂的無私或寬大必須了解透徹。你不可以隨便使用這些詞。我的意思是，我們或多或少說過自我的本質。它創造神明並崇拜神明。這是另一種形式的自私。

韋伯：但是你認爲它所創造的東西，例如藝術，是其中一種形式嗎？

克：一旦我把自己和我所創造、所崇拜，或我說的絕妙語詞，或帶給我利益等等諸如此類的表達方式視爲一體，那就是一種自我的活動。所以要安住在無所認同裡，不論所認同的是你的經驗、你的知識，或你以手或心創造的作品。所以，無所認同就變得如此罕見。

韋伯：你認爲究竟有沒有人做這件事？

克：我希望有。

韋伯：我的意思是，對大部分人來說，它實在非常難懂。

克：因爲他們沒有應用它。

韋伯：他們想這麼做。爲什麼他們沒做呢？

克：他們不想這麼做，他們做他們想做的。如果他們想做，他們就會做。

韋伯：那是一個很難跟隨的步驟。假設，許多人對這些構想相當有興趣……

克：但是他們並不想這麼做。

韋伯：……但是他們試了許多年。

克：不，你沒辦法嘗試這一點。這就像一個人嘗試不變得暴力一樣。

韋伯：我了解。但是你說他們眞的不想這麼做。而事實上，如果他們眞的想，他們會去做。

克：當然，他們想登陸月球，他們做到了。

韋伯：但是那比較容易。

克：喔，不。

韋伯：那眞的比較容易。

克：不，那也需要許多能量。

韋伯：但那是某種我之外的東西。

克：即使在那裡，你也必須有能量。

韋伯：這倒是實話。

克：即使在那裡，你們必須合作、協調、有效率等等。如果你把這些全運用在自己身上，然後說：瞧，我眞的想做到這件事，想過一種沒有任何衝突的生活，你當然辦得到。

韋伯：我可以再回頭談登陸月球的例子嗎？我可以把能量、熱情、努力應用在某種我身外的東西上，但是我摯愛的自我就在這裡，我努力耕耘它，而這是一種要自我死亡的做法。

克：不，我們在談話一開始時就說過，必須有某種誠實的特質，學習的特質，也就是謙虛，而不是自信之類的特質。

韋伯：不是信任，不是自信。

克：當然不是。信任什麼？

韋伯：你誠實，你看得透徹清楚。

克：不，不論你誠不誠實。你看見它了。

韋伯：你的意思是，當你誠實時，你直接就看到它了。

克：正是。你瞧，這很簡單。如果我知道我有野心，而我卻假裝沒有野心；如果我想要成爲某個團體的領導人，卻討論權力，這有多荒謬。這一切都很簡單；當我想支配人們的同時，我說我很民主。這就變得非常幼稚。

韋伯：但是你曾說過：如果一個人眞正認眞且想做到這件事，就會去做。

克：當然。

韋伯：你可知道，這聽起來很簡單，而且聽你這麼說的人也試著去做，但是並沒有做到！

克：你沒辦法試著去做。你不會嘗試把手放進火裡吧！你知道火會燃燒，你不會往那裡去。

韋伯：但這指的是同一回事嗎？

克：是的。你了解這種自私、複雜的生活方式製造了重重的問題，爲了解決一個問題，你又製造了另外十個問題。這個國家的政治如此，世界各地也是如此。當我了解這種生活方式沒有意義，我了解其根基就是深厚、無可探究的自私——我們已經或多或少替「自私」這個詞下了定義——我了解這點，然後說：我想過這樣的生活嗎？大部分人願意過，因爲這是最容易的方式，因爲你和大夥同行。如果你不願意，你說：抱歉，我不想要這樣的生活方式。

韋伯：好的，假設你站在這個點上，那麼下一步怎麼辦？

克：那麼我可能會成爲一位教授，可能是一名廚師，什麼身分都好。我會起而行。

韋伯：是什麼東西改變了？

克：改變的是整個觀看生活的方式，不是我的職業。我也許是一名木匠，我必須以那種方式賺取生活，但是再也沒有「我是個木匠」的感覺。我不過是善盡職責，但是這職責並沒有給予我某個地位。

韋伯：你是說，沒有必要由外在的觀點改變，這是我和萬事萬物建立關係的方式，我看這個世界的方法。

克：這和你如何建立關係無關。在你說「我如何建立關係」的那一刻，你就在強調自我。

韋伯：沒錯。那你會怎麼說呢？

克：我們爲什麼要認同？要名字、形式？

韋伯：名字、形式，我必須知道晚上要住哪一棟房子，要餵哪一個孩子。

克：再更深入觀看這點。我爲什麼想知道我的曾曾祖父是誰，誰在乎？我現在的面目又有什麼重要？誰在乎某某人是王子或王后？這一切都是非常幼稚的。

韋伯：這樣比較容易觀看。有些人不在乎這些，但是他們還是會……

克：等一下。大部分的人想要這些，因爲他們可以藉此支配世界。你仔細觀察，這種事近在眼前。

韋伯：這點不容置疑，我了解。假設我的問題是：想過另一種生活的少數人還是沒過那種生活，他們爲什麼不起而行呢？

克：這並不是缺乏意願，因爲這和意願一點兒關係也沒有。顯然，意願就是欲望。我渴望變得非暴力，但是我還是暴力。

韋伯：但是先前你說過，如果人們眞的「想要」它，他們就會起而行。你指的不就是欲望嗎？

克：看看現在所發生的事。我說有可能是因爲我感覺到它，我自己是以那種方式生活。我說有可能，而你說：教我怎麼做。我已經教你了，但是你的意圖也許極爲表面，只是描述、分析、定義就滿足你了，你懷著這些描述、分析、定義，從中架構了一個構想並說：那麼，我要怎麼實現那個構想呢？

韋伯：是的，這是錯誤的方式。

克：你走了，就這樣結束了。

韋伯：好的，我來找你，我是認眞的。我說：我想以一種沒有自我的聰明方式過活。我是認眞的。那我下一步要怎麼做？

克：這點非常清楚，不是嗎？問題不在於你下一步要做什麼，而是你不做什麼，因爲否定是最肯定的事。所以你說：瞧，我不需要做的是什麼呢？

韋伯：我們不需要做的是什麼呢？

克：你不需要做的是努力。努力意即成就。假設我認知到有可能過那樣的生活，而我努力達成它。其實，這裡同樣不需要努力者這個角色。

韋伯：這就清楚了。但是有個矛盾，因爲你今天和從前都說過：這個人必須對這點非常認眞，把這當作最重要的事。

克：是這樣沒有錯。一旦你說它是最重要的事——等一下。以你的國家、你的上帝、你的基督等等的名義殺另一批人類，他們做的就是這些事。要了解殺人是最大的惡、最大的罪，或諸如此類的名詞。這點很容易了解。而你說：我發誓，我不會殺人，即使我的上帝、總統或首相要求我，我也不會殺人。你看過那位有名的阿根廷作家所說的話嗎？我忘了他的名字。

韋伯：荷西・路易斯・波荷斯（Jorge Luis Borges）嗎？

克：好像是。他說福克蘭之役像是兩個禿頭老人爲了一把梳子打架。（大笑）

韋伯：這樣的形容眞妙！而你認爲我們大部分時候都在做這樣的事？你的意思是，這就是所謂世界鬥爭的藉口？

克：在所謂的文明世界裡和原始世界裡都一樣。所以我們要問：有可能生活在一個完全沒有問題、完全沒有衝突的世界裡嗎？只要人類自私，問題就存在，衝突就存在。我們已經談過了這一點，這世界上自私的深層意義和表層意義。既然你和我談到這一點，我說：「瞧，我是個嚴肅的人，我看到世界上正在進行的所有荒謬無聊事，所以我把這一切放在一旁，它與我完全無關。不是指肉體上，在肉體上，我無法跳出來；但在內心裡、心理上，它與我無關，這已經使我不同於常人。並不是我覺察到自己的不同，而是我不隨波逐流。」

韋伯：不隨波逐流？

克：是的，不隨波逐流，大約百分之九十九的人都附和這潮流。

韋伯：你是說我不再附和他們？

克：是的，我不屬於那股潮流，我不以那種方式思考，我不以那種方式看待生命。所以我說：到底是什麼東西讓自我變得那麼重要？我不該做什麼事？不需要的又是什麼東西？

韋伯：就像你先前說過的，我可以放下什麼？

克：執著。這其中包含許多。不執著的意思是，有顆超級迅速、敏銳的心智，因爲通常我會執著於許許多多的東西。

韋伯：而這些使能量無法發揮。

克：是的，我可能執著於那張桌子。那是一張很舊的桌子，有人以極高的價格買了它，那裡的衣櫃也很舊，而我執著於它；或者我執著於某些知識，或完全執著於知識。

韋伯：你是說這種執著消耗能量？壓縮了能量？

克：不，那種執著是一種自私的形式。

韋伯：我有一部分就是這個樣嗎？

克：不是一部分，那就是「我」。

韋伯：那就是「我」。

克：如果我執著於那個衣櫃，那個很舊且可以賣得好價錢的衣櫃，然後我說：「天哪！它是我的，我必須照顧它。」我執著於它，我變成了這個家具！我執著於我的妻子、我的丈夫、我的孩子、我的上帝、我的經驗、我的知識。這一切都是「我」的表達。

韋伯：你其實要說，我是被這一切塑造起來的。這就是「我」產生的過程。

克：當然。執著的就是「我」。

韋伯：是的，就是「我」。所以在問這個問題當中，到底我能夠放下什麼……？

克：……執著。

韋伯：執著是第一件事。

克：當然。如果你不執著，自由就存在，就沒有恐懼。但是我執著於那件家具、我的身體、我的經驗，而且我害怕死亡，因此發明了會保護我的上帝，並崇拜我所發明的東西。你認爲基督教的世界是如何建立起來的？任何宗教文化是如何形成的？是思想形成的。

韋伯：你把這點闡釋得這麼淸楚，這麼合邏輯，甚至這麼簡單，但是我們認爲這並不容易做到。爲什麼這麼難呢？

克：我不認爲這點很容易做到，它其實很複雜。

韋伯：爲什麼以那種方式生活那麼困難？

克：就這點而言，你問錯問題了。爲什麼人們要過這樣的生活，戰爭、問題、衝突、所有在這世界不斷上演的不幸，人們爲什麼接受這一切？人們爲什麼要這些？

韋伯：你把問題反過來了。

克：當然。

韋伯：你是說，這是一種艱難的生活方式。

克：這是最不實際的方式。

韋伯：然而這是我們選擇的。你說的就是這樣。

克：沒錯，這是唯一的問題。爲什麼人們要以那樣的方式生活，夜夜狂歡，不論宗教、政治、體育和戰爭？爲什麼他們要以那樣的方式生活？一部分因爲這是傳統。

韋伯：是的。我們習慣了那種方式，因此它似乎比較容易。

克：我們習慣了那種方式，而且以那樣的方式生活，你不必思考。

韋伯：沒錯，即使這麼過比較痛苦，但是它的需求比較少。

克：當然。需求少，但是因爲所有的不幸而痛苦。而他們要這一切，所有學院，所有大學，一切和這種方式有關的東西。

韋伯：是的，雖然我認爲你所提出的……

克：那不是一種二分法。

韋伯：不，不是二分法，但是——我要怎麼解釋——在另一種存在的狀態……

克：你知道，你所說的「另一種存在的狀態」，它並不是存在。

韋伯：那它是什麼？

克：你無法形容它。等一下。存在包含了變成。

韋伯：我不這麼認爲。存在並不是變成，存在只是安住在此刻。

克：好吧！等一下。存在是什麼意思？

韋伯：它是一種非二元的狀態，我不努力，我不……

克：那是什麼意思？一顆橡實就是一顆橡實，它不假扮成一顆蘋果。這就是它的本來面目。對嗎？

韋伯：對的。

克：有誰可以說出「它是某某」，而不是其他東西呢？你了解嗎？

韋伯：不完全了解。

克：你可知道，我們習慣於這種永久、矛盾的活動，前移後移，它是一種持續不斷的活動。因此在那種活動狀態下，沒有人說出「它的本來面目」。只有活動停止時，你才可以說出「它的本來面目」。

韋伯：正是。但那是活在某種無始無終的東西裡。

克：也就意味著不「那樣」，不把無始無終帶進來，那麼做太複雜了。但是如果你說它不是這種永久、無止息的思想活動——這種活動製造出這一切可怕的混亂……

韋伯：就是它。

克：你無法說出它的形貌，除非你……

韋伯：除非你身處其中，然而到時候，你卻不說了。

克：當然，那不只是一個心念。

韋伯：我了解。但假設問題就是我們一開始討論的：有些人往往不過是略知一二，初窺門道。

克：是的，我們已討論過這點。

韋伯：因此他們覺知到某種程度的差異。

克：不，他們只覺知到，他們想要「那樣」，如此一來，他們可以活得更好。你瞧，並不是大部分的人都對某種東西欣喜若狂，一旦這東西走了，他們記得這東西，然後說：拜託……

韋伯：他們希望它回來。

克：他們把它保留在那個層次。注視每一樣東西，電影、電視、性——這是這裡最重視的東西，每個人都奉承它，女人打扮成那個樣子，你知道諸如此類的事情。我不是贊成它或反對它，我是說這是大家都想要的方式。而我說：好的，你採用你的方式，不過那個方式會毀了你。它會毀了這個地球，透過污染等等，都是因爲你的活動造成的。然後我說：很抱歉，你們都是很奇怪、很神經質的人；如果你們不在意，我不想加入你們。

韋伯：你舉這個例子，因爲問題在於把某種東西變成了欲望的目標。

克：當然。

韋伯：不論那是一種和平的存在狀態，或是一個目標，或是一次性經驗……

克：在你有欲望的那一刻，你就屬於你所欲求的東西。

韋伯：沒錯。你已經把它變成一個目標，我在這裡，它在那裡，而我想要它。

克：假設你恨我——希望你別眞的恨——假設你恨我，而我也恨你，這是正常的狀態。

韋伯：是的，很不幸。

克：你打我一巴掌，我打你一巴掌。但是如果我說：好吧！我不想被打一巴掌，我不想打你一巴掌，請走開！繼續你行你素吧！如果你想這麼做，繼續吧！你明白發生什麼事了嗎？你不隨波逐流了。然後他們說：我發誓，他是個非常奇怪的人。他不是心理有問題，就是一位英雄或聖人，我們要崇拜他，這就變成了另外一種娛樂！目前的世界就是這樣。所以這個人說：請不要做諸如此類的事。如果你想來，門開著，但是你必須走進門來，我不會推你進門，你必須自己來，決定權在你。這並非無情、冷漠或缺乏慈悲心。事情就是這樣，如果你想要，就來拿。食物擺在那裡，但是如果你不餓，沒關係！

韋伯：但是他們餓了。

克：我知道，他們當然餓了，可憐的傢伙，但是他們掉入各種陷阱裡。在這個國家裡，你們有一個接一個的上師，許多宗教上師，天主教上師、清教徒上師、印度上師、佛教上師，各種上師都來到了這裡。

韋伯：無神論上師。

克：是還有無神論的上師。而我說：抱歉，你們可以保留所有上師。或者，套句聖經——不是新約，是舊約——的話，說他們是「僞神」。我認爲這實在太簡單了，簡單到可以忽略它的存在。我們的心智那麼複雜、聰明、狡猾——我們習慣了這些。

韋伯：但是眞的這麼簡單嗎？

克：不是這麼簡單。

韋伯：但是你說這實在簡單到可以忽略它的存在。

克：當然。

韋伯：嗯，只要放棄自我，不再認同？

克：是的，這就是開始。

韋伯：這需要克服多年來的局限！

克：不需要。

韋伯：這怎麼可能簡單呢？

克：局限的是思想的活動。

韋伯：沒錯。

克：所以要覺知到這整個思想的活動，不要否定它，不要說，我要怎麼離開它，要覺知到這點。看看思想做了什麼，在科技上、宗教上，所有基督教世界的階級架構。你聽過這個國家裡所有福音傳教士說的話吧！

韋伯：克里希那，我想請教你一件事。如果你不想，我們可以不錄音，隨你的意思。這個問題經常被提出來討論，而我非常真誠地請教你這個問題。所有多次前來聆聽你教誨的人，包括我在內，都知道，一再有人問到這個問題：「為什麼對某個人來說如此清晰透徹的問題，然而不管這人多努力，花了多大精神向別人澄清、解釋，其他人就是無法做到？」你的意思是，每個人都可以做到嗎？

克：我是說，如果一個人做得到，那麼每個人都做得到。

韋伯：但這就是我們質疑的地方。如果是這樣，那為什麼大家不做？

克：請聽好。首先，我們嚴重地將自己局限為基督徒、佛教徒等等，你知道，這種局限囊括了所有事情。如果我一心想成爲某學校的校長或這個國家的總統，你認爲我會放棄，只爲了某種聽起來頗……

韋伯：……模糊的東西。

克：不是模糊，它非常清楚！理智上我了解它，它也許是某種相當難的東西，它意味著我可能不想成爲總統。

韋伯：這是實情。

克：所以我喜歡總統勝過這個！

韋伯：從另一方面來說，我認爲當總統會帶給我快樂，但是如果我深信這麼做會帶給我更大的快樂，我爲何不這麼做……

克：因爲沒有保證。

韋伯：好的。

克：你想交換。

韋伯：沒錯，這正是我想說的。我必須放棄原本的方式，跳入未知裡。

克：喔，不。這是錯誤的想法！

韋伯：這是錯誤的？

克：因此別理它。

韋伯：但是沒有保證。

克：當然。

韋伯：我們同意。

克：我的意思是，這就像一個人爲了某件東西而放棄某件東西。

韋伯：正是。這是個錯誤的例子，而人們害怕自己會跌入夾縫間，一無所有。我會放棄這個，但是我不了解另外一個，因此我會一無所有。

克：所以如果你向我保證另外一個，我就會放棄這個。

韋伯：沒錯。

克：所有宗教組織都是以這個爲基礎。

韋伯：所以你其實已經回答了這個問題。你說過：如果人們眞正認眞，而且眞想這麼做，他們也可以做到，他們也可以了解。

克：就是這麼簡單。就像一個人說：瞧，你不知道怎麼游泳，我會協助你游。但是你不進到水裡，你已經害怕了，你動也不動。但是如果這人說：我向你保證，你絕對不會沈下去，因爲你已經有了這個、那個和另外一個，那麼你將……

韋伯：這人不可能這麼說，他不可能這麼說的。

克：沒錯，這麼說是褻瀆神明的。

韋伯：我知道。這情況不可能成立，這就是問題所在。

克：這是所有上師們賺錢的原因！世界上所有教會都是以那種方式賺錢的。

韋伯：你說這非常簡單，而我們已經攪得一團亂了，但是沒有攪得一團亂的單純農夫也做不到。

克：當然做不到，因爲他遲鈍，和另外一種境界恰恰相反。

韋伯：沒錯。

克：它需要一個優秀的心智，它需要清楚察覺到事情的本來面目。

韋伯：以及有條不紊。

克：絕對是，要看清事物的本來面目。

韋伯：一個優秀且未被心念擾亂的心智。

克：有概念。概念好到不被理想所擾亂。畢竟，這世界並沒有公平。對嗎？這一點相當明顯。

韋伯：公平少之又少。

克：沒有公平。因爲你聰明，我不聰明。你高，我矮。你生在富豪家，我生在茅舍裡。你機會不斷，我毫無機會。你開最好的車，而我走路。你有好頭腦，而我沒有。你自由，我不自由。這點昭然若揭，公平並不存在。我們想要公平，但是公平並不存在。

韋伯：這些衍生出什麼？所以怎麼樣？大自然原本就把資源分配得不平均？

克：首先要接受這點，認清公平並不存在，對嗎？

韋伯：我會說平等並不存在。

克：平等並不存在。是的，公平並不存在。

韋伯：好吧！既然這麼說。接下來又怎樣？

克：接下來是，當我看到公平並不存在時，我會怎麼樣。我是個窮人，公平並不存在於這個世界。我不是變得尖刻、生氣、暴力……

韋伯：……就是變得沮喪。

克：當然，沮喪。所以如果我不做這些事，我就不會談論平等。我甚至不會尋找平等。那麼我就是個自由人。

韋伯：這個步驟不清楚。

克：只要我不斷比較，我就陷入窠臼裡。

韋伯：它會使人心痛。

克：我就陷入窠臼裡。所以我不比較。私底下，我從未比較過。這聽起來可能很奇怪，可能很瘋狂，但是事實。

韋伯：如果你是有六個孩子嗷嗷待哺的農夫，你看到地主在附近騎馬，你認爲你不會比較嗎？

克：當然，我會覺得生氣。

韋伯：這是自然的。

克：這會積怨，因爲我想揍他，我想和他一樣。

韋伯：沒錯，你想餵飽你的孩子而……

克：是的，還有其他諸如此類的事。但是如果比較的感覺不存在，那就是一種不一樣的生活方式了！

韋伯：這很有意思。非常謝謝你。

（一九八三年三月三日於美國加州歐亥）

何謂冥想？

◆ 袞揚．創巴仁波切(Chögyam Trungpa Rinpoche) 西藏佛教冥想大師，科羅拉多納羅巴協會(Naropa Insitute)創辦人。

克：你可知道，先生，在所有組織化的宗教和它們的信條、信仰、傳統裡，個人和個人的經驗都扮演了極重要的角色。人變得格外重要，不是教誨，實質的教誨，而是人。全世界的人類都強調教師個人。對他們而言，教師代表傳統、權威、一種生活方式，透過教師，他們希望獲得啓迪、上天堂，或臻於任何境界。大部分人尋找個人經驗，然而經驗本身的作用少之又少，因爲它可能只是一個人自己的意圖、恐懼和希望的投影。因此，個人經驗在宗教上的作用少之又少。如果談到眞理，個人經驗更是一文不名了。

那麼，否定個人經驗就是否定「我」了，因爲「我」是所有經驗——也就是過去——的絕對要素；當宗教人士由印度或其他地方出使任務或來到西方時，他們眞的在傳教，而這和眞理一點兒關係也沒，因爲那時，傳教已經變成了一種謊言。

所以，如果一個人徹底放下所有人類的經驗和體制、慣例、儀式、信條、概念，也就是說，如果一個人眞能做到這點，不是理論上，而是實際上能夠抹煞這一切，那麼不被困在經驗矩陣裡的心智本質是什麼呢？因爲眞理並不是某種你所經驗的東西，眞理並不是某種你逐漸朝它邁進的東西；透過無限時日的練習、犧牲、控制、紀律，並不能找到眞理。這時，你所擁有的是「個人經驗」，當「個人經驗」存在時，「我」、個人和你所經驗的事物之間就存在著分裂，雖然你可能試圖認同那種經驗、那件事物，但是分裂仍舊存在。

看看這一切，看看有組織的宗教是如何眞正摧毀眞理的，它們給人類某些虛構的故事，要人們循規蹈矩。如果一個人能夠放下這一切，那冥想在這一切之中占了什麼樣的地位？引導者、上師、救世主、神職人員在此又占了什麼樣的地位？最近我看見來自印度的某人提倡超覺靜坐；你參加了他的課程，然後天天練習，其構想是，你會擁有更大的能量，最後臻至某種超覺的經驗。這實在是——我不能用太強烈的字眼來形容這件事——這樣的事發生在人們身上，實在是種大不幸。當這些人從印度、中國或日本來教導人們冥想，他們是在傳道。而冥想是一種你每天練習的東西嗎？意思是順應一種模式，模仿或壓抑？你知道「順應」裡隱含些什麼嗎？這樣順應任何模式，不論這模式是什麼樣，可能找到眞理嗎？答案顯然是找不到。

那麼，如果你眞正認清了，不只是理論上，而且是眞正認清了運作一個體制的虛假面，不論這體制多荒謬，多高尙，其實一點兒意義也沒，何謂冥想呢？首先，傳統的冥想是什麼——不論是基督教的、印度教的、佛教的、西藏的或禪宗的，你曉得各式冥想和他們的學派。對我而言，這些全都不是冥想。那麼何謂冥想？也許我們可以討論這一點？

創巴：是的，我也這麼認爲。

克：爲什麼要把冥想變成一個問題？我們人類已經有夠多的問題了，包括心理上和生理上的，爲什麼還要加上冥想這個問題呢？冥想是一種「逃避」問題的方法，一種逃避事實的方式，所以是不是根本沒有冥想？還是冥想是要「了解」生活中存在的問題？不是逃避，而是了解日常生活的所有問題。如果沒人了解問題，問題沒有處理好，我就可以找一個角落坐下，跟隨某人教我超覺靜坐或某種無意義的冥想，而這種冥想一點兒意義也沒。因此，對你來說，何謂冥想？它的意義何在？我希望我沒有把問題講得太困難，令你無法回答。因爲我否定那類的冥想，不斷重複練習一個詞，那些人在印度、西藏就是這麼做，他們在世界各地也是這麼做。「福哉瑪麗亞」或其他詞，重複、重複、再重複，這毫無意義。你讓心智變得更荒謬、更古怪。

所以，但願我們可以一起探究這個問題。是不是因爲長久以來的傳統認爲，你必須冥想，所以我們冥想？小時候，我依稀記得，要成爲婆羅門，必經過某種儀式，有人告訴我們，要安靜地坐著，閉上眼睛，冥想，想著某件事或其他——整個儀式就這樣開始。所以，是不是我們可以一起檢視並分享冥想是什麼？其含意爲何？爲什麼一個人應該要冥想？因爲如果你把冥想變成另外一個問題，那麼千萬別冥想吧！所以我們能夠一起探究這個問題嗎？看看傳統的方法，看看它們的荒謬之處。

因爲除開人類成爲自己的明燈，別的都不重要了；如果你依賴別人，那麼你就一直處在一種永久焦慮的狀態。所以我們可以先檢視這個傳統。一個人爲什麼要冥想？

創巴：難道你不認爲冥想是一個人生活情況的一部分嗎？

克：先生，一個人有無數的問題。他必須先解決這些，對不對？他必須把所住的房子整理好，這棟房子就是「我」——我的思想、我的感覺、我的焦慮、我的罪行、我的悲傷——我必須把這些釐清楚。如果一團亂，我如何繼續往前走呢？

創巴：問題在於，如果在嘗試解決問題的同時，你又要尋找秩序，那麼這似乎是在尋找進一步的混亂？

克：所以我並不是尋找秩序。我探究失序，而且我想知道失序爲什麼存在，我並不想尋找秩序，所以我接近所有上師和各派人士！我不想要秩序，我只想找出在一個人的一生中，爲什麼存在著如此的混亂和失序。一個人必須找出失序是否存在，而不是要別人告訴他。

創巴：在理智上，你找不到答案。

克：智力是整個結構的一部分，你無法否定智力。

創巴：但是你無法用智力解決知性的問題。

克：你無法靠某一個層面解決這些問題，除非徹底觀察。

創巴：一點也不錯。

克：也就是說，先生，要解決人類失序的問題，需要一般人所謂的冥想嗎？

創巴：我談的冥想不是傳統一般人所謂的冥想，而是有特殊意義的冥想。

克：恕我請教你這話是什麼意思？

創巴：特殊意義的冥想是把失序視爲方向的一部分。

克：觀察失序。

創巴：姑且可以說，把失序視爲秩序。

克：喔！不，觀察失序。

創巴：如果你認淸失序，那失序就變成了秩序。

克：我必須先觀察它。

創巴：觀察得一淸二楚。

克：所以這得看你如何觀察失序。

創巴：不要試圖解決失序的問題。

克：當然不要。因爲如果你試著去解決這問題，你會根據一個既定模式去解決……

創巴：一個既定模式。

克：……意即根據失序的產物，也就是和失序相對立的事物。如果你試圖解決失序，往往會根據一種預先設定的秩序觀念。也就是說，基督敎的秩序、印度敎的秩序、任何秩序都好，社會主義的秩序、共產主義的秩序。可是如果你徹底觀察失序究竟是什麼，你會發現，失序中根本沒有二元性。

創巴：沒錯，我明白。

克：人類就生活在這整個失序中，要怎麼觀察呢？看電視時，商業廣告、狂妄的暴力、荒謬無稽等就是失序。人類的存在是一種完全的失序——殺戮、暴力，同時討論和平。所以我們不禁要問：觀察失序是什麼？你是以「我」的角度觀察失序嗎？是不是把失序和失序的東西分開來看。

創巴：這已經是失序了。

克：可不是！所以，我是以我有所偏見的雙眼、我的意見、我的結論、我的觀念、一千年來的傳道——也就是「我」的角度——觀察失序嗎？或者，我是在沒有「我」的情況下觀察失序？有這個可能嗎？這是冥想。你了解我的意思嗎？先生，冥想不是一般人所談論的廢話。在沒有分裂的情況下觀察，在沒有「我」的情況下觀察，「我」是過去的要素，「我」說：「我應該，我不應該，我必須，我不可以。」「我」說：「我必須達到，我必須見到上帝。」或諸如此類的話。因此，可能有一種沒有「我」的觀察嗎？你知道嗎？如果你問傳統的冥想者這個問題，他會說：「不可能，因爲『我』就是存在。所以我必須擺脫『我』。要擺脫『我』，就必須練習。」意即，我正在強調這個「我」！我希望透過練習否定練習，我希望透過練習根除練習的結果，這仍然是「我」，所以我正陷在一個謬誤的圈子裡。

因此，你在這世界上觀察到的傳統冥想法，就是以非常微妙但強化的方式強調「我」，強調這個將會坐在上帝身旁的「我」，這根本是荒謬無稽！這個「我」要經歷涅槃或擺脫六道輪迴或天堂、解脫等，這都毫無意義。所以我們看清正統的冥想法其實是把人類囚禁在過去，透過他個人的經驗賦予自我重要性。實相並不是一種「個人的」經驗。你無法親自體驗大海的浩瀚，它在眼前供你欣賞，它不是你的大海。

如果你把這點暫擱一旁，另一個問題又來了：有可能在沒有「我」的情況下觀看，觀察人類整個失序的情況嗎？包括人類的生活，人類的生活方式，有可能在沒有分裂的情況下觀察嗎？因爲分裂隱含著衝突，就像印度和巴基斯坦，中國、美國和蘇俄，諸如此類。政治上的分裂衍生出混亂，心理上的分裂衍生出無盡的衝突，包括內在和外在。現在，要結束這種衝突，就要在沒有「我」的情形下觀察。

創巴：我甚至不說觀察。

克：觀察「本來面目」。

創巴：嗯，一旦觀察，就是在判斷。

克：不，那不是我的意思。你可以透過批評、透過評估觀察。那是局部的觀察。如果要徹底觀察，是根本沒有評估的。

創巴：一種徹底的觀察。那麼就沒有觀察者。

克：因此何謂冥想？

創巴：這就是冥想。

克：這就是冥想。所以在觀察失序，本質上就是冥想，在這種觀察中就存在著秩序，這種秩序不是智力創造出來的。所以冥想並不是一種爲尋求個人經驗的個人探索。冥想並不是尋求某種會給你大能量、使你愈變愈靈活的超覺經驗。

冥想並不是坐在上帝身旁這樣的個人成就。冥想是一種「我」不存在的心智狀態，因此這種不存在帶來了秩序。而這種秩序必須存在，才能夠更上層樓。少了這種秩序，事情就變得愚蠢可笑。好比這些又跳又唱、重複著喊「克里希那」和諸如此類的蠢話，這不是秩序。他們在製造巨大的失序！基督教徒在製造大失序，印度教徒和佛教徒也一樣。只要你陷在一個模式裡，你必定在這個世界上製造失序。在你說「美國必是超級強權」的那一刻，你就在製造失序。

所以，接下來的問題是：心智能夠在沒有時間、沒有記憶——也就是心智的物質——的情況下觀察嗎？記憶和時間是心智的物質，少了這兩樣東西，心智還能夠觀察嗎？因爲如果以記憶觀察，記憶就是中心，也就是以「我」爲中心，對嗎？而時間也是「我」，時間是腦細胞以「變成」進化而成的。所以，心智能夠在沒有記憶和時間的情況下觀察嗎？這只有在心智完全靜止時才有可能。承襲傳統的人知道這點，所以他們說：「爲了寂靜，我們必須練習！」藉此控制你的心智——這就是他們玩的把戲。

創巴：我不明白強調心智的寂靜有何特別的重要性？因爲如果一個人能夠懂得觀察形勢的非二元法，那麼你就會有更進一步的能量釋出。

克：一旦心智安靜了，你只能有更進一步、更大的能量釋出。

創巴：但是強調寂靜……

克：不，我們說過，在沒有「我」，也就是沒有記憶、時間架構的情況下觀察失序，然後在這樣的特質中，就存在著心智的安靜，也就是觀察。這種寂靜並不是一種經由練習獲得的東西，只要你擁有秩序，它就自然到來。

先生，你可知道，一個人能夠做的只是指出重點，並幫助那人來到門前，開門的人是他，你能做的就這麼多。你知道嗎？這整個想幫助人的念頭意謂著，你變成一位不切實際的社會改革家。而一位不切實際的社會改革家根本稱不上宗教家。我們還要繼續討論這個話題嗎？

創巴：我也這麼認爲。在你強調絕對的和平時，有一件事情可以進一步澄清。

克：唉！我說過，先生，完全的秩序是心智完全安靜。心智的安靜就是最活躍的心智。

創巴：我要你說的就是這句話。

克：那是最充滿活力的東西，它不只是一樣死東西。

創巴：人們可能會誤解。

克：因爲他們只習慣於練習會幫助他們「變成」的東西——那是死亡。但是一顆已經以這種方式探究過這一切的心智，變得特別活躍，也因此安靜。

創巴：是的，這就是我的意思。

克：它就像一台大型發電機。

創巴：沒錯。

克：速度愈快，愈有活力。當然，人類正在尋找更多的能量，希冀更多的能量，上月球，入大海，生活在海底下。人類正努力尋求更多更多。而我認爲，尋求更多的確導致失序。消費者社會是一個失序的社會。前幾天，我看見幾包面紙，舒潔牌的，包裝得眞是美麗！

所以我們的問題是：觀察失序帶來了秩序嗎？這實在是非常重要的一點，因爲對大部分的我們來說，要產生秩序，努力是必須的。人類習慣於努力、奮鬥、戰鬥、壓抑、強迫自己。現在，這一切已經導致社會上外在和內在的失序。

人類的困難在於，從不曾在沒有分裂的情況下觀察一棵樹、一隻鳥。因爲從不曾徹底觀察過一棵樹或一隻鳥，所以無法徹底觀察自己。一個人無法在自己所生活的失序中看到徹底的失序，心裡總認爲，在某個地方有一部分的我是井然有序的，它正在注視著失序。因此，人們發明了更崇高的自我，以爲會在失序中帶來秩序——上帝在你心中，向上帝祈禱，祂就會帶來秩序。這種努力總是存在。我們要說的是：有「我」的地方，必有失序。假使我透過「我」觀察這個世界，觀察外在或內在的世界，那麼不僅分裂存在，同時還帶來了衝突，這個分裂製造了這世界的混亂和失序。現在，要徹底地觀察這一切，其中沒有分裂，如此的觀察就是冥想。要達到這個境界，你不需要練習，你只要準確覺察到內在和外在的整個情況，只要保持覺察即可。

（一九七二年二月十五日於美國加州聖地牙哥）

如何克服喪親之痛？

◆對話者　克里希那穆提在瑞士撒嫩(Saanen)公開演說場上的一名觀衆。

發問者：三年前，我的兒子和我的丈夫過世。我到現在還是覺得很難忘掉當時的那種全然絕望。一定有一種方法可以忘掉這一切，也許你知道。我從很遠的地方來，你的演說給我不少助益——請你談談死亡和離執，好嗎？

克：首先，我們一起來談談執著的意思，還有執著和離執之間有什麼差異。什麼是執著？爲什麼一個人執著於一個國家、一個人、某些經驗、意識形態、明確的結論？爲什麼全世界的人都在做這件事？只是周遭環境、社會和道德環境等等不同罷了。人類一再重複這樣的模式。我有個經驗，某件事令我非常悸動，替我的生命帶來色彩，使我的生命有所意義，而我緊緊抓住這段已經逝去、已經死去的經驗。我們爲什麼這麼做？我的朋友問我——爲什麼人類，不論他們住在哪裡，總是緊抓住某種東西，緊握著他們的土地、田產、財富、妻子、丈夫等等？爲什麼？我們一起來探討，我的朋友和我——而各位聽衆在旁聆聽。我們爲什麼緊抓著？我們爲什麼執著？英文字中的執著

(attachment) 源自於義大利文attaccare，意即緊緊地抓住某樣東西不放。

是因爲我們自己內在不足嗎？是因爲寂寞而生起一股占有感嗎？不論對象是一件家具或一間房子或一個人？占有某件東西，然後說：「這是我的。」並因此得到許多歡樂。是不是因爲我們人類，你和我，沒有更深刻、更重要的東西，所以我們緊抓著某種非常表面的東西、某種可能會消失的東西？在無意識中，我們知道，這東西正在消逝——但是我們仍舊緊抓著不放。我們可能緊抓著一個幻相，英文中「幻相」(illusion) 這個字的根本意思是玩耍，而我們和幻相玩耍，似乎覺得這麼做很滿足。也可能我們在另一個不同的層次發明了一種難以捉摸的自我，然後緊緊地抓住它。

所以我們創造了所有這些東西，並抓住它們不放。爲什麼呢？是不是因爲害怕一文不名，沒有可以抓的東西？還是因爲人生非常的不確定、危險、不可思議的殘忍，所以占有、緊抓，可以給我們一份安全感或幸福感。你知道嗎？這個世界變得愈來愈像集中營。

所以爲什麼我們每個人要執著於某件東西？當我們觀看著不同形式的執著時，我們爲什麼沒認清它的後果，那種恐懼、焦慮、痛苦呢？認清它，不要等時間來結束它。也就是說，我執著於我的妻子；而在理智上和內心深處，我都明白這樣執著的後果是極大的痛苦和絕望。我可以邏輯地、理智地、合理地認清這點，但是我無法放下，因爲我害怕孤單，害怕寂寞。不過我認清這一切，因爲我的朋友和我都相當聰明，我們倆都注視著這點。但是我可能會說：時間會讓我免於這種執著，漸漸地我會了解，漸漸地我會放下。這種逐漸的態度是愚蠢的，因爲如果我不是認清這整件事並立刻結束它，我就是個傻瓜，我喜歡緊抓住某樣東西，緊抓住一段死去、消逝的回憶。

所以，智慧是認清執著的整個過程，包括內在和外在，而眞正地覺察到執著，就是結束它。智慧不是用來拖延，智慧不允許時間鈍化心智、腦子，因爲如果一個人拖延、疏忽、接受，那你就活在一個已經結束的模式裡，活在死去的回憶中。如此一來，腦子正和某種已經結束的東西生活在一起，和某種已經過去的東西在一起。而活在過去，總是鈍化了腦子的品質和活力。

所以，坐在森林裡一張長凳子上的你和我，已經檢視了執著。現在，我們來檢視什麼是離執吧！離執和執著是相對立的嗎？如果一個人追求離執，而使離執成爲另外一種形式的執著，那你正做著和以前同樣的事。我希望這一點很清楚。也就是說，如果離執和執著是相對立的，那麼就有衝突，對嗎？我的執著和「我應該離執」之間有衝突。因爲我知道我執著，所以我把全部的注意力或能量都花在試圖離執上。

所以，如果執著和離執之間有關係，我們必須找出其間的關係。也可能沒有任何關係。一旦執著止息了，就不需要使用「離執」這個詞，離執也就止息了。但是對大部分的我們來說，我們的腦子被局限在這種對立的過程中。

人必須質疑相對立是否眞正存在。就生理的角度而言，的確有相對立，高的、矮的、寬的、開闊的、醜的、美的等等。但是在心理上，在內在，相對立眞正存在嗎？還是存在的只有「本來面目」？我們發明了相對立，爲的是擺脫「本來面目」。我希望你和我，坐在長凳子上討論這點，並因此相互了解。權威不存在於兩個朋友間，斷言如何也不存在於兩個一同探究這件事的朋友間。所以，這是一種相互、合作的了解，並不是一個人告訴另外一個人該怎麼做。他們倆一同遨遊，沿著相同的路徑，懷著同樣的強度、同樣的深度。

現在，假設我們兩人都已經淸淸楚楚地明白了這點，假設執著和離執之間並沒有關係，假設只有執著的止息，沒有其他東西。那麼愛是執著嗎？我執著於每個晚上和我的朋友一起度過，坐在這張長凳子上，談我的問題。只要我們倆沒見面，我就想念他。所以我們問對方，愛是不是執著？是不是占有某人？緊抓著某人或某樣東西？不論它是上帝這個意念，還是解放、自由這樣的想法？是不是要緊抓著這意念、這想法，也就是占有它，愛才會滋長？所以我們不禁要問：執著和愛之間的關係如何？我的朋友結婚了，結過好幾次婚，而且因為這些婚姻而傷痕累累。他相當不快樂，而他認為他仍然非常愛他現在的妻子。他對我說：「我無法失去她，我必須緊緊抓住她，因為沒有她，我的生命就空虛而無意義。」你了解諸如此類的事情，對不對？他說：「我不能讓她走。她想做某件和我完全不一樣的事，這可能會使她離開我。所以我求她，我壓抑我想要其他東西的欲望，我配合她，跟隨她。但是內心裡，她和我之間總是有衝突。」這些你全都了解，對不對？這不是一個新故事了，對嗎？

愛很特別，我並不了解，而現在，我已經把這整個愛降低成某種微不足道的東西。也就是說，我執著，占有，我不想失去。如果失去了，我就不快樂。這就是我所謂的愛。所以，這是愛嗎？拜託！請別贊同。也別說這不是愛，如果它不是愛，那就是結束。但是大部分的我們，就像我的朋友，害怕仔細觀看愛的複雜性。我的朋友希望改變主題，因爲如果他眞的看到那種執著不是愛，那麼他會去找他的妻子並說「我愛妳，但是我不執著於妳」嗎？如此一來，會發生什麼事呢？他妻子可能丟一塊磚頭過來，也可能走開去，因爲她的一生是執著的，執著於家具、執著於觀念、孩子、丈夫

——你明白嗎？

所以，在認清愛不是執著，不是嫉妒，不是野心、競爭後，我的關係何在？對我而言，這是實相，不只是口頭說說。我和我那個相去甚遠的妻子，關係何在？請繼續想下去，這是你的問題，不是我的。

對我而言，這是眞理，但妻子不會接受。想想這其中包括了什麼。這一切多麼痛苦，它一點兒也不膚淺，它觸碰到一個人生命的核心。而我該怎麼做？有耐心嗎？耐心，因爲有耐心，所以不要求時間。耐心不是時間；另一方面，沒耐心包含了時間的特質。仔細想想！當我了解我的妻子和我不一樣，發現我所想的一切完全錯誤，而我必須生活在同一個屋簷下等等，我有耐心並了解耐心不是一種時間的過程嗎？我了解這點嗎？因此沒耐心的意思是忍受它，等時間去解決它——我什麼事也不能做，除非或許有一天，有個星期，有一年，我們會讓一切塵埃落定。然後我容忍這種情況。這種容忍是愛嗎？請繼續想下去，想出結果來。去容忍某件已經清清楚楚知道錯誤的事，然後說：「嗯，時間會逐漸剔除它。」意思是，我實在沒耐心等到最後。所以我容忍它，所以我該怎麼做？

繼續想。離婚嗎？逃開嗎？把我的房子、我的財產等等留給妻子？然後說再見，從此完全消失嗎？

或者，我會問：我的愛，我愛的強度能夠改變她嗎？拜託，你還在問這些問題。我，這個已經深深了解整個現象的人，了解愛、慈悲、智慧的特質的人，可以改變她嗎？如果她十分敏感，如果她善於觀察，聆聽我說的話，希望我們彼此了解，那麼她有可能會改變。如果她豎起一道牆，就像大部分的人一樣，那麼我該怎麼做？繼續想下去！不要看著我，看看你們自己。你們可知道，我們的特點之一就是想有個明確的答案，我們希望某件事塵埃落定，因爲如此一來，我就自由了，我就可以做我想做的。這個問題沒有明確的答案，完全視你的注意力、你的智慧、你的愛的特質而定。

然後，另一位朋友說：「我的兒子和丈夫去世了。我非常懷念他們，我愈來愈絕望，愈來愈沮喪。我活在過去，現在總是充滿了過去的色彩，所以我該怎麼辦？」

所以我們決定談談死亡的問題。你和說話的人，坐在一張長凳子上，鳥兒在我們四周唱著歌，身旁樹影搖曳，河水奔流，製造出甜美的聲音，然後她問了這個問題。她說：「我這麼年輕，但是任何時刻都可能發生意外，都可能死亡。不只我兒子和我丈夫死去，我自己也可能死去。」她說：「我們來討論這點吧！」

從太古時代，歷史上，文化上，透過繪畫和雕刻，人類總是問：「死後會發生什麼事？」有人收集了許多經驗、知識，掙扎著要有道德，要禁欲，要深入自心。如果死亡是結束，那麼這一切的重點何在？這所有的掙扎、痛苦、經驗、知識、財富，重點何在？死亡總是在最後等待著。我可能屬於某一教派，因為屬於這教派而接受某種習俗，這又是一種疏離的過程。而死亡對我們大家來說是個共同的要素，包括對上師、教宗，或世界上數不盡的其他教宗。所以，這是個事實，我們都想了解死亡的意義，這樁特別大事所蘊含的深意——它的確特別。死亡和活著之間有什麼關係呢？我希望你聽得懂這些話——我這麼問我的朋友。她說：「繼續講下去，至少我了解字面上的意思，我了解這點。」

全世界各個文明都嘗試過克服死亡，他們說，死後的生活比現在更重要。所以，他們為死亡做準備。如今又有人說：我們必須幫助我們的病人、我們的朋友死得快快樂樂。我們從沒有問過：更重要、更不可或缺的是什麼？是死亡之前？死亡之前許多年？還是在死亡之後？我問我的朋友這個問題，她想當然地說：「當然是死亡之前，一個人活在世界上的這段長時間，也許十年、十五年、三十年、五十年、九十年——在生命結束以前的這段長長的時間。也就是活著的這段期間，這比死亡重要多了。」

我們為什麼不問這個問題？別問死後怎麼樣，別問如何幫助我快樂地死去，請問我：我活了八十年，我的一生如何呢？那是一場持續不斷的戰鬥，偶爾平靜，這時沒有苦惱，沒有掙扎，這種事偶爾發生，很少發生。但是我一生中的其他時間一直是奮鬥、奮鬥，而我把這叫作「生活」。這是我們所有人都在做的事，不只我的朋友和我，全人類都在做這件事，努力著找工作，想擁有更多的財富，被極權國家的暴政所壓迫等等。它一直是一大片混亂，這一直是我的生活，而我緊抓住它不放，緊抓著奮鬥、苦惱、焦慮、寂寞——這是我僅有的。對嗎？所以「這一切」就變得非常重要。

所以我要問，我們互問對方：死亡是什麼？現在這變成了一個相當複雜的問題。我的朋友和我有時間，今天是星期日上午，我們沒工作做，所以我們可以坐下來，深入探究這個問題。死亡的是個人嗎？拜託，請像個朋友一樣問這個問題，死亡的是誰？除開在生物學上，人體因飽受虐待、數種疾病纏身、無可避免要結束外，你也許可以發現一種能幫助人類活一百五十年的新藥，但是等走到一百五十年的盡頭，死亡這件奇特的事又在那裡等待著。我的意識，包括所有內容，是我的嗎？也就是說，我的意識就是指意識的內容，這內容包括我的信仰、我的教條、我的迷信、我對我的國家的情感、愛國主義、恐懼、苦惱、歡樂、悲傷等等，這一切都是我的意識的內容，也是你的意識的內容。所以我們倆坐在長凳子上，認清了這個事實，認清這內容組成意識。少了我們所熟知的意識內容，意識就不存在。所以我的朋友和我明白了這個邏輯，明白了其中的合理性等等。我們都同意這一點。

原本，我緊抓著這意識，以爲它是我的，而我的朋友也緊抓著她的意識，以爲是她的，我們都以爲自己是個體，以爲自己的意識和其他的意識不一樣。這樣想對嗎？請你釐清這一點。也就是說，假使你夠幸運，可以四處旅遊、觀察、和其他人談論，你會發現，他們和你很類似。他們受苦，他們寂寞，他們心中有一千位神明，而你可能有一位上帝，他們有信仰，他們不相信等等。論枝微末節，可能有不一樣的地方。你可能高，你可能矮，你也許非常聰明，也許有學者風度，讀了許多書，你很能幹，身懷某種技藝，辦事效率高，這些都是枝微末節，表現於外。但是內心裡，我們是相似的。這是個事實。因此，我們所處的環境說我們是個體，是獨立的靈魂，這不是事實。我的朋友因此開始侷促不安，因爲她不喜歡自己不是個體的想法。她無法面對事實，因爲她所處的環境向來這麼告訴她。所以我對我的朋友說：仔細觀察這點，不要逃避，不要抵抗，觀察它。用你的頭腦，不是你的感情，不是你的欲望——只要觀察它，看它是不是事實？然後她含糊地接受了。

所以，如果我們的意識和全人類相似，那麼我就是人類，你了解嗎？請了解這一點，了解其中的深度和美感。如果我是人類，是全人類，那麼死亡是什麼？你了解嗎？我可以促成由「我」組成的整個意識，也可以拋開這個意識，而我讓我的整個生命不再有這樣的想法。所以我不是個體，所以我就是全人類。

那麼就是掏空意識了，也就是掏空我的信仰、我的焦慮、我的苦惱、我的胡說八道，掏空這一切了。這一切有止息的時候嗎？如果我令它止息，這有何重要性？這對人類有何重要性？有何價值？我是人類，我要問這個問題。我花費了許多聰明才智、付出了許多愛，我觀察這個，並從中發現這些內容有完全止息的時候，在這之後，這有什麼價值？有什麼意義？這有什麼價值嗎？價值在於讓人類不再處於現狀。你了解嗎？它當然有價值，對不對？一個人頭腦清醒，有如混亂中的一股清流，帶動整片清新風潮。

然後我這位發問的朋友說：「我開始了解死亡的本質。我認淸如果我執著，如果我緊抓著東西不放，死亡也就掌控著我。如果每天這些念頭生起時，我總是將它放下，我就是接受了死亡。死亡是止息，所以活著的我就不會留戀當我死時會失去的一切。」因此我的朋友問道：「我可以每天放下我所累積的一切嗎？是不是了結了這一切，就等於接受了死亡，然後就有新意，就不是活在過去，不是活在記憶裡？」

由此衍生出一個非常複雜的問題。不朽是什麼？抱歉！應該說，這一切全都衍生自一個問題！不朽是什麼？是超越必死的命運，超越死亡。我們先前說過，有因就有果。果有止息的時候，而因留下來，創造另一個果。這是一種持續不斷的變化。然後我們會問：是否有沒有任何因果關係的生命？你們可了解我話中的意思？我們和許多的「因」生活在一起，這點你們曉得，不必我多說。我們的生命都是植基在許許多多的「因」上，我愛你因為你給了我某樣東西，我愛你因為你安慰我，我愛你因為我在性方面得到充分的滿足等等。這是一個因，而果是「愛」，「愛」不是因。我所有的動機都是一種因果關係。所以我要問我的朋友，有可能在沒有任何因的情況下過活嗎？有可能不屬於任何因嗎？這兒指的是有系統的因，還是我自己身上就有因存在？要知道，如果有因果關係，就有結束，這就是時間。

現在我們要一塊兒找出，如果在我們的日常關係裡，在我們的日常活動中——不是理論上的活動，而是實際上的活動——人可以在沒有因的情況下過活。仔細探究這點，我的朋友，不要看我，觀察它，先觀察這個問題。要明白當我說「我愛你」時，因為你也給了我某樣東西，在這樣的因果關係裡，總是存在著這層關係的止息。因此我們要問對方：沒有因的生活存在嗎？首先，認淸那美感，認淸那深度，認淸這問題所蘊含的活力，而不只觀看表面的文字。顯然，我們曾經說過，愛是沒有原因的。如果我愛你是因爲你給我某樣東西，那愛就變成了商品，變成市場上的一種東西。所以，如果沒有生理上的需求，沒有心理上、內在的需求，沒有任何形式的需求，我會愛你嗎？愛會存在嗎？所以，這才是愛，沒有原因，也因此無窮無限。你了解嗎？就像智慧，它沒有因，它無止境，無始無終；而慈悲也是如此。

那麼，如果我們的生活裡有這樣的特質，我們的整個活動就會完全改變。以上所說足夠回答這個問題了。我希望問這個問題的朋友已經了解了。

（一九八二年七月二十六日於瑞士撒嫩）

你是誰？

◆發問者　克里希那穆提在瑞士撒嫩(Saanen)公開演說場上的一名聽衆。

發問者：你是誰？

克：這個問題重要嗎？抑或是，發問的人要問他是誰，而不是我是誰，但他是誰呢？如果我告訴你我是誰，這與你何干？不過是出於好奇心，對不對？就像看著窗戶上的菜單，你還是得走進餐廳好好吃一頓，站在外頭看菜單並無法滿足飽受飢餓之苦的肚子。所以告訴你我是誰實在沒有意義。

首先，我平凡無奇，就這樣而已，就是如此簡單——我平凡無奇。但重要的是，你是誰？你的本來面目如何？這個問題蘊含的意義是，有某個人很「偉大」，因此我要模仿你，你走路的方式、你談話的方式、你刷牙的方式等等。我要模仿你，這是我們的模式之一。世界上有英雄，有大徹大悟的人，有上師，然後你說：「我要模仿你做的一切。」——這變得如此荒誕可笑。模仿別人是幼稚的，而我們不正是許多模仿的產物嗎？許多宗教都曾經說過：屈服吧！跟隨我，我是如此地不同凡響，崇拜我吧！不過他們不用「模仿」這個詞。這就是你的本來面目。在學校，你模仿。獲得知識就是一種模仿的形式，當然，還有流行——短洋裝、長洋裝、長髮、短髮、留鬍鬚、不留鬍鬚——模仿，再模仿。我們也懂得模仿內在，曉得心理上的模仿。

但是請找出你是誰，聽好！「你」是誰？不是演講的人是誰，這比演講的人是誰重要多了。要找出你是誰，你就必須探究。你是人類的故事，如果你眞正認淸這點，它會給你極大的活力、能量、美感、愛。因爲你不再是在地球的某個角落掙扎的小實體，你是全人類的一部分。這有著偌大的責任、活力、美、愛。但是大部分的我們認不淸這點，大部分的我們都關心我們自己，關心我們自己獨特的小問題、獨特的小悲傷等等。要跨出這狹窄的圈子幾乎不可能，因爲我們受到太多的局限，太多的設定，就像電腦一樣，我們無法學習新的東西。現在的電腦可以學新東西，但是我們辦不到！

看看這場悲劇。電腦這台我們創造的機器，它的學習速度快許多，容量比頭腦大許多，而發明電腦的頭腦卻變得呆滯、遲緩、魯鈍，因爲我們一直順從、遵循、跟隨上師、神職人員、有錢人——你了解我的意思嗎？而當你眞想像革命家和恐怖分子一樣有所改革時，所做的卻仍是非常膚淺——改變政治的模式，改變所謂的社會的模式，而社會不過是人與人之間的關係。但是我們談的是一場心理而非生理的革命，這其中沒有順從——沒有內在的遵從感。只要比較存在，順從就存在。而要擁有一顆完全沒有比較的心，才有辦法觀察深植在你心中的整個人類史。

（一九八一年七月三十一日於端士撒嫩）

·本社已出版之克氏作品·

◎人生中不可不想的事
◎從已知中解脫
◎般若之旅
◎超越時空
◎人類的當務之急
◎心靈自由之路
◎心靈日記
◎人生・教育・學習
◎克里希那穆提傳
◎自由・愛・行動

人生探索系列

◎論自由
◎論關係
◎論上帝
◎生與死
◎謀生之道
◎自然與生態

心靈之旅系列

◎論真理
◎論恐懼
◎論衝突
◎愛與寂寞
◎心靈與思想
◎學習與知識

·克里希那穆提基金會·

Krishnamurti Foundation Trust Limited
Brockwood Park , Bramdean,
Alresford , Hants , SO24 0LQ
U.K.

Krishnamurti Foundation of America
Post Office Box 1560,
Ojai , California 93024-1560,
U.S.A.

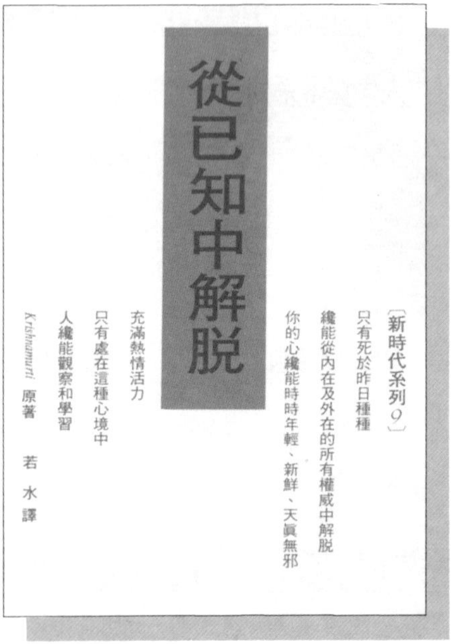

從已知中解脫

J. Krishnamurti 著
若水譯

這本書是從一位偉大的靈性導師——克里希那穆提那兒擷取來的珍貴教誨，他以哲學的形式，引領我們進入禪與中觀的思維領域，是不可錯過的一次「般若」（亦即智慧）之旅！

從頭到尾，本書所討論的是如何爲我們自己、以及我們的生活，帶來徹底革新。比如當孤獨、煩惱、欲望……到來時我們當怎麼處？如何去面對、克服？讓你看清自己的眞相，然後加以超越，從內在裏及外在的所有束縛中解脫。

●定價150元

般若之旅

J. Krishnamurti 著

胡因夢 譯

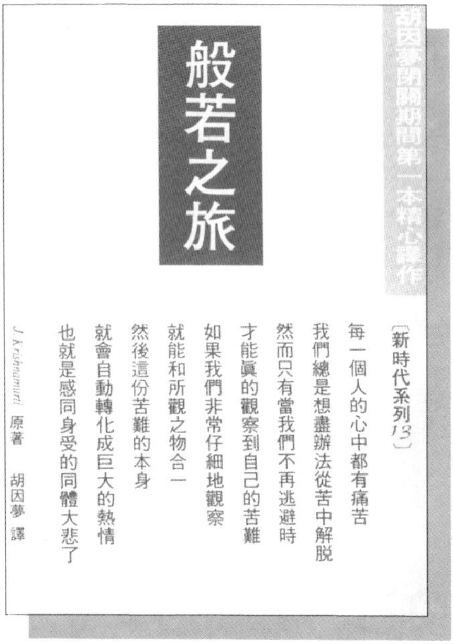

●定價170元

如果你一心向道，熱愛眞理，覺得傳統佛經如同天書，而大部分的詮釋都有些隔靴搔癢，那麼，這本書就是你的「救心」了。

《般若之旅》取的是「逗機說教」的形式，在毫不留情的質問、探索、查詢、聆聽及觀察中，徹底剖露了人類內心最難以捉摸的惑業。

這段深入時間、過去、和深入無限的旅程，毫不保留地闡明了正統「禪宗」和密宗「大圓滿」「大手印」的智慧解脫之道，也揭露了「煩惱即菩提」「轉識成智」「體用不二」「應無所住而生其心」「觀世音」「觀自在」……的眞諦。

超越時空

J. Krishnamurti 著

胡因夢 譯

◉定價200元

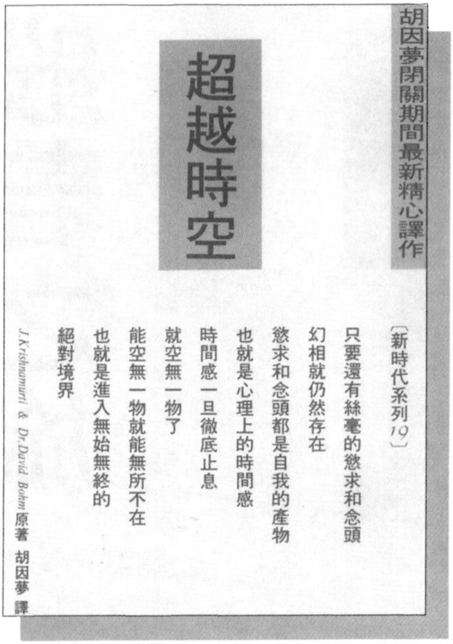

一位是宗教界的愛因斯坦，
一位是科學界的先知，
這兩個超級心智的交會，
可能激發出什麼樣的光芒？

《超越時空》就是由個人最深的體悟，與科學的求眞精神，交織而成的「現代啓示錄」。

透過博大精深的推演，本書深入地探討了人性的問題、人與社會的關係，也揭發了思想、死亡、洞悉力、宇宙秩序與絕對境界的眞相。

閱讀此書的過程，就是眞正的冥想。所有的煩惱障及知識障，都能在過程中，逐漸轉化成清淨的自性。

心靈自由之路

J. Krishnamurti 著
廖世德 譯

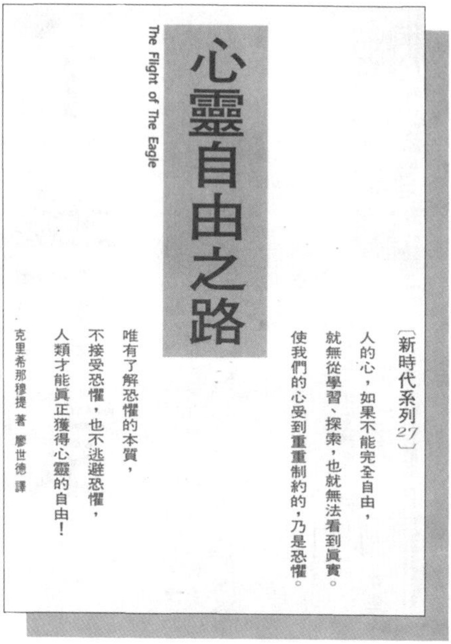

本書是克里希那穆提在倫敦、阿姆斯特丹、巴黎及瑞士等地所做的精采談話與討論。

他以素有的親切態度及循序漸進的啓發方式，爲人們深入探索自由的眞義、人與思想的關係、何謂愛、恐懼的根源、輪迴與轉世、意識與潛意識、生與死、暴力的本質、人類根本的改變等問題。他的言論可謂是在禪宗之外，另一種直指人心的言論，甚至比禪宗更直接透澈。

●定價160元

心靈日記

J. Krishnamurti 著
陳蒼多 譯

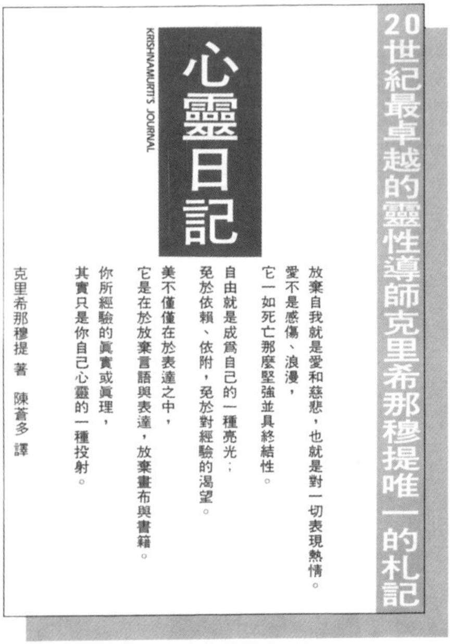

本書是克里希那穆提唯一的一本札記。內容記敘了他自一九七三年到一九七五年在英國、羅馬、美國等地的觀察和思考。從這些非常自由、直接的日記體手記中，讀者可以深刻地體會到克氏對宇宙萬物、自由、眞理、愛的獨到見解和感受，以及這位近世最偉大的靈性導師的人格與思想精髓。

◉定價150元

國家圖書館出版品預行編目資料

質疑克里希那穆提 ／ J. Krishnamurti等著 ；
繆妙坊譯. -- 初版. -- 臺北市 ： 方智,
1998 [民87]
面 ； 公分. -- (新時代系列 ： 72)
譯自 ： Questioning Krishnamurti
ISBN 957-679-532-X (平裝)

1. 克里希那穆提(Krishnamurti, J. (Jiddu
, 1895-1986) - 學術思想 - 哲學

137 87000421

ISBN 957-679-532-X

方智出版社
FINE PRESS

◎新時代系列 72
質疑克里希那穆提

作　者／J. Krishnamurti
譯　者／繆妙坊
審　訂／胡因夢
發行人／曹又方
出版者／方智出版社股份有限公司
地　址／台北市南京東路四段50號6F之1
電　話／二五七九六六〇〇・二五七九八八〇〇
傳　眞／二五七九〇三三八・二五七七三二二〇
郵撥帳號／一三六三三〇八一　方智出版社股份有限公司
登記證／行政院新聞局局版台業字第四三六一號
責任編輯／應桂華
美術編輯／劉修瑜
校　對／應桂華・任鳳雲
法律顧問／詹文凱律師
原書名／Questioning Krishnamurti
原出版者／Harper Collins Publishers
印　刷／祥峯印刷廠
一九九八年一月　初版
二〇〇七年四月　四刷

●定價330元

Printed in Taiwan

105
台北市南京東路四段50號6樓之一

圓神出版事業機構 收

廣告回函
北區郵政管理局登記證北臺字1713號
免貼郵票

寄件人：

地址：　　市　　鄉鎮
　　　　　縣　　市
　　　　　路(街)　　段　　巷　　弄　　號　　樓

電話：(宅)　　(家)

書活網 會員擴大募集！

我們很樂意為您的閱讀提供更多的服務，
現在加入書活網會員，不僅免費，還可同享圓神、方智、先覺、究竟、如何五家出版社的優質閱讀，完全自主您的心靈活動！

會員即享好康驚喜：

- ◆ 365日，天天購書優惠， 10本以上75折。
- ◆ 會員生日購書禮金100元。
- ◆ 有質、有量、有多聞的電子報，好消息主動送到面前。

心動絕對不如馬上行動，立刻連結圓神書活網，輕鬆加入會員！

www.booklife.com.tw

想先訂閱書活電子報！

【光速級】直接上網訂閱最快啦

【風速級】填妥資料傳真：0800-211-206；02-2579-0338

【跑步級】填妥資料請郵差叔叔幫忙寄遞

不論先來後到，我們都立即為您升級！

姓名：______________________ □想先訂電子報

email（必填．正楷）：______________________

本次購買的書是：______________________

本次購買的原因是（當然可以複選）：

□書名　□封面設計　□推薦人　□作者　□內容　□贈品

□其他______________________

還有想說的話

____

____

____

服務專線：0800-212-629；0800-212-630轉讀者服務部